北大版新一代对外汉语教材·文化汉语系列

解 读 中 国

Getting into Chinese Thought:

——中国文化阅读教程 II

An Advanced Reader II

王海龙 著

Hailong Wang

北京大学出版社

·北 京·

图书在版编目(CIP)数据

解读中国/王海龙著.—北京:北京大学出版社,2002.8

中国文化阅读教程 II

ISBN 978-7-301-05811-4

Ⅰ.解…　Ⅱ.王…　Ⅲ.①文化史－中国－对外汉语教学－教材　Ⅳ.H195.4

中国版本图书馆 CIP 数据核字(2002)第 052287 号

书　　　　名:	解读中国	
著作责任者:	王海龙　著	
责 任 编 辑:	张弘泓	
标 准 书 号:	ISBN 978-7-301-05811-4/H · 0781	
出 版 发 行:	北京大学出版社	
地　　　　址:	北京市海淀区成府路 205 号　100871	
网　　　　址:	http://www.pup.cn	
电　　　　话:	邮购部 62752015　发行部 62750672　编辑部 62753334　出版部 62754962	
电 子 邮 箱:	zpup@pup.pku.edu.cn	
印　刷　者:	北京大学印刷厂	
经　销　者:	新华书店	

787 毫米×1092 毫米　16 开本　17.125 印张　400 千字

2002 年 8 月第 1 版　2009 年 4 月第 3 次印刷

定　　　价:42.00 元

前　言

　　我是学文化人类学的，可我的本科读的是中文系。在中国，我教西方文学和文化学；在美国，我教的却是中国的语言和文化。这本身就有很多的悖论不是？

　　近年来，国外的学术界、思想界乃至工商企业界的确比以前看重中国了。经济基础决定上层建筑，当然也决定国计民生。中国进入了 WTO，世界成了地球村，凡有远见有出息的人都不能忽略中国的存在。要想和中国打交道，学会中文是第一步。

　　仅仅会中文其实还远远不够。语言和文化是一以贯之的。在前一册我说过，语言、概念决定文化认知，语言传承是一种下意识的理念灌输。如果我们没有自己的汉学教材，就不能怪别人宣扬 ego-centralism（自我中心主义）。事实上，每种文化在介绍别人的文化时都是有选择地介绍，这种介绍会体现出自己对别的文化所作的道德或伦理的评价；如果对外来文化的理解太隔，这种评价就难免会变成偏见。

　　克服偏见的一个有效的方法就是由本族文化持有者自己来编写介绍自己语言和文化的教材。但是，这时悖论就出现了：自己写自己又会不会溢美或护短呢？看来，语言和文化的传播问题事实上是一柄双刃剑。

　　编写高年级的外语教材一直是个文化挑战，而想写好汉语的高级教材更是难上加难。难，但这个活儿总得有人做。基于这种使命感，笔者在尝试完成了《文化中国》以后，欲罢不能，遂写了这个姊妹篇。在这本书中，我更着重了对中国文化的一些特殊视角的介绍，所涉猎的话题不止是社会课题，而是着力剖析了一些对理解中华文化而言较内在的命题，力图以小见大，透过现象看本质，帮助其他文化持有者尽可能客观地体悟中国文化。

　　这本教材的基本使用者是具有较扎实语言基础和受过中级以上训练的外国学生，由于它偏重介绍了一些人文和社会、历史的内容，对这个相关领域学科的学生会更适宜。它除了可被用作高级汉语教材外，还可以被用作文、商、法科以及经济、历史、东亚研究等专业的辅助阅读教材，相信它对于外国学生了解中国及更好地掌握相关词汇、语法、表达方式的解读等会有一定的助益。

　　除了针对外国人学习汉语欲望，这本教材还侧重了对另类学生群体需要的关注，那就是对海外华裔子弟以及有亚裔背景的读者群的学习需要的特别留心。近十数年来，随着中国人不断地走向世界，华裔子弟的脚步也在世界的各个角落响起来了。他们是一批特殊的学生。这批人在苦苦地找寻自己的文化定位。在某种意义上说，这些有中国文化或亚洲文化家庭背景的学生渐渐成了美国学汉语学生的中坚力量。这类学生群体的产生改写了海外汉语教学的一些传统的理念，他们是全新的一群。对这种新情况，美国（相信其他各国也有）政府开始给予充分的重视并已经作为一个课题来研究。这些学生不同于以往的任何一种类型的学生。传统的教材和教学方法已经不能适应他们的需要，他们的寻根意识和求知精神对教材的编写者而言应该是另一种形式的挑战。

　　此外，还有一批其他类型的"另类"学生。他们有的是外国人在华的外交官、商人子弟，出生在中国，成长在中国，在中国生活但上的是西方类型的国际学校；他们能说流利的中文但却不会读、写，懂中国文化但说不出个所以然，他们相当于说汉语的中文文盲。除此以外，还有在华的其他外国人团体如外籍教师、国际组织、援华人员等等有中国文化和说中文的背景但没受过正规中文教育的群体。这些人的情况和普通外国学生有很大的不同，他们非常喜欢中国文化，对中国亦有热爱之情和某种归属感。如何巩固他们的这种文化情感、理顺他们的语言和文化知识，怎样给这样一批特殊的学生进行语言和文化的"扫盲"，这的确是摆在我们面前的另一个艰巨的任务。

　　近年来，因为工作关系，逼得我写了几部有关的教材。经过对不同类型学生的试用，逐渐发现问题和不断地解决问题，使我积累了一些经验。此外，我受到的文化人类学知识的训练极大地帮助了我的教材编写工作。

　　文化人类学理论要求介绍一种文化（不论是自己的母语文化还是异己的文化）时都要做到客观、真诚、谨慎，最重要的是做到 value - free（非功利）。介绍时你如果时时想着溢美、护短或批判，兜售自己的学术见解就不能全面客观，也就不能服人，因而也就没有了意义。

　　如何做到 value - free? Value 真的能 free 吗? 这话说着容易做着难。虽然不像一个人试图提着自己的头发要离开地球那么难，但这的确是一个矛盾的二律背反命题。我试着做了，至于做得怎么样，我相信使用这本书的教师和读者最有发言权。

　　我认为，每一个读书人都应该有其文化良知，这种良知不应该因为其种族、地域、文化和政治立场的原因而泯灭。这不止是文化人类学学科的要求，而且应该是作为一个大写的人的最起码的要求。

　　坦率地讲，写这类教材并不是我的强项，但某种文化责任感使我不能坐视。

这二年的写作使我确实感到了此事的不易。为什么海外那么需要这类教材却千呼万唤难以出台呢？其实不写不知道，写作过程中我发现了症结所在，那就是：难！这类教材的难写不亚于写学术著作，而且往往是吃力不讨好。写这类的东西要深入浅出，要控制词汇量和语法点、要表述得清晰、深刻犀利却不允许你用难词和你惯用的逻辑手法。

你要时时知道，你的书是写给外国人看的，他们是一批特殊的读者，他们的汉语不好却不乏智慧。你不能把文化教材写成儿歌或小学语文书，你更不能把它写成识字读本。论汉语知识，外国学生甚至不如中国小学的高年级学生，但论智慧，他们不输于中国大学的任何学生，特别是，外国学生的知识面往往非常宽广，这就决定了我们很难把他们当小学生待；可是他们的语言能力确实不济，如果你跟他们谈稍深一些的题目，他们顶多憋上三五句就不得不用其母语来和你讨论。也正是基于此，我说这类的东西比学术著作难写。

一般而言，学术著作或文章是写给专业人士看的，读者大都受过很好的学科训练，他们可以辨别是非，而且可以不同意你的观点。换句话说，学术著作的读者大多知道写书的人是些什么货色。可是给孩子们或初级阶段的学生写书就责任重大了。这些特殊的读者由于缺乏相关知识而太容易信老师和教材，他们还没有学会鉴识，还没有辨别良莠的能力。这就增加了写这类教材和入门书的人的难度和责任感。

给外国人写教材就已经够难的了，现在是给有中文背景的外国人或海外华裔子弟这类"边缘人"写教材就更是难上加难了。但我试着这样做，而且，从这部教材的使用效果来看，我达到了预期的目标。我试图展示的是一个真实的中国，一个不是没有缺点但是可爱的中国，它和被西方某些媒体刻意扭曲的中国大相径庭。很多海外的华人子弟在使用了这本书后一改其回避和掩饰其族裔背景的态度而骄傲于祖上中国文化的背景；而那些有在中国生活经历的外国人则在这本书中又回到了他们熟悉的中国，同时，他们也在这本书中找到了一些他们曾经熟悉但又百思不得其解的问题的答案。这对他们是一个惊喜。

感谢我的学生们，正是他们给了我动力和灵感去完成这部教材。我希望这部教材不仅能对学生们提供语言和文化知识上的帮助，而且希望它能在沟通中国和其他文化间的互相了解上贡献一分力量。

王海龙
2002 年 7 月

INTRODUCTION

In the past two decades, following significant changes in its economic and political agendas, China's relationship with the outside world has changed dramatically. Chinese has become the second most widely spoken language after English. As more students study Chinese, their motives and goals have grown more diverse. Rapidly emerging is the "W" or "with background" group of students. This group includes heritage students – students whose parents are native Chinese speakers – and foreign students who grew up in China as children of diplomats, merchants, and officials. This group also includes students who have been teaching, working, or living in China for a certain period time and want to continue to study Chinese for different reasons than the casual learners.

The problems that the "W" students face are unique. These students have some background knowledge in Chinese language and culture, a significant advantage in learning Chinese. They usually have good communication skills in Chinese and can comprehend everyday Chinese with ease; however, they lack the basic abilities to read, write, and carry out formal expression. Chinese teachers often lack specific teaching methods targeted at this group of students. Moreover, they lack the textbook to meet these students' needs.

In my years of teaching "W" students, I have found it most effective to teach the Chinese language in the linguistic context and with a cultural background. It is especially important to inspire the students with their previous knowledge of the Chinese culture and the Chinese language. The ultimate goal is to guide the students to the stage where they are able to "decode" and interpret first – time received Chinese materials as native speakers. This is only possible by combining cognitive concepts and cultural elements with language skill. Learning Chinese is not an easy task, but it should not be a tedious task. The key in teaching "W" students is to use practical pedagogy.

Getting into Chinese Thought: *An Advanced Reader II* responds to this type of students and these types of requirements and observes the same linguistic and cultural principles as its predecessor, *Cultural Interpretations of China*: *An Advanced Reader*

I. It consists of twenty – five lessons, grouped into four specific cultural themes. Each lesson begins with a general introduction on the topic. After each introduction, there are several supplementary texts that bring more details to the points made in the opening. Each text is followed by exercises in vocabulary, grammar, and idiomatic expressions to reinforce students' understandings of the texts at the discourse level. Since the target students have basic knowledge in Chinese language and culture, the aim of this text is to enlarge their vocabulary and formalize their understanding in Chinese. In order to build the students' linguistic proficiency, this textbook stresses stock phrases and classical idiomatic expressions. These kinds of expressions are very common in Chinese daily life and Chinese writings but have been a major source of frustration for most foreign language learners.

Getting into Chinese Thought*: *An Advanced Reader II intensifies the exploration of Chinese cultural issues and focuses on reading and writing strategies. It uses limited vocabulary to explore more abstract area in Chinese spiritual culture and more sophisticated words and expressions. This textbook discusses topics such as "Chinese Holidays", "Chinese Religions and Beliefs", "Chinese Peasants" and "Chinese Modernization". The topics chosen here are different from other textbooks because I want to probe the core of Chinese culture, not only elite culture, but also folk culture. I want to use my book to help our students understand the Chinese language and Chinese life through different viewpoints and different angles.

I want to thank my students for all the inspiration and comments. Their active participation and generous observations and praises are the motivations that push me forward. My thanks are also due to the Chinese linguistic editorial board of the Peking University Press for their hard work, and encouragement, as well as their timely and selfless assistance.

Hailong Wang, 2002. 7

目　录
CONTENTS

第四单元主题：中国的现代化

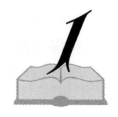

预习提示:
Before You Started:

1. 人们为什么要过节? 你知道中国有哪些节日吗? 你知道中国的"节日"是怎么来的吗?
2. 你见过中国人怎么过节吗? 你喜欢中国人的节日吗? 说说你知道的中国的节日。
3. 你觉得中国人过节和西方人过节有什么不同?

第一课 中国人的节日

　　像世界上其他民族的节庆传统一样,中国人的节日大都和中国人的文化习俗有关。节日是一个民族文化的最集中的体现。从一个民族为什么要过节、怎样过节、过节有什么样的规矩、仪式等等,我们可以看出这个民族的性格、民俗、情感**寄托**甚至美学和艺术的修养等方面的**特征**。

　　节日是怎么来的呢? 按照中国古代**文献**的说法,最早的节日并不是庆祝或**娱乐**的意思。"节"是时间段落,本来的意思是指一个具体的时间,如**节气**、**节令**。它表示着年月日、气候与时间变化的结合。古人把一年分成二十四个节气,这些节气告诉人们时间和天气的情况。中国古代是一个农业国,节气可以告诉人们如何进行生产劳动,安排家庭、社会生活以及举行宗教活动等,它对人们的日常生活很有帮助。

　　节日在远古的时候的主要**功能**是告诉人们时间和季节的变化。后来,除了自然界时间的变化以外,人们又选取一些有意义的**时节**来举行其他的社会文化活动。这样经历了几千年,中国人渐渐形成了一些**固定**的民族传统节日。

这些节日中保留了一些最早的跟农业劳动有关的内容;有的则是宗教和**祭祀**性的节日;有的节日后来发展成了纪念活动;有的节日是为了庆祝;有的节日则是**社交游乐**性的,它们就是假日,就是休息的日子。

进入现代社会以来,中国的节日发生了很大的变化。中国已经不完全是一个农业国,过去一些跟农业相关的节日慢慢地消失了。此外,现代国家和政府的活动也以**制度化**的形式改变着人们的生活习惯。近几十年来中国产生了很多新的节日。这些节日有的跟国家的政治或社会生活有关,有的跟**时髦**的娱乐生活有关,有的是从别的国家和其他文化中学来的,有的只在一部分人或特殊的社会阶层里有影响。总之,节日像一面**镜子**,它**反映**了中国人的文化历史,也反映了当代中国人**五花八门**的新生活。

现在,中国最古老的与农业有关系的节日只跟很少一部分人的生活有关系,这部分人主要是农民。农民的主要工作是种**庄稼**、蔬菜和**养殖**动物、**水产**等,他们的工作与天气和季节有着**密切**关系,因此他们今天仍然关心着这些节日。比如,农民非常注重立春、雨水、夏至、露水、霜降、小寒、大寒等等节日,因为这些和他们的劳动、**收获**、保存劳动产品都有着直接的关系。

宗教和祭祀性的节日几乎是所有人都**参与**的。比如清明节是一个祭祀性的节日,过清明节的时候人们祭祀自己的祖先,希望他们**保佑**家人平安和幸福;同时人们也**慷慨施舍**一些东西去祭祀那些没有后代的或别的灵魂,希望他们也能够安宁,不给人们带来麻烦。中国文化是崇拜祖宗的文化,有人认为这是中国人的一种基本的宗教,如果同意这一点,那么这种祭祀祖先的活动也可以看成是一种宗教活动。除了清明外,中国人在年底还有**腊八节**,有人说它起源于**驱除瘟**鬼;有人说是起源于祭祀佛祖**得道**的日子。年底的节日还有**祭灶节**。祭祀的是灶神,也就是**厨房**的神或管家的神。灶神每年到天上去一次向上帝报告这家人的情况。这一天就是灶神节。在这个日子,人们要准备一些好吃的东西来**慰劳**灶神。据说灶神很喜欢多说话,有的人家怕灶神向上帝报告家里不好的事情,就在祭祀灶神的时候给他吃一种很**黏**

很黏的糖**粘**住他的嘴,这样灶神见到上帝时就说不出话来了!

中国也有很多纪念性的节日,这类节日主要是纪念历史上受崇拜的人物或民族英雄。寒食节就是纪念古时候一个有名的读书人介子推的。它**缅怀**介子推帮助受难的晋国公子当上了国王,他自己却不骄傲,不愿意作大官的故事。端午节则是纪念伟大的爱国诗人屈原的**事迹**的。屈原是楚国的大官,楚国受到了别的国家的侵略,屈原想保护自己的国家,可是国王不听他的话,把他**撤**了**职**;屈原看到国家灭亡了,非常难过,他跳了江,用自己的死**唤醒**人们保护自己的国家。屈原还是个大诗人,他写过很多有名的爱国诗,这些诗读来非常感人,人们世世代代纪念着他。

庆贺性的节日主要是以祝贺生活美满幸福、庆祝丰收、**祈愿**平安兴旺为内容。这样的节日一般都属于**全民性**的,也是一年中最大的节日,比如过新年和中秋节等等。由于这样的节日规模大,庆祝的时间也长,因此这些节日一般都选在农民不忙的时候。比如过年是在冬天,这时候一般没有多少农活要做;而中秋节则选在秋天,在一年的丰收之后,这样人们能够尽情**狂欢**,全心全意地玩乐。

其实,过年也是一个**综合性**的节日。除了庆贺外,它也有宗教和祭祀的意义,因为每当新年来临时,人们也敬神和祭祀自己的祖先;同时也有一些纪念活动,比如给孩子讲述祖先**创业**和成功的故事来教育下一代人努力奋斗,耀祖光宗。过年的主要内容当然是庆祝和娱乐活动。由于中国传统中过年非常重要,它一般都要**延续**很长时间,有时候过年的庆祝活动要持续十几天以上。按照过去的礼俗,在**农历**十二月二十二日左右就开始准备过年了。这时候人们要打扫卫生,二十三、四日是祭灶节,然后要买年礼和准备过年吃的东西。人们还要忙着剪窗花、贴**春联**。到年三十人们要互相"送年礼"表示祝贺。**除夕**晚上家家都要准备酒席、挂上神像和祖先的像祭祀。然后全家人一起吃年夜饭,有的地方人们还有**守岁**的习惯,全家人一起欢度除夕迎接新年,老人和长辈给孩子们压岁钱。新年一大早,人们在开门以前先放鞭炮,然后互相拜年、请客,过年的庆祝活动要一直延续到元宵灯节。

中秋节也是中国人非常注重的一个节日。这时候秋收刚结束,家家生活都很**富足**,人人心情都很高兴。中秋节的时候**秋高气爽**,天气非常好,月亮又大又亮,人们全家人团聚在一起享受美满的生活。据说中秋节的时候月亮最圆,古人认为月亮象征着团圆,中秋节是庆祝家庭团聚的日子。这时候,离开家乡的人们不论多远,只要有可能,他们都要回家去和亲人团聚。

社交游乐性的节日主要目的是娱乐,让大家有机会去玩乐,拜访亲戚,广交朋友。元宵灯节就是这样一个节日。元宵节的时候人们吃元宵、挂花灯、放鞭炮、有时候还演戏,元宵节过后才算新年期间庆祝活动的结束。游乐性活动还有**乞巧节**(也称女儿节),它在农历七月七日,传说这一天是牛郎织女相会的日子。在这一天的晚上女孩子们在院子里摆上瓜果向织女乞求做家务活和**缝纫**的技巧。在传统中国社会女孩子往往不能出去参加社会活动,而在乞巧节的时候她们可以聚会玩乐,因此它特别为女孩子所**珍爱**。**重阳节**在农历九月九日,传说这一天爬山或登高可以**避邪**并保持身体健康。在这一天人们常常相约聚在一起登高或赏菊、喝酒,这个节日也深受人们欢迎。

到了现代社会,由于受到其他文化特别是西方文化的影响,中国人除了传统节日外,又**增添**了一些新的节日。因为这些节日一般是按照**国际通行**的日历安排的,所以它们和人们的工作、生活有着很大的关系,特别是有些节日是政府规定放假的节日,人们有更多的时间来庆祝和休息,它们的地位往往比传统的节日更重要,有的现代节日甚至渐渐**取代**了传统节日而成为了人们最喜欢的节日。

这样的节日有元旦,即全世界共同庆祝的**阳历**新年。此外有的是带有政治色彩的节日如三月八日是国际妇女节,中国的妇女那天可以休假。五月一日是国际劳动节,全国放假庆祝。六月一日是国际儿童节,全国少年儿童放假一日。十月一日是中华人民共和国的**国庆**,全国放七天假庆祝。在这些富有政治意义的节日中,除了老百姓休息和庆祝外,政府也往往组织大型的庆祝和各种演出活动。有的节日除了有政治意义外,更增加了**联欢**和**休闲**的内容。有的由纪念性转变为娱乐性的节日,特别是五一、十一这两个全国性的大节日,因为放假,季节和天气状况也很好,所艺成了人们旅游最好的时节。

除了上述节日以外,随着当代中国人和外国人的文化交往,一些中国人开始接受并庆祝某些在西方流行的节日如**情人节**、**圣诞节**等;有的信仰基督教的中国人也开始庆祝西方的**复活节**和其他宗教节日。但总而言之,**模仿**或庆祝西方人的节日在中国还不太流行,举行和参与这类活动的也大多是**赶时髦**的人,特别是年轻人或大学生。这些人中有的是觉得新鲜好玩,有的是**好奇**,有的则是**崇洋媚外**,觉得只要是西方的就是好的,西方的节日连名字都听起来"**洋气**"、**浪漫**,吸引人。

从上面的历史**回顾**我们可以看出,从古到今,节日的形成和中国人的过节习惯代表着中国文化发展的一些具有本质性的内容,这些内容反映了文化**内涵**的**变迁**。中国人过节的传统可以看成是一部浓缩了的中国文化发展史的**风俗画卷**。

生词 VOCABULARY

1. 寄托	寄托	jìtuō	（动/名）	把希望和理想放在某人身上或某种事物上 entrust to care of；place（hope/etc.）on
2. 特征	特徵	tèzhēng	（名）	人或事物所特有的内容 characterisuic；feature；trait
3. 文献	文獻	wénxiàn	（名）	有历史价值或重大政治意义的图书、文件等 date/documents relatedto a country's history/culture/etc.
4. 娱乐	娛樂	yúlè	（名）	游玩、消遣与快乐 amusement；recreation；entertainment；
5. 节气	節氣	jiéqì	（名）	中国古代按照寒暑变化安排农事的日期 solar terms

6. 节令	節令	jiélìng	（名）	一个节气的气候。seasonal changes; festive day
7. 功能	功能	gōngnéng	（名）	事物或方法的功用和效能 function; competence
8. 时节	時節	shíjié	（名）	1. 季节 2. 时候 season; time
9. 固定	固定	gùdìng	（动/形）	不变动的,不移动的 fix; regularize
10. 祭祀	祭祀	jìsì	（动/名）	在一定的时节向神佛或祖先奉献祭品并举行致敬的仪式以求保佑 offer sacrifices to gods/ancestors
11. 社交	社交	shèjiāo	（名）	社会上人们之间的交往 social contact/ interaction
12. 游乐	游樂	yóulè	（动/名）	游玩娱乐 amuse oneself; have fun
13. 制度化	制度化	zhìdùhuà	（动）	用制度的形式规定下来 set up systematic procedue
14. 时髦	時髦	shímáo	（形）	符合时节的,新的 fashionable; in vogue
15. 镜子	鏡子	jìngzi	（名）	用铜和玻璃制的能照见形象的平面器具 mirror; glass
16. 反映	反映	fǎnyìng	（动/名）	反照,比喻把事物的实质显示出来 reflect; mirror; report; make known
17. 五花八门	五花八門	wǔhuābāmén	（习/形）	各种各样,种类很多 multifarious（neg.）
18. 庄稼	莊稼	zhuāngjia	（名）	各种粮食作物 crops
19. 养殖	養殖	yǎngzhí	（动）	饲养和繁殖水产动植物 breed; cultivate
20. 水产	水產	shuǐchǎn	（名）	水里出产的动植物 aquatic product

21. 密切	密切	mìqiè	（形）	亲密的 close; intimate; carefully; intently; closely
22. 收获	收獲	shōuhuò	（动/名）	收取劳动成果 bring in crop/harvest; gains; result
23. 参与	參與	cānyǔ	（动/名）	参加活动、会议等 participate in
24. 保佑	保佑	bǎoyòu	（动/名）	保护和帮助 bless and protect
25. 慷慨	慷慨	kāngkǎi	（形）	1. 大方；2. 情绪激动 vehement; fervent; be generous/liberam/unselfish
26. 施舍	施舍	shīshě	（动/名）	把财物送给穷人等 give alms; give in charity
27. 腊八节	臘八節	Làbājié	（名）	农历十二月八日,传说这天是佛祖得道的日子。人们在这一天用米、豆、枣、花生和干果等煮腊八粥纪念 1. the festival in 8th of lunar December, in sriving out evil spirits; 2. a holiday to celebriting Buddha had the inspiration to vreate his way
28. 驱除	驅除	qūchú	（动）	赶走;除掉 drive out; eliminate; dispel; get rid of
29. 瘟	瘟	wēn	（形）	人或动物生的急性传染病 epidemic; plague
30. 得道	得道	dédào	（动）	学到了方法和思想 have got knack of doing sth.
31. 祭灶节	祭竈節	Jìzàojié	（名）	祭祀灶神的节日 the festival of worshipping Kitchen god
32. 厨房	厨房	chúfáng	（名）	做饭的屋子 kitchen; cooking house

33. 慰劳	慰勞	wèiláo	(动/名)	用话语和物品安慰 requite with gifts/thanks/etc.
34. 黏	黏	nián	(形)	把一个东西附在另一个东西上 sticky; glutinous; adhere; stick
35. 粘	粘	zhān	(动)	把分开的东西连接在一起 glue; stick; paste
36. 缅怀	緬懷	miǎnhuái	(动/名)	追想;怀念已往的人和事 cherish memory of
37. 事迹	事迹	shìjì	(名)	个人或集体做过的有意义的或重大的事情 deed; achievement
38. 撤职	撤職	chèzhí	(动)	取消职务 dismiss sb. from post
39. 唤醒	唤醒	huànxǐng	(动)	叫醒;使人觉悟 wake up; awaken
40. 庆贺	慶賀	qìnghè	(动)	向别人表示祝贺和道喜 celebrate; rejoice over
41. 祈愿	祈願	qíyuàn	(动)	向神求福,希望满足自己的愿望 pray and wish
42. 全民性	全民性	quánmínxìng	(形)	所有的人 whole/entire people; all the people
43. 狂欢	狂歡	kuánghuān	(动)	纵情欢乐 revel; orgy
44. 综合性	綜合性	zōnghéxìng	(形)	把各种不同而互相关联的事物或现象组合在一起 synthesis
45. 创业	創業	chuàngyè	(动)	开创事业 start undertaking; do pioneering work
46. 延续	延續	yánxù	(动)	持续,延长 continue; go on; last
47. 农历	農曆	nónglì	(名)	也叫旧历;传说起源于夏代,也叫夏历 lunar calendar

48.	春联	春聯	chūnlián	(名)	春节时贴在门上或门两旁的对联 Spring Festival couplets; New Year scrolls
49.	除夕	除夕	Chúxī	(名)	农历一年中最后的一天晚上 New Year's Eve
50.	守岁	守歲	shǒusuì	(动)	农历除夕晚上全家人不睡觉，一起送旧岁、迎新岁直至新年第一天天明 stay up all night on New Year's Eve
51.	富足	富足	fùzú	(形)	丰富充足 plentiful; abundant; rich
52.	秋高气爽	秋高氣爽	qiūgāoqì shuǎng	(习/形)	形容秋季天空明净晴朗，气候凉爽 clear and crisp autumn weather
53.	乞巧节	乞巧節	Qǐqiǎojié	(名)	传说农历七月七日晚上，天上牛郎织女相会，这个晚上妇女在院子里摆上供品向织女乞求缝纫的技艺；又称女儿节 pray for divine instruction on seventh night of July
54.	缝纫	縫紉	féngrèn	(动)	剪裁、制作衣服 sew; tailor
55.	珍爱	珍愛	zhēn'ài	(动)	珍惜并爱护 treasure; love dearly
56.	重阳节	重陽節	Chóngyángjié	(名)	农历九月九日，民间风俗这一天登高赏菊，饮酒，佩戴香草避邪；又叫登高节 Double ninth Festival
57.	避邪	避邪	bìxié	(动)	躲开邪恶的、不好的精神或力量 ward off evil/influences; talisman; charm
58.	增添	增添	zēngtiān	(动)	加上，使它变大变多 add; increase

59. 国际通行	國際通行	guójìtōngxíng	（习/形）	在各个国家都能够适用或流行的规则、标准等 international standardized
60. 取代	取代	qǔdài	（动）	取消并代替 replace; supersede
61. 阳历	陽曆	yánglì	（名）	西方的以地球围太阳转一圈为一年的历法；阳历是国际通行的历法 solar calendar
62. 国庆	國慶	guóqìng	（名）	庆祝国家建立的重要纪念日 National Day
63. 联欢	聯歡	liánhuān	（名）	相聚在一起的欢乐和娱乐的集会 have a get together
64. 休闲	休閑	xiūxián	（动）	休息和悠闲 lie fallow; have a break; leasure time
65. 情人节	情人節	Qíngrénjié	（名）	情人们互相赠送鲜花和礼物的纪念性节日 Valentine's Day
66. 圣诞节	聖誕節	Shèngdànjié	（名）	每年十二月底基督徒纪念基督诞生的日子 Christmas
67. 复活节	復活節	Fùhuójié	（名）	春天基督徒纪念基督复活的节日 Easter
68. 模仿	模倣	mófǎng	（动）	照着样子做 imitate; copy
69. 赶时髦	趕時髦	gǎnshímáo	（动）	学流行的东西；常指学别人的新想法或紧随流行的服装式样；有时有贬义 follow fashion (neg.)
70. 好奇	好奇	hàoqí	（形）	对不懂的事情有强烈的兴趣，喜欢问问题 curious; full of curiosity
71. 崇洋媚外	崇洋媚外	chóngyáng mèiwài	（习/形）	崇拜外国的东西，巴结外国人 worship foreigner/exotics and fawn on foreign powers

72.	洋气	洋氣	yángqì	（形）	外国的风格 foreign flavor；Western style；outlandish ways
73.	浪漫	浪漫	làngmàn	（形）	富有诗意和充满幻想 romantic；dissolute；debauched
74.	回顾	回顧	huígù	（动/名）	回过头来看 look back；review
75.	内涵	内涵	nèihán	（名）	包含的内容 intention；connotation
76.	变迁	變遷	biànqiān	（动）	变化和移动 vicissitudes；changes
77.	风俗画卷	風俗畫卷	fēngsúhuàjuàn	（名）	表现社会风俗的图像和内容的记录如图画或书籍等 genre painting；genre

中国人的主要节日

日期	节日名称	主要活动	节日性质
一月一日	元旦	世界各国共同庆祝新年开始,举行各种娱乐、庆祝和休闲活动。	（庆祝）
农历新年前后	立春	春天开始,农民开始准备一年的农活计划。	（农业节气）
正月初一（农历）	春节	中国人一年中最重要的节日。各地都举行庆祝、娱乐、祭祀、团拜等活动。家人团聚。	（庆祝/综合）
正月十五（农历）	元宵节	挂花灯,吃元宵,拜亲访友。	（庆祝/娱乐）
二月中旬	情人节	给异性朋友或家人礼物,共同庆祝。	（娱乐/时髦）
三月八日	国际妇女节	全国妇女休假一天,庆祝世界妇女解放。	（纪念）
三月二十一日前后	春分	天气转暖,农民开始春耕农忙。	（农业节气）

中国人的主要节日

日期	节日名称	主要活动	节日性质
四月四日 前后	寒食节	纪念介子推的品格、珍重友情。古时此日不用火。	（纪念）
四月五日 前后	清明节	祭祀祖先，扫墓，烧香、烧纸钱，献花。	（祭祀）
四月初	复活节	纪念基督复活。举行追思活动和宗教仪式。	（纪念/时髦）
五月一日	国际劳动节	全国放假，举行游行或庆祝活动。旅游。	（纪念）
六月一日	儿童节	全国儿童放假一天，举行庆祝和娱乐活动。	（娱乐）
六月六日 左右	芒种	农民开始准备收割小麦，栽种水稻。	（农业节气）
五月五日 （农历）	端午节	纪念爱国诗人屈原。划龙船，吃粽子。	（纪念）
七月一日	党的生日	纪念中国共产党成立。开会、学习、庆祝。	（纪念）
八月一日	建军节	纪念中国人民解放军建军，举行游行等活动。	（纪念）
七月七日 （农历）	乞巧节	古时候年轻女子聚会拜月的节日。游玩聚会。	（祭祀/娱乐）
八月十五日 （农历）	中秋节	庆祝丰收，家人团聚，吃月饼，拜亲访友。	（庆祝/娱乐）
十月一日	国庆节	庆祝中华人民共和国成立。游行、娱乐、旅游。	（纪念）
九月九日 （农历）	重阳节	祝老人长寿，登高、团聚、娱乐。	（庆祝/娱乐）
十月二十三日 左右	霜降	农民开始注意收获和储存全年的庄稼。	（农业节气）
十二月八日 （农历）	腊八节	庆祝佛祖得道，驱除瘟鬼。喝腊八粥。	（庆祝/纪念）
十二月二十三日 （农历）	祭灶节	灶神的生日。做好吃的饭菜祭祀，准备黏糖。	（祭祀）
十二月二十五日	圣诞节	耶稣基督的生日，基督教徒举行隆重纪念，老百姓赶时髦看热闹。	（祭祀/时髦）

习惯用语和特殊表达用语

五花八门：形容种类、花样很多而且变化多端。

1. 我到了市场上一看，真是五花八门，卖什么的都有。我在那儿整整转了一个上午，但并没买很多东西。

2. 他从小就喜欢武术，见什么学什么，这些年来五花八门什么样的功夫都学了一些，慢慢地他在人们中间就有名了。

世世代代：指一个事件对每一代人，每一个朝代或社会的影响。形容一种风俗习惯的长时间的延续或对一种东西长时间的记忆和纪念。

1. 屈原是一个伟大的爱国诗人。虽然他已经死了两千多年了，可是人们仍然世世代代读他的诗，纪念着他。

2. 由于孔子的书是中国世世代代科举考试的必读书，他的思想对中国文化产生了巨大的影响。

美满幸福：美好圆满幸福愉快。

1. A："孔夫子认为什么样的生活才是美满幸福的？"
   B："不是有钱，不是做官，而是粗茶淡饭，有书读。"

2. 他们两人结婚以后互相学习互相帮助，日子过得美满幸福，真让人羡慕。

全心全意：用全部的精力。

1. A："老师告诉我们做什么事都要全心全意。"
   B："玩也要全心全意吗？"
   A："那当然了！如果你总是一肚子心事，你能玩好吗？"

2. "你要真想帮他，就应该全心全意地帮。不要总是只在嘴上说帮忙。"

秋高气爽：秋天的空气清明凉爽，用来描述美丽的秋季。

1. "你现在去北京最好，正是秋高气爽的季节，天气不冷不热。我想，现在长城两边的树叶都该红了，会非常美丽的。"

2. A："你喜欢纽约的春天还是喜欢纽约的秋天？"
   B："我最喜欢纽约的十月。那时候秋高气爽，天蓝得像海水一样，树叶有黄有红有紫，简直像是画出来的似的，美极了。"

国际通行：全世界都同意和遵守的规定、法则等。

1. 现在不论你在哪个国家坐飞机，他们都使用国际通行的时间。

2. A："做服装有没有国际通行的设计规定呢？"

　　B："我想没有吧。服装是给人穿的，我想应该是怎么好看怎么设计。"

崇洋媚外：崇拜外国人的想法、产品，看不起自己的民族文化传统。

1. 我们反对崇洋媚外，但不反对向外国学习先进的东西。盲目地反对外国也是不正确的。

2. 老王天天批评别人崇洋媚外，可是他自己却一听到是西方的东西，不管懂不懂，总是连连夸好。

句型和词汇用法

● **寄托**

1. 他非常珍重那支旧笔。他常常说，这支笔虽然旧了，但它是妈妈给的。它寄托了母亲的希望。

2. 我并不对他寄托什么希望，＿＿＿＿＿＿＿＿＿＿＿＿＿＿＿＿＿＿＿

　＿＿＿＿＿＿＿＿＿＿＿＿＿＿＿＿＿＿＿＿＿＿＿＿＿＿＿＿＿＿。

3. 从那以后，他就天天努力学习，因为他知道＿＿＿＿＿＿＿＿＿＿＿＿

　＿＿＿＿＿＿＿＿＿＿＿＿＿＿＿＿＿＿＿＿＿＿＿＿＿＿＿＿＿＿。

● **特征**

1. 你能不能告诉我一下这个人的主要特征？

2. 有人说美国文化最重要的一个特征是＿＿＿＿＿＿＿＿＿＿＿＿＿＿＿

　＿＿＿＿＿＿＿＿＿＿＿＿＿＿＿＿＿＿＿＿＿＿＿＿＿＿＿＿＿＿。

3. 任何优秀的文学作品都应该有自己的特征，因为＿＿＿＿＿＿＿＿＿＿

　＿＿＿＿＿＿＿＿＿＿＿＿＿＿＿＿＿＿＿＿＿＿＿＿＿＿＿＿＿＿。

● **时髦**

1. 你觉得把头发染成绿色很时髦吗？

2. 我不太喜欢跟他在一起是因为他太喜欢赶时髦，_____

_____。

3. 一个艺术家应该不应该赶时髦呢？_____

_____。

● **反映**

1. 他对此事不关心反映出了我们在处理这件事时存在着一些问题。我们下个星
   期应该再好好讨论一下这件事。

2. 从来没有人给我反映过这件事_____

_____。

3. 群众对这种大吃大喝的现象很不满意，_____

_____。

● **五花八门**

1. 这个学校的课五花八门，什么都有，叫人觉得好奇怪。

2. 他的朋友多极了，五花八门，各行各业_____

_____。

3. 虽然他的知识看起来五花八门，内容很广，_____，可
   是_____。

● **参与**

1. 他说这件事看上去很不好办，劝我千万别参与进去。

2. 除了学习以外，我们还应该参与_____

_____。

3. 即使我不参与这件事，_____

_____。

● **慰劳**

1. 他们已经整整累了一天了，我们应该给他们送一点酒和菜去慰劳慰劳他们。

2. 为了慰劳他们，_____

_____。

3. 考完了试，_____

_____。

● 缅怀

1. 虽然他离开我们已经很久了，可是每到他的生日大家还在缅怀他的事迹，纪念着他。

2. 很多年过去了，_____
   _____。

3. 很多人虽然活着，可是没有人记着他；很多人已经死了，人们仍然缅怀他。这是因为_____
   _____。

● 综合性

1. 这个学校是一所综合性的大学，有一百多门不同的学科，是一所非常著名的大学。

2. 我们只是处理具体事情的，如果你有综合性的问题_____
   _____。

3. 这个商店只卖衣服，不是综合性的百货商店，如果_____，
   你应该_____
   _____。

● 延续

1. 这个节日是从古代传下来的，延续到现在，差不多已经有两千多年的历史了。

2. 从那以后，他的病就越来越重，_____
   _____。

3. 古时候，过年在中国的文化传统中是一件大事，_____
   _____。

● 珍爱

1. 就要分手了，他心里很难过，可是又一句话都说不出来。最后他拿出了自己珍爱的诗集，恋恋不舍地说："留着做个纪念吧。想我的时候就看看它。"

2. 虽然这个日记本并不十分美丽，但这是他的第一个_____
   _____。

3. 从那以后，他们就再也没见过面，但是_____
   _____。

● **取代**

1. 在中国，现在阳历已经取代了阴历，人们在日常工作和生活中都在使用它。

2. 虽然他很喜欢中药，可是他仍然认为中药不能取代西药，_____

_____。

3. A："电脑越来越发达，你认为有一天它会不会取代人？"

  B: _____。

● **模仿**

1. 我虽然鼓励你向他学习，但我并不喜欢你处处模仿他。

2. 聪明的人有时候也模仿，_____

_____。

3. 刚开始学写文章的时候可以模仿，因为通过模仿可以_____

_____。

● **好奇**

1. 我认为一个人有正常的好奇心不是什么缺点；反倒是对什么事都不关心，对什么都不感兴趣的人才是怪人。

2. 你别对什么事都太好奇，_____

_____。

3. 他为什么每天都到半夜才睡觉呢？_____

_____。

● **回顾**

1. 回顾这些年走过的路，他为自己做出的成绩而骄傲。

2. 他回顾从小时候学中文到现在_____

_____。

3. 虽然我不喜欢回顾过去，_____

_____。

一、根据课文的内容回答下列问题：

1. 为什么说"节日是一个民族文化的最集中的体现"？

2. 中国最早的节日是怎么来的？节日在远古的主要功能有哪些？

3. 中国人的节日主要有哪几大类？请举例说明。

4. 节日的形成、发展跟社会的变化有没有关系？试举例说明它们之间有着什么样的关系。

5. 举例谈谈跟农业生产有关的节日。

6. 举例谈谈跟宗教和祭祀活动有关的节日。

7. 举例谈谈纪念性的节日。

8. 举例谈谈跟庆贺、祈愿有关的节日。

9. 举例谈谈跟社交游乐有关的节日。

10. 举例谈谈在现代中国社会中跟政治有关的节日。

11. 举例谈谈当代中国受西方影响的一些赶时髦的节日。

二、用下列的词造句子：

1. 寄托：

2. 时髦：

3. 反映：

4. 五花八门：

5. 慷慨：

6. 参与：

7. 慰劳：

8. 延续：

9. 珍爱：

10. 浪漫：

三、找出下列每组词中的近义词或同义词：

➤	节日	节气	节令	时节
➤	习俗	民俗	仪式	风俗
➤	文献	文件	记录	历史
➤	祭祀	纪念	宗教	规矩
➤	庆祝	祝贺	崇拜	保佑
➤	反映	表现	镜子	体现
➤	参与	一起	关系	参加
➤	保佑	幸福	平安	安宁
➤	慰劳	施舍	安慰	保佑

> 缅怀　　　纪念　　　庆祝　　　寄托
> 新年　　　除夕　　　春节　　　守岁
> 富足　　　美满　　　丰收　　　兴旺
> 团聚　　　娱乐　　　团圆　　　圆满
> 持续　　　继续　　　延续　　　延长
> 社交　　　机会　　　聚会　　　相会
> 联欢　　　娱乐　　　休闲　　　放假

四、选词填空：（社交、祭祀、文献、模仿、联欢、娱乐、功能、时髦、反映、密切、慷慨、延续）

1. 你最喜欢什么样的_____活动？

2. 这个学校非常喜欢收集古代资料，图书馆里有很多这样珍贵的_____。

3. 中国人在过年或过节的时候常常_____自己的祖先，你们美国人也这样做吗？

4. 这种电脑的_____很好，今天我们已经卖了三十多台了。

5. 你能不能告诉我在圣诞节期间你们有哪些主要的_____活动？

6. 最近几年黑色的毛衣很_____，你也买一件吧。

7. 他_____的情况很重要，可是我们以前几乎从来没想到过这些问题。

8. 虽然他跟老师的关系很_____，可是我不认为老师在考试的时候会专门帮助他。

9. 大家都喜欢他是因为他平时对人很_____，不管谁有困难他都会帮忙。

10. 这次大雪下了很长时间，一直_____了两个星期。

11. 去年新年_____的时候有很多人唱歌跳舞，小王还表演了中国武术。

12. 他从不喜欢_____别人，他说他总是有自己的想法。

五、用括号里的词改写句子：

1. 他的想法总是又多又乱，他自己觉得自己很聪明，可是别人都说他的脑子并不很清楚。（五花八门）

2. 历史书告诉我们，最早的节日并不是为了庆祝或娱乐。（按照……的说法）

3. 看一个人怎么对待别人，我们就能知道他善良不善良、性格和脾气怎么样。（从……中，Sub + V）

4. 说到宗教和祭祀性的节日，我们不但有清明节，还有腊八节、祭灶节等等。（除了……以外……）

六、写作练习：

1. 用一句话来总结出课文中每一段的意思。

2. 用三句话来概括（summarize）出这篇课文的主要内容和观点。

3. 我们的课文把中国的节日分为节令性的跟农业劳动有关的、宗教和祭祀性的、纪念庆祝性的、具社交游乐性的（如乞巧、重阳），请你写一篇短文介绍某一个节日的来历、性质和人们如何庆祝等等，你可以查阅一些有关的工具书。

4. 写一篇短文比较一下中国人和美国人过节有什么不同。

5. 作文：美国的节日

　　　　我家过节

与庆祝传统节日有关的中国古代诗歌欣赏

元　日

［宋］王安石

爆竹声中一岁除，春风送暖入屠苏。
千门万户曈曈日，总把新桃换旧符。

生查子

［宋］欧阳修

去年元夜时，花市灯如昼。月到柳梢头，人约黄昏后。　　今年元夜时，月与灯依旧。不见去年人，泪湿春衫袖。

春夜喜雨

［唐］杜　甫

好雨知时节，当春乃发生。
随风潜入夜，润物细无声。
野径云俱黑，江船火独明。
晓看红湿处，花重锦官城。

社　日

[唐] 王　驾

鹅湖山下稻粱肥，豚栅鸡栖半掩扉。
桑柘影斜春社散，家家扶得醉人归。

寒　食

[唐] 韩　翃

春城无处不飞花，寒食东风御柳斜。
日暮汉宫传蜡烛，轻烟散入五侯家。

清　明

[唐] 杜　牧

清明时节雨纷纷，路上行人欲断魂。
借问酒家何处有，牧童遥指杏花村。

题都城南庄

[唐] 崔　护

去年今日此门中，人面桃花相映红。
人面不知何处在，桃花依旧笑春风。

桥仙·七夕

[宋] 秦　观

纤云弄巧，飞星传恨，银汉迢迢暗度。金风玉露一相逢，便胜却人间无数。　　柔情似水，佳期如梦，忍顾鹊桥归路！两情若是久长时，又岂在朝朝暮暮？

水调歌头·中秋节

[宋] 苏　轼

明月几时有？把酒问青天。不知天上宫阙，今夕是何年？我欲乘风归去，又恐琼楼玉宇，高处不胜寒。起舞弄清影，何似在人间？
转朱阁，低绮户，照无眠。不应有恨，何事常向别时圆？人有悲欢离合，月有阴晴圆缺。此事古难全。但愿人长久，千里共婵娟。

雨　霖　铃

[宋] 柳　永

寒蝉凄切，对长亭晚，骤雨初歇。都门帐饮无绪。方留恋处，兰舟催发。执手相看泪眼，竟无语凝噎。念去去千里烟波，暮霭沉沉楚天阔。　　多情自古伤离别，更哪堪，冷落清秋节？今宵酒醒何处？杨柳岸，晓风残月。此去经年，应是良辰好景虚设。便纵有千种风情，更与何人说！

九月九日忆山东兄弟

[唐] 王　维

独在异乡为异客，每逢佳节倍思亲。
遥知兄弟登高处，遍插茱萸少一人。

即使写过节，中国的古人写欢乐的诗也不甚多，而写感伤的诗比较出色。从前面选择的几首过节的诗中，我们可以看出用短短的诗句抒写欢乐之情比较难，而写感伤和怀念、哲理的诗却比较容易，所以诗人们往往避开写欢乐，怕流于俗气，而写较优雅的忧伤和离愁、哲理等等，正如有名的唐代诗人和哲学家韩愈所说的："欢愉之词难好，悲苦之词易工。"

第二课　过年·祝福

旧历年的除夕到了，我从遥远的京城回到了阔别多年的老家。

我在老家其实已经没有什么亲人了。故乡已经成了童年的一个远梦。离它很远的时候你想念它，可是回到它面前你永远找不回童年的感觉，一切都变了样，变得那么没有诗意，那么让你失望。

要过年了，整个镇上家家都在忙着祭祀祖宗和庆贺新年的事，我在故乡已经没有了家。我临时住在一个亲戚家，感到孤独而且无聊。天已经黄昏了，我心中很郁闷。

到了过年的时节，镇上已经十分热闹了。人们开始做很多好吃的，香味飘满在空气中，街上到处都是爆竹声。傍晚，街上冷清了很多。我想出去走走。

刚刚走出门，忽然遇到了一个白头发的瘦弱老女人走到我跟前，眼睛直直地看着我。我想这是一个乞丐，准备给她一点零钱。可是没想到，她好像认识我，想和我说话。"你从京城回来了吗？你是有学问的人，去的地方又多。我想问你一件事——"

我认出她来了，她是祥林嫂。祥林嫂曾经是一个年轻健壮的女人，她善良老实，为人安详勤快。没想到，仅仅几年不见，她竟变成了这样，头发全白了，像是一个年老的妇人。其实，她现在才仅仅四十多岁。

祥林嫂执意要问我的事是人死了以后有没有灵魂，人的灵魂会不会被送下地狱？——我没想到这样一个无知的穷女人竟会问这么深刻的问题，所以一时感到无法回答。但祥林嫂的眼光很执著，同时还满含着期待，我不知道怎么回答才能让她满意。只好说："也许有吧。大概……，我说不清……。"祥林嫂疑惑地慢慢离开了我。看到她的表情和动作都很异常，我有些担心，快过年了，我怕她会出什么事。心里十分不安，一颗心时时收紧，时时忧虑，七上八下。

会出什么事呢？——我有些笑话自己太神经质。我并没说什么不好的话呀。更何况，我已经用"说不清……"来把我说过的话糊弄过去了。

可是，到了晚上，我发现一切事情都有些不正常。大家的脸上都藏着神秘，心里好像都很不高兴。我听到我的亲戚生气地吵嚷着。最后，我从佣人那儿得到了消息：原来是祥林嫂死了。

马上要过年了。过年是一年最大的事。在过年时人们最忌讳说"死""病"等字。祥林嫂为什么死了？她是怎样死的？我心里充满了疑问，可是没有办法问出来。我知道，如果在过年的时候提到这些事，不但问不出来自己想知道的情况，亲戚还会因为我不懂礼貌而生我的气甚至赶我离开。

可是善良、温和、劳苦了一生的祥林嫂为什么偏偏在这个时候死了呢？祥林嫂一生的故事这个时候忽然像放电影一样一幕幕地来到了我的面前。

祥林嫂并不是我们镇上的人。十多年前，她被人介绍到我的这个做地主的亲戚家里当女佣。那时候，她二十多岁，穿着很朴素的衣裳，身上还戴着孝。祥林嫂干活儿十分努力，她几乎从来就不闲着。她要的工钱极少，而比一个男人还能吃苦。有了她，家里的一切都收拾得干干净净、井井有条。很快地，祥林嫂受到了大家的欢迎。

祥林嫂每天只是干活，几乎从来不说话。到了后来，人们才慢慢地知道了她的故事。祥林嫂住在大山里，她结过婚，丈夫春天得病死了，她家里有一个很严厉的婆婆。祥林嫂工作实在努力，我亲戚家每到过年的时候都要多雇佣人，可是那年有了祥林嫂，她一个人干了几个人的工作，而且干得又快又好，从不<u>抱怨</u>，人们都说她比一个男人还能干，我亲戚这年就没再雇人。

刚刚过完年，有一天祥林嫂去河边洗东西时，忽然被停在河边的一只船上的人给抢走了。原来祥林嫂丈夫死后，她是自己偷偷跑出来做工的。她的婆婆知道以后，就带着船和人来把她抢走了。祥林嫂的婆婆把她抢走以后，很快就把她卖到了更远的大山里，用卖祥林嫂赚的钱给祥林嫂丈夫的弟弟娶了媳妇。

祥林嫂被<u>绑</u>着抬到了那个遥远的山村去跟人结婚。她哭闹着<u>反抗</u>、不愿意再婚，可是没有人帮助她。在举行婚礼时，她想自杀，悲痛地把头撞在大桌子上，撞了一个大洞，鲜血直流。可是最后她还是被逼迫服从了。

结婚后，据说祥林嫂生活过得不错，她生了一个儿子，丈夫对她很好。可是没多久她丈夫不幸又得病死了，最不幸的是她的儿子在山里又被狼给咬死了。

祥林嫂又失去了一切。过了几年，她又被人带到了我亲戚的家。

因为祥林嫂过去工作很好，所以这一次我亲戚又雇佣了她。可是没想到，这次她却好像完全变了一个人。祥林嫂变得好忘事了，干活儿也不像以前那样<u>灵活</u>了。一见到人她就向他们讲她的孩子被狼咬死的故事。刚开始人们都<u>同情</u>她，为她的不幸遭遇掉眼泪，后来人们听多了就感到厌烦，不愿意再听她讲了。祥林嫂感到了深深的悲哀，从此闭上了她的嘴巴。

又一个新年来到了，人们忙着庆祝，我亲戚家照常忙着祭祀祖宗，做各种各样的食品。这应该是一年中最忙的时候，当然也是佣人们最忙的时候。前些年，祥林嫂一个人能干几个人的活儿。今年祥林嫂也想大干<u>一番</u>。可是我亲戚家认为祥林嫂结过两次婚，是一个"不干净"的女人，所以不让她做饭，怕她不干净，她做的饭祖宗不愿意吃。祥林嫂知道了这一切，她感到羞辱又痛苦，心里难过极了。除了耻辱以外，祥林嫂还听别人说，她死了以后，她的两个死去的丈夫还要争抢她，阎王就要把她锯开分给两个男人。她从此害怕极了，这个坏消息像一个噩梦一样一直缠着她，使她不能安宁。

怎样才能洗掉自己的耻辱和躲开被阎王锯开的厄运呢？祥林嫂后来听别人说如果她向庙里捐献一笔钱买一个门槛让别人踩踏就可以为自己赎罪，这样她就能和别人一样无忧无虑，变成一个新人了。于是，拼命地攒钱，向庙里捐赠门槛成了祥林嫂一生中最大的一件事，为了这个梦想她忍受了一切，努力工作了一年。新年又快要到了，这一天是祥林嫂一生中最重要的日子：她终于攒够了钱，她就要到庙里去捐门槛了，从这以后，她就会成为一个新人，她"干净"了！

捐了门槛，祥林嫂像是变了一个人，她兴高采烈地回来了。来到家，看到所有人都在忙着过年的事情，她马上就跑上去帮忙。可是万万没想到，我的亲戚慌忙止住了她，不让她拿祭祀用的东西。

祥林嫂像遭到了雷击，一下子呆了。她完全失神地站在那儿，像是一根死了的树桩：我不是捐了门槛了吗？我不是干净了吗？为什么！为什么！！这时候祥林嫂才最终知道，她永远也逃不掉不幸的命运，她不管怎样努力也永远不能洗清自己。她，在别人眼里，永远是一个不干净的罪人。

祥林嫂慢慢地觉得生不如死，可是她又不敢死，怕死后被阎王锯开⋯⋯这使我想起她前天问我灵魂的有无的话头来。可怜的祥林嫂，她终于走了，在别人过年的欢乐的鞭炮声中，在别人新年的祝福声中。

不幸的祥林嫂，到底是谁害死了她？

根据鲁迅小说《祝福》改写

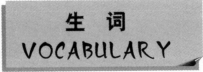

生 词
VOCABULARY

1. 阔别   kuòbié   long separated; long parted

2.	镇	zhèn	town; little city
3.	临时	línshí	temporary; provisional
4.	郁闷	yùmèn	heavyhearted; melancholy; unhappy; dejected
5.	瘦弱	shòuruò	thin and weak; emaciated
6.	健壮	jiànzhuàng	healthy and strong; robust
7.	勤快	qínkuài	diligent; hardworking
8.	执意	zhíyì	insist on; be determined to; be bent on
9.	灵魂	línghún	soul; spirit
10.	地狱	dìyù	hell; inferno
11.	执著	zhízhuó	inflexible; rigid; punctilious
12.	期待	qīdài	expect; wait; look forward to
13.	疑惑	yíhuò	feel uncertain; not be convinced; feel puzzled
14.	神经质	shénjīngzhì	nervousness; paranoid
15.	何况	hékuàng	much less; let alone
16.	糊弄	hùnòng	fool; deceive; palm sth. off on; be slipshod in work
17.	忌讳	jìhuì	avoid as taboo; avoid as harmful; taboo
18.	偏偏	piānpiān	just; but; only
19.	幕	mù	curtain; screen; tent
20.	戴孝	dàixiào	be in mourning
21.	井井有条	jǐngjǐngyǒutiáo	shipshape; methodical
22.	抱怨	bàoyuàn	complain; grumble
23.	绑	bǎng	bind; tie
24.	反抗	fǎnkàng	revolt; resist
25.	灵活	línghuó	nimble; agile; flexible; elastic
26.	同情	tóngqíng	sympathize with
27.	一番	yìfān	once; a while
28.	阎王	yánwang	Yama; King of Hell; tyrant
29.	锯	jù	saw
30.	缠	chán	twine; wind; tangle; tie up; deal with; handle
31.	厄运	èyùn	bad luck; misfortune

32. 捐献	juānxiàn	contribute（to organization）
33. 门槛	ménkǎn	threshold
34. 踩踏	cǎità	step on；walk on
35. 赎罪	shúzuì	atone for one's crime
36. 无忧无虑	wúyōuwúlù	totally without worries
37. 兴高采烈	xìnggāocǎiliè	in high spirits；jubilant
38. 雷击	léijī	be struck by lighting
39. 失神	shīshén	be inattentive/absent-minded；be in low spirits
40. 树桩	shùzhuāng	stake；pile

Exercise One: Remembering Detials

再次细读本文并指出下列句子提供的信息是对的（*True*）还是错的（*False*）。如是错的，请改成正确的答案：

1. 这个故事发生在京城。（   ）
2. 作者对他的老家感到失望和郁闷。（   ）
3. 祥林嫂是作者家的女佣。（   ）
4. 祥林嫂的家在山里，她嫁过两个男人。（   ）
5. 祥林嫂的丈夫对她不好，所以她的儿子死了。（   ）
6. 祥林嫂在我亲戚家第一次工作得很好，第二次工作得不好。（   ）
7. 人们认为祥林嫂结过两次婚，是一个"不干净"的女人。（   ）
8. 祥林嫂怕她的丈夫，所以她去捐门槛。（   ）
9. 祥林嫂失去了对生活的希望，所以她在除夕时死了。（   ）

Exercise Two: Analyzing Ideas

选择下面提供的哪种回答最接近文章提供的事实并完成句子：

1. 作者回老家是为了_____。
   a. 想见见祥林嫂　　　b. 想念自己的老家　　　c. 看望亲戚
2. 祥林嫂执意问人死了以后有没有灵魂是因为她_____。
   a. 善良老实　　　b. 想捐门槛　　　c. 害怕地狱
3. "我"亲戚不喜欢祥林嫂是因为她_____。
   a. 年龄太大　　　b. 过年时不好好干活　　　c. 是"不干净"的女人
4. 祥林嫂的婆婆把她抢走卖掉是因为_____。
   a. 需要钱　　　b. 不喜欢祥林嫂　　　c. 不喜欢"我"亲戚

5. 这篇文章作者是控诉和批判＿＿＿＿＿。
    a．"我"亲戚   b．祥林嫂   c．黑暗的社会

Exercise Three: Synonyms

根据上下文的意思，找出句子中的同义词：

1. 旧历年的除夕到了，我从遥远的京城回到了<u>阔别</u>多年的老家。
    a．有钱的   b．长久分别的   c．很远的

2. 祥林嫂<u>执意</u>要问我的事是人死了以后有没有灵魂，人的灵魂会不会被送下地狱。
    a．坚持   b．同意   c．有意

3. 我有些笑话自己太<u>神经质</u>，我并没说什么不好的话呀。
    a．身体不舒服   b．自以为是   c．太紧张

4. 祥林嫂的眼光满含着<u>期待</u>，我不知道怎样回答才能让她满意。
    a．希望   b．目的   c．鼓励

5. 可是善良、温和、劳苦了一生的祥林嫂为什么<u>偏偏</u>在这个时候死了呢？
    a．有意   b．正好   c．歪斜

6. 她完全<u>失神</u>地站在那儿，像是一根死了的树桩。
    a．丢失   b．不高兴   c．无灵魂意志

Exercise Four: Discussion Questions

1. 作者回到了童年时的老家，为什么感到"孤独而且无聊"？
2. 祥林嫂为什么关心死后的世界？他为什么要问作者灵魂和阎王等问题？
3. 祥林嫂的死为什么引起了作者在思想上那么大的震动？作者是怎样表达他对的祥林嫂的死的关切和悲伤的？
4. 祥林嫂在"我"亲戚家两次作佣人，但她两次的工作情况和人们对她的评价不一样。为什么？
5. 祥林嫂第二次回来后，"我"亲戚家为什么过年时不让她干活儿？
6. 祥林嫂为什么怕过年？为什么捐门槛以后"我"亲戚仍不让她在过年时帮忙，她听到后"像遭到了雷击"？到底是谁害死了祥林嫂？

第三课　苗族人的过年习俗

中国是一个多民族的国家。除了汉族以外，还有56个少数民族，其中苗族是人口众多、居住地区<u>分布</u>很广的民族之一。

在中国贵州省东南地区的大山里住着一个苗族<u>部落</u>。由于这个部落远离城市，现代化的观念和外来的生活方式对这个地区影响不大。直到现在他们仍然继承着他们祖辈传下来的生活方式。

苗族人一年当中最重要的活动就是过苗年。苗年是人们庆祝丰收、祈祷安详和平的节日。过苗年的庆祝活动非常<u>隆重</u>，它不仅是传统的祭祖活动，而且是欢快热烈的文化娱乐活动。它以<u>浓郁</u>的民族形式和丰富多彩的文化气息吸引着很多汉族人及<u>远渡重洋</u>而来的美国人、欧洲人和日本人等等。大家都<u>不约而同</u>地来到<u>偏僻</u>的贵州山区过"苗年"，参观和了解这种<u>奇异</u>的民族文化。

每年的11月下旬，苗族农民把一年的庄稼收获到了家里后，人们便开始筹划着如何过苗年的事了。苗年没有一个固定的日子。过苗年的时间是由寨子里<u>德高望重</u>的老人和寨子的寨王商量决定的，而苗年庆祝活动的长短也<u>取决</u>于他们商量的结果。一般来说，一年的收成好，庆祝活动的规模就大些，时间也长些；如果收成不够好，庆祝规模就会小一<u>些</u>，热闹气氛就会差一些。

2000年的苗年始于11月26日，结束于11月30日。在26日上午苗寨里到处都可以听见人们准备食物、走亲戚、送礼、喝酒的欢乐的声音，这种活动一直延续几天。到了28日上午，由寨王主持传统的祭祀祖先的仪式。然后开始举行最有民族特色的跳<u>芦</u>笙活动。跳芦笙活动每天下午举行，一般要跳3－5天。

跳芦笙是苗年最重要的活动。跳芦笙前要举行隆重的祭祀仪式，这种传统的仪式到底已<u>流传</u>了多少年，谁也无法说出它准确的时间，它只是世世代代地被后人<u>沿袭</u>着。

跳芦笙由芦笙手领头，姑娘们打扮得漂漂亮亮，戴着沉重的银头饰，踩着舞步，组成长长的队伍，围着圈子循环地转着跳舞，一直跳到日落后归去。跳芦笙的含义在于乞求五谷丰登，有好的收成。

整个仪式最重要的核心是"起鼓"。"鼓"是一种铜鼓，它是<u>号令</u>和法器。鼓平时收藏在寨王家，寨王是整个活动的主持人。初见寨王，很让人<u>惊讶</u>。寨王并不是一个<u>老态龙钟</u>的长者，而是一个三十刚出头的年轻人。他掌管着寨子里的民间事务活动。

据了解，寨王不是民间选举产生而是世袭的。老一代的苗寨寨王死了以后，他的位子便由他最小的儿子来继承。寨王是苗寨的精神象征，因此"起鼓"自然由他来主持。

　　起鼓时先到寨王家请鼓，铜鼓只有在祭祀时才能取出。到了苗年的第三天，吹芦笙手、身穿<u>艳丽</u>苗家服装的漂亮姑娘们<u>集结</u>在山顶的苗寨寨王家。下午两点，寨王点燃香火，烧黄纸，把食物摆在地上，念苗家的<u>经文</u>祈祷，然后点燃鞭炮。芦笙手吹响芦笙，姑娘们开始<u>翩然起舞</u>。然后，人们将铜鼓挂起，寨王 <u>焚香</u>、烧纸、向地上洒酒，再一次祭祀祖先。此时，铜鼓手敲响铜鼓、芦笙手高奏芦笙，鞭炮声、乐器声、歌声和欢呼声响成一片，庆祝活动达到了最高潮。

　　苗族人过年时还有一个十分有趣的活动叫作"吃烧寨"。"吃烧寨"必须在河边举行。住在路途遥远的山顶上的苗族人带着炉子和锅，来到镇子边的小河旁，放置好炉子，坐好锅，一家人围炉而坐，吃着锅里热腾腾的山里的<u>野味</u>和新鲜蔬菜，喝着酒，说着高兴的事情，这是苗族人一年中最幸福的时光。

　　为什么要吃烧寨呢？苗族人说，一是为了敬<u>火神</u>，火神和他们一起吃新年的第一顿饭；另一种说法是在河边吃烧寨有驱除邪恶和避免<u>火灾</u>的意义。不管哪种说法，我们都可以看出苗族人吃烧寨有预防火灾的愿望和意义。苗族人住的大都是木楼和别的木质建筑，对他们而言，防火是最重要的。所以在新年时吃烧寨一是祈祷火神保佑，一是提醒大家别忘记防火。

　　苗族人过年每年一度，每十二年为一大庆。希望你们能有机会到中国来，跟我一起去苗乡过苗年。

根据王海涛摄影报道《到苗家去过年》改写

生　词
VOCABULARY

| 1. 分布 | fēnbù | be distributed (over an area); be scattered; distribution |

2．	部落	bùluò	tribe
3．	隆重	lóngzhòng	grand; solemn; ceremonious
4．	浓郁	nóngyù	strong; rich
5．	远渡重洋	yuǎndùchóng yáng	cross many oceans
6．	不约而同	bùyuēértóng	happen to coincide; coincidentally do sth.
7．	偏僻	piānpì	remote; out-of-way; rare
8．	奇异	qíyì	strange; queer; bizarre; odd
9．	德高望重	dégāowàng zhòng	be of noble character and high prestige
10．	取决于	qǔjuéyú	be decided by; depend on
11．	芦笙	lúshēng	reed-pipe wind instrument
12．	流传	liúchuán	spread; circulate; hand down
13．	沿袭	yánxí	carry on as before
14．	号令	hàolìng	verbal commend; order
15．	法器	fǎqì	Buddhist/Taoist (musical) instruments
16．	惊讶	jīngyà	amazed; astounded
17．	老态龙钟	lǎotàilóngzhōng	senile; doddering
18．	艳丽	yànlì	gorgeous; resplendent
19．	集结	jíjié	mass; concentrate; build up
20．	经文	jīngwén	classical text
21．	翩然起舞	piānránqǐwǔ	dance trippingly
22．	焚香	fénxiāng	burn joss sticks
23．	野味	yěwèi	game (food)
24．	火神	huǒshén	god of fire
25．	火灾	huǒzāi	fire disaster; conflagration

Exercise One: Remembering Detials

再次细读本文并指出下列句子提供的信息是对的（*True*）还是错的（*False*）。如是错的，请改成正确的答案：

1. 这篇文章谈的是苗族人怎样庆祝丰收的事情。（　　）

2. 苗年在每年十二月开始庆祝。（　　）

3. 苗族人喜欢跳芦笙，每个月举行一次，一般要跳 3 – 5 天。（　　）

4. 苗族的寨王都是三十刚出头的年轻人。（　　）

5. 铜鼓是号令和法器，平时不能敲，只有祭祀时才用。（　　）

6. 苗族人"吃烧寨"是因为它有避邪和放火的意义。（　　）

Exercise Two: Analyzing Ideas

选择下面提供的哪种回答最接近文章提供的事实并完成句子：

1. 苗族人继承和保持着祖辈传下来的生活方式是因为他们＿＿＿＿＿＿。

   a. 是少数民族　　　　　b. 居住地区分布广

   c. 远离城市，较少受外来影响

2. 每年过年时间的长短是＿＿＿＿＿＿。

   a. 根据天气决定　　　b. 根据收成情况决定　　　c. 根据传统决定

3. 跳芦笙以前要举行＿＿＿＿＿＿的仪式。

   a. 走亲戚　　　　　　b. 吃烧寨　　　　　　　c. 祭祀

4. 跳芦笙的目的是＿＿＿＿＿＿。

   a. 乞求丰收　　　　　b. 乞求祖宗保佑　　　　c. 驱除邪恶

5. 苗族的寨王是过年活动的主持人。寨王是＿＿＿＿＿＿的。

   a. 选举　　　　　　　b. 世袭　　　　　　　　c. 德高望重

Exercise Three: Synonyms

根据上下文的意思，找出句子中的同义词：

1. 苗族是中国少数民族中人口众多、居住地区<u>分布</u>很广的民族之一。

   a. 发展　　　　　　　b. 散开　　　　　　　　c. 分配

2. 过苗年的庆祝活动非常<u>隆重</u>，它既是祭祖活动，也是文化活动。

   a. 受重视　　　　　　b. 注意　　　　　　　　c. 严重

3. 很多外国人都跑到<u>偏僻</u>的贵州山区过"苗年"，参观他们的奇异的民族文化。

   a. 贫穷，遥远　　　　b. 远离城市，交通不便　　c. 粗野，没有教育

4. 过苗年的一个最重要的活动是跳芦笙活动。<u>芦笙</u>是：

   a. 一种武器　　　　　b. 一种祭祀用的工具　　　c. 一种乐器

5. 过苗年的时候很多穿着鲜艳服装的漂亮姑娘<u>集结</u>在苗王家准备跳舞。

   a. 集合在一起　　　　b. 集体结婚　　　　　　　c. 全部

6. 苗族人吃烧寨的时候一家人一起吃锅里热腾腾的<u>野味</u>和新鲜蔬菜，喝着酒，高兴极了。

　　a．粗野的食品　　　　b．农村的食物　　　　c．野生的动物肉

Exercise Four: Discussion Questions

1．本文所说的苗族部落在中国的什么地方？他们为什么还保持着原始的生活方式？

2．过苗年是什么样的活动？它有哪些特点？你讲一下它的过程。

3．寨王是什么人？告诉我们他是干什么的，什么样的人能当寨王？

4．苗族人为什么要"吃烧寨"？谈谈"吃烧寨"的意义。

第四课　纽约鬼节游行记趣

人鬼同乐

一位美国朋友告诉我，不管你在纽约住过多久，如果你没去看过纽约的鬼节游行，你就不能算是一个真正的纽约人。

纽约的鬼节游行为什么这么重要？它是怎么来的呢？原来，"鬼节"的真正的名字叫万圣节。它发源于欧洲中世纪，在古代的英国，爱尔兰人和其他民族的人为了驱除鬼怪妖邪，选定这一天烧篝火并念经施法，乞求神的保佑，这一天被叫作烟火节。后来爱尔兰人把它引入了美国，变成了非宗教性的纵情玩闹的节日。这种玩闹有时候会发展成恶作剧，如化妆串门、吓唬人，孩子们到各家去强行索要糖果，有时候还有坏人会趁机闹事，砸东西、抢东西甚至放火等。所以鬼节在前些年有时候会让人听起来生畏。

最近几年纽约社会秩序相当安定，所以大家又都喜欢谈论鬼节和看鬼节游行。美国的鬼节和中国的鬼节很不一样。纽约的鬼节一点都不庄严，也不注重祭祀，更没什么纪念意义，它的重点是玩闹和游戏。美国的鬼节最反映美国人的自由化和想像力，反映他们的童心。所以在美国，鬼节是最逗乐、最热闹、最老少咸宜、皆大欢喜的节日。

除了热闹，纽约的鬼节还有着浓厚的商业气息。还没到鬼节，商店橱窗里已经到处摆满了各种鬼怪的丑陋的图像，卖各种和鬼节有关的面具化妆品，希望把人人都打扮成鬼怪。到了鬼节那天，孩子们最快乐。他们提着用南瓜做成的篮子到各家去讨糖果，一路走，一路敲门，一路唱：

Trick or treat, trick or treat. Give me something good to eat.

If you don't, I won't care. I will drag off your underwear.

（不给就捣乱，不给就捣乱；快把好吃的东西献。

你不给，我不烦；我把你的内裤拉下来让你难看。）

孩子们虽然不真敢"拉下你的内裤"，但有时会闹得人心烦，有的人家也用恶作剧来报复孩子的胡闹，他们在糖里放钉子甚至下毒等等。纽约市政府曾严令禁止此类行为。

纽约人为什么对鬼节游行那么骄傲呢？据媒体报道，纽约的鬼节游戏是独一无二的。因为美国一般的感恩节游行或圣诞节游行都是政府参与组织和大量商业机构赞助的。但鬼节游行则纯粹是民间发起，是老百姓自己组织的。他们自己出钱、自己扮演、自己观看、自我欣赏，自己管理自己。

鬼节那天，我早早地就去游行的地方了。那儿已是人山人海，大家久盼鬼而鬼不来，已经等得有些疲倦了。忽然间觉得天地间有些异样，一阵怪异的音乐声使我毛发直竖。定下神来看时，好像地狱的看门人打了个盹，趁他不注意时所有的鬼怪都逃到了人间。原来，游行的组织者很懂心理学，他们故意让人们久久地等待，然后在你没有心理准备的时候突然来到你的面前，这样更强烈地增加了恐怖和娱乐的气氛。

这儿什么样的鬼都有。有巨大的鬼，无头的鬼，浑身是血的鬼和浓妆艳抹的鬼，男鬼女鬼老鬼少鬼都有。巨大的骷髅的怪手直往人们头上伸，吓得有人当场逃走，女士和孩子们则大声尖叫。所有的鬼都演得很投入，天上飞的、地上爬的，龙腾虎跃，一丝不苟。

纽约鬼节游行最大的特点是喜欢与观众交流，游行的鬼怪们特别喜欢向观众讨好，而讨好的方式就是吓唬他们。有的鬼装得像极了，他们看上去很庄严，根本不笑而且装扮得栩栩如生，扮得太像了有时使我害怕，不知道他们到底是真的鬼还是假装的鬼。

　　鬼节不止是孩子们的节日，也是成年人和老年人的节日。鬼节是一种最自由的表演，光怪陆离、无奇不有，这正符合美国人喜欢出新奇点子、喜欢逗乐、一派天真的特点。美国人童心很重，遇到孩子们的节日，大人们往往比孩子们闹得还欢。在鬼节游行队伍和观众里，大人远比孩子多，孩子的数目甚至远远少于白发老人的数目。

　　值得特别写一笔的是鬼节游行虽然是民间组织的，但是它秩序井然，虽然游行内容百花齐放，看上去很乱，但乱中有序，自始至终保持着热烈的气氛和良好的纪律。难能可贵的是，除了鬼节游行纯粹是靠民间赞助以外，在游行前还有专门人员沿街募捐，为教育，为孩子，也为无家可归的人。善良的纽约人即使在玩闹时也有着一颗温暖的心。

根据王海龙《纽约意识流》改写

生 词 VOCABULARY

1. 万圣节	wànshèngjié	Halloween
2. 中世纪	zhōngshìjì	Middle Ages; medieval
3. 爱尔兰	àiěrlán	Irish
4. 妖邪	yāoxié	evil spirit; monster
5. 施法	shīfǎ	conjure; execute law
6. 纵情	zòngqíng	to one's heart's content
7. 串门	chuànmén	drop in on sb.; visit; pay call
8. 强行	qiángxíng	force

9.索要	suǒyào	ask for
10.畏	wèi	fear; dread; respect
11.童心	tóngxīn	childish heart
12.咸	xián	all
13.丑陋	chǒulòu	ugly
14.严令	yánlìng	strict order; order strictly
15.赞助	zànzhù	support; assist
16.异样	yìyàng	variation; unusual; peculiar
17.竖	shù	vertical; upright; set upright; erect; stand
18.打盹	dǎdǔn	doze; take a nap
19.心理学	xǐnlǐxué	psychology
20.恐怖	kǒngbù	fearful; horrible; terror
21.浓妆艳抹	nóngzhuāngyànmǒ	heavily made up and overdressed
22.骷髅	kūlóu	human skeleton; human skull
23.龙腾虎跃	lóngténghǔyuè	scene of bustling activity
24.讨好	tǎohǎo	toady to; have one's labor rewarded
25.吓唬	xiàhu	threaten; frighten
26.庄严	zhuāngyán	solemn; dignified; stately
27.栩栩如生	xǔxǔrúshēng	lifelike
28.光怪陆离	guāngguàilùlí	bizarre; fantastic
29.秩序	zhìxù	order; sequence
30.井然	jǐngrán	tidy; methodical
31.百花齐放	bǎihuāqífàng	all different views expressed

Exercise One: Remembering Detials

再次细读本文并指出下列句子提供的信息是对的（*True*）还是错的（*False*）。
如是错的，请改成正确的答案：

1."鬼节"是美国人创造的，它对欧洲人有很大的影响。(　　)

2.鬼节的时候，有人恶作剧，有坏人趁机闹事。(　　)

3.美国的成年人和老人喜欢鬼节，孩子们不喜欢。(　　)

4.鬼节游行时，游行的鬼迟到了，大家都疲倦，很不高兴。(　　)

5. 纽约鬼节最大的一个特点是它是老百姓自己管理自己。（　　　）

6. 纽约鬼节游行有各种各样的鬼，可是没有女鬼。（　　　）

7. 因为鬼节是民间自己组织的，所以秩序不太好。（　　　）

Exercise Two： Analyzing Ideas

选择下面提供的哪种回答最接近文章提供的事实并完成句子：

1. 美国人认为如果没看过鬼节游行就_____。
   a. 不应该住在纽约　　　b. 不是美国人　　　　c. 不了解纽约

2. 纽约的鬼节是在中世纪_____人创造的。
   a. 纽约人　　　　　　　b. 英国人　　　　　　c. 爱尔兰人

3. 纽约的鬼节一点都不庄严，但它重视_____。
   a. 祭祀　　　　　　　　b. 纪念　　　　　　　c. 玩闹

4. 纽约人对鬼节游行那么骄傲是因为_____。
   a. 有政府参与组织　　　b. 有商业机构赞助　　c. 民间发起

5. 纽约鬼节游行是_____。
   a. 孩子们的节日　　　　b. 最自由的表演　　　c. 商业性节日

6. 纽约鬼节游行有人募捐是为了_____。
   a. 帮助下一次游行　　　b. 成年人和老年人　　c. 教育和无家可归的人

Exercise Three： Synonyms

根据上下文的意思，找出句子中的同义词：

1. 这种玩闹有时候会发展成恶作剧。如化妆<u>串门</u>、吓唬人等等。
   a. 破坏别人的门　　　　b. 在门前打闹　　　　c. 去别人家

2. 美国的鬼节最反映美国人的自由化、想像力和<u>童心</u>。
   a. 胡闹　　　　　　　　b. 天真　　　　　　　c. 不懂规矩

3. 有些鬼装得像极了，简直是<u>栩栩如生</u>，看上去使人感到害怕。
   a. 看上去恶心　　　　　b. 看上去像真的　　　c. 看上去没意思

4. 鬼节是一种最自由的表演，<u>光怪陆离</u>，无奇不有。
   a. 看上去害怕　　　　　b. 奇怪而且让人生气
   c. 五光十色、多种多样

5. 鬼节虽然是民间组织的，但是它<u>秩序井然</u>，保持着热烈的气氛。
   a. 很有纪律　　　　　　b. 规矩太多　　　　　c. 看上去奇怪

6. 据<u>媒体</u>介绍，纽约的鬼节游行是独一无二的。
   a. 结婚介绍人　　　　　b. 新闻出版界　　　　c. 政府工作者

7. 前些年纽约太乱，去参加鬼节的游行活动让人听起来有点生畏。
　　a．不高兴　　　　　　　b．害怕　　　　　　　c．激动
8. 在美国，鬼节游行人人都喜欢看，它是最热闹和老少咸宜的活动。
　　a．都　　　　　　　　　b．应该　　　　　　　c．味道

Exercise Four: Discussion Questions

1. 人们为什么那么喜欢纽约的鬼节？它有什么特色？
2. 纽约人为什么对鬼节游行那么骄傲呢？请谈谈作者的感想。
3. 作者是怎样描写纽约鬼节的游行的？作者是怎样应用气氛描写的？这样描写有什么好处？
4. 作者是怎样给文章结尾的？这样的结尾有什么特色？

第五课 圣诞节前夜的凡卡

凡卡是俄国乡下的一个九岁的男孩。他爸爸妈妈都死了，跟着爷爷过活。爷爷是个给地主看山林子的人，他太穷了，没法养活孙子，就把他送到了遥远的都城莫斯科的一个鞋店里当学徒。到那儿，一来可以混口饭吃，二来也可以学点本领，以后能养活自己。送走了孙子，他心里很难过，他听说孙子在城里经常挨打，每天吃不饱饭。老人的心里很悲苦。他仿佛时时听到孙子的哭声。老人只有这一个孙子，儿子死的时候孙子还小，儿子临死时心里难过但已经说不出话来，只是两眼直直地看著孩子。老人知道儿子的心事，流着泪告诉他，你放心走吧，我一定会照顾好孙子。儿子的大眼睛里流出了浑浊的泪，他死了，可是他始终没闭上眼睛。得知孙子在城里受折磨，爷爷心里非常难过，想着儿子死了以后仍不愿闭上的双眼，他觉得自己对不起儿子。

凡卡到城里已经三个月了。这三个月简直就像是在地狱里的三个月。明天就要过圣诞节了，老板一家人和其他的伙计都去教堂了，留下他一个人看家。凡卡又高兴又害怕，心在胸膛里激动地像打鼓一样地跳。他高兴的是他终于有一次机会一个人在家给爷爷写信，他害怕的是周围的一切都那么黑、那么静，像是有着无数的鬼怪在偷偷地看着他。

他在黑暗中哆哆嗦嗦地点亮了蜡烛，找到了一支旧笔和一瓶墨水。墨水多年不用，已经干了，他往里面倒了一点水，终于能模模糊糊写出字来：

"亲爱的康斯坦丁爷爷：

您快来救救我吧。您再不来救我，我就要死了——"

写到这儿，小凡卡哭出了声来。

"他们打我，每天都打我，狠狠地打。他们不给我吃饱饭，每天只给我吃一点剩饭。如果没有剩饭，就给我吃一点煮过的菜叶，连盐都不放。我饿得头晕，有时候走路都会倒下。"

爷爷这会儿会在哪儿呢？写到这儿小凡卡停下笔来。爷爷这时候一定会在山林子里。爷爷很穷，有时候穷得也吃不到饭，但跟爷爷在一起，至少不会挨那么多打。吃不到饭的时候，在山里雪地上可以找到冻蘑菇，树林子里有时候能找到可以吃的树叶树皮。如果运气好，有时还能碰到山果子，又酸又甜，上面结了冰，咬在嘴里凉极了。

爷爷有两只狗，快过圣诞节的时候，爷爷就带着他们到树林子里去砍圣诞树。林子里到处都是雪，树被冻得叭叭响。狗也怕冷，它们冻得直打喷嚏，靠猛跑来取暖，出去不一会儿，就冻得连尾巴都不会摇了。想到这儿，凡卡觉得想笑。看看自己的信，凡卡又笑不出来了。

"他们昨天晚上痛打了我一顿，因为老板叫我给他的小崽子摇摇篮，我太累，摇着摇着睡着了。老板揪着我的头发就把我的头往墙上撞，把我的头撞破了，流了很多血。今天早上老板娘让我收拾一条鱼，我不会弄，她拿起鱼就戳我的嘴和我的脸。其他的伙计全捉弄我、欺负我。在这儿老板根本不教我学本领做鞋子。就连比我早来两年的彼得也从来没看到怎么做鞋子。老板干活儿的时候全把门关着，我们谁也别想看。在这儿除了每天干重活脏活儿，什么也学不到。我们简直不如奴隶。

"爷爷，您发发善心，把我带回去吧。我会听您的话。我给您跪下了，我会永远为您祷告上帝。我会替您搓烟叶，您叫我做什么我就做什么，只要您带我离开这儿。如果我做错了事，您就狠狠打我一顿，爷爷打得比老板打得轻多了，而且爷爷不会把我打出血的。爷爷，您救救您的孙子吧。您如果不来救我，我就会死了。我又累又饿，让老板打得实在受不了了。……我原来想自己跑回我们村子去，可是我脚上没有鞋，路太远，天又冷极了。

"莫斯科虽然很大，有很多漂亮的大房子，可是全是老爷们的。这儿没有树林子，没有鸟，晚上看不见星星。这儿没有羊，这儿的狗一点也不凶。爷爷，我不喜欢莫斯科，我要回家。

"亲爱的爷爷，你大概已经给老爷砍好了圣诞树。老爷在圣诞树上挂糖果时，请您想着给我摘一颗金胡桃，藏在我床上的小绿匣子里。爷爷您快来救我吧，我求您看在基督的面上可怜可怜我这个不幸的孤儿吧。我饿得要命，我快被他们打死了……我问候阿奇娜，问候列文，问候马车夫。别让人动我的玩具。

您的孙子：亚历山大
凡卡，圣诞节前夜"

写完了信，凡卡又在最后一行上用粗笔重重地描了一句"亲爱的爷爷，来吧!"

信终于写完了，凡卡庆幸没人打扰他写完了这封信。他仔仔细细地把信折了四折，装进一个信封里。这个信封是他前一天晚上花了两分钱买的。他想了一想，在信封上工工整整地写上了：

"乡下爷爷收"

他问过肉店的伙计，伙计们告诉他，信应该投在邮筒里才能寄出去。他匆匆戴上帽子，连那件破外套都没顾上披，只穿着一件衬衫就跑到街上去了。他跑到第一个邮筒那儿，对着自己那封宝贵的信祷告了一会，把它塞进了邮筒。

那天晚上，凡卡做了一个梦，他梦见了爷爷在读自己的信，梦见了他的狗，雪天的树林子……

根据俄国作家契可夫的短篇小说《凡卡》改写

Anton Pavlovich Chekhov, 1860 – 1904. An accomplished dramatist, prolific letter writer, and one of the greatest short – story writers of all time, Anton Chekhov provides a remarkably accurate picture of the Russia of his day. It has been said that his works are so accurate in detail that they could be used as a source for sociological study. He created moods and explored the depths of human emotion in such a subtle way that it is uncertain whether he is presenting comedy or tragedy.

His dramatic masterpieces were 'Uncle Vanya', published about 1896, 'Three Sisters' (1900 – 01), and 'The Cherry Orchard' (1903 – 04). He also wrote a number of one – act farces and a detective novel. His first major short story, "The Steppe," appeared in 1888. Other outstanding stories are "Ward Number Six" and "Neighbors" (1892), "The Black Monk" (1894), "Murder" and "Ariadne" (1895), "My Life" (1896), and "The Man in a Case" (1898).

生　词
VOCABULARY

1.	俄国	É' guó	Russia
2.	莫斯科	Mòsīkē	Moscow
3.	学徒	xuétú	apprentice; trainer
4.	仿佛	fǎngfú	seem; as if; be more or less the same; be like
5.	浑浊	húnzhuó	muddy; turbid
6.	折磨	zhémo	persecute; torment
7.	伙计	huǒjì	shop assistant; fellow
8.	偷偷	tōutōu	stealthily; secretly
9.	哆哆嗦嗦	duōduōsuōsuō	tremble; shiver
10.	墨水	mòshuǐ	prepared Ch. ink; ink
11.	至少	zhìshǎo	at (the) least
12.	蘑菇	mógu	mushroom
13.	叭叭	bābā	sound of crash; snap!
14.	喷嚏	pēntì	sneeze
15.	痛打	tòngdǎ	beat soundly; belabor

16. 崽子	zǎizi	young animal；young child；son-of-bitch
17. 揪	jiū	hold tight；seize；pull；tug；drag
18. 戳	chuō	jab；poke；stab；sprain；blunt
19. 捉弄	zhuō´nòng	tease；make fun of
20. 奴隶	núlì	slave
21. 跪	guì	kneel（on both knees）
22. 祷告	dǎogào	pray
23. 搓	cuō	rub with hand
24. 烟叶	yānyè	tobaccoleaf
25. 胡桃	hútáo	walnut
26. 匣子	xiázi	small box/case；casket
27. 基督	Jīdū	Jesus
28. 孤儿	gūér	orphan
29. 庆幸	qìngxìng	rejoice at a good outcome
30. 投信	tóuxìn	put letter to the postbox

Exercise One：Remembering Detials

再次细读本文并指出下列句子提供的信息是对的（*True*）还是错的（*False*）。如是错的，请改成正确的答案：

1. 凡卡的爷爷虽然生活不错，可是为了让孙子学本领，决定让他到城里当学徒。（ ）
2. 听说凡卡在城里经常挨打，爷爷想把孙子接回来。（ ）
3. 凡卡的爸爸死了。爷爷答应他爸爸他会好好照顾凡卡。（ ）
4. 凡卡不喜欢城里的生活，所以老板常常打他。（ ）
5. 老板不想让凡卡学本领，只想让凡卡替他干家务活儿。（ ）
6. 凡卡想跑回乡下去，可是他没有鞋子。（ ）
7. 凡卡寄走了给爷爷的信，可是爷爷不能收到。（ ）

Exercise Two：Analyzing Ideas

选择下面提供的哪种回答最接近文章提供的事实并完成句子：

1. 凡卡的爷爷听说凡卡在城里日子过得不好，心里很难过，因为_____。

   a. 不想送他去城里　　b. 凡卡挨打挨饿　　　　c. 凡卡没学会本领

2. 凡卡说他在城里的三个月就像在地狱里是因为_____。

    a. 他不能去教堂　　　　b. 老板家太黑　　　　c. 他忍受得太多

3. 凡卡想回到乡下爷爷身边是因为_____。

    a. 能吃饱饭　　　　　　b. 爷爷不打他　　　　c. 能得到自由

4. 凡卡不喜欢莫斯科，因为那儿_____。

    a. 狗一点也不凶　　　　b. 没人关心他　　　　c. 漂亮房子不多

5. 凡卡的老板对凡卡不好是因为_____。

    a. 凡卡不好好工作　　b. 凡卡是个学徒　　　c. 凡卡没有父母

Exercise Three: Synonyms

根据上下文的意思，找出句子中的同义词：

1. 爷爷把凡卡送到城里当<u>学徒</u>是为了让他能吃饱饭和学本领。

    a. 上学　　　　　　　　b. 佣人　　　　　　　c. 初级工人

2. 老板一家人和<u>伙计</u>都去教堂了，家里静极了。

    a. 朋友　　　　　　　　b. 一起工作的人　　　c. 同学

3. 这儿有的人欺负我，有的人<u>捉弄</u>我，我真受不了了。

    a. 折磨　　　　　　　　b. 痛打　　　　　　　c. 对……恶作剧

4. 我求您看在基督的面上可怜可怜我这个不幸的<u>孤儿</u>吧。

    a. 不听话的孩子　　　　b. 穷孩子　　　　　　c. 没有父母的孩子

5. 信终于写完了，凡卡<u>庆幸</u>没人打扰他写完了这封信。

    a. 感到幸运　　　　　　b. 庆祝　　　　　　　c. 幸福

6. 爷爷听说孙子在城里经常挨打吃不饱饭，心里很悲苦。他<u>仿佛</u>时时听到孙子的哭声。

    a. 有时候　　　　　　　b. 好像　　　　　　　c. 虽然

Exercise Four: Discussion Questions

1. 凡卡的爷爷为什么要把凡卡送到莫斯科去？他爷爷为什么觉得对不起儿子？

2. 凡卡为什么要给爷爷写信？爷爷能帮助他吗？

3. 这篇文章用了写信和讲故事两种方法结合的方式来表达作者的思想。这样写有什么好处？作者为什么一边让凡卡写信，一边让他回忆跟爷爷在一起生活时的情境？

4. 凡卡为什么不喜欢莫斯科？

5. 爷爷能不能收到凡卡的信？为什么？你觉得会有什么样的命运等着凡卡？

6. 在这篇文章中，作者使用了大量的细节描写。你举例说明细节描写的重要性。

第六课　卖火柴的小女孩

明天就要过年了。今天是一年最后的一天—大年夜。天冷极了，下着雪，又快黑了。在这个又冷又黑的晚上，一个光着头<u>赤着脚</u>的小女孩在街上慢慢地走着。

小女孩离开家的时候曾经穿着妈妈的一双旧<u>拖鞋</u>，可是她过马路的时候两辆马车飞快地冲过来，吓得她把鞋跑掉了。小女孩只好赤着脚走路，在雪地上，一双小脚冻得红一块青一块的。

她的旧<u>围裙</u>里<u>兜</u>着许多火柴，手里还拿着一把。她是一个卖火柴的小女孩，她希望能有人买她的火柴。可是这一整天，谁也没买过她一根火柴，谁也没给过她一分钱。

可怜的小姑娘，她<u>冻饿交加</u>，在路边<u>发抖</u>。大片的雪花飘落在她金黄的长头发上，头发湿了，披在肩上卷成了卷儿，看上去很美丽。天很晚了，街上已经几乎没有人了。每个窗子里都透出灯光来，街上到处飘着烤鹅的香味儿，这是<u>大年夜</u>，家家都准备过年了。

小姑娘累极了，她在一个房子的墙角坐了下来，她已经一天没吃东西了。她不敢回家，因为她没有卖掉一根火柴，没有挣到一分

钱。爸爸会不高兴；再说，家里窗户破了，屋顶上也漏风，差不多
和街上一样冷。

她的一双小手都快要冻僵了。要是能有点东西让手暖和一下该
多好呵！她手里就有火柴，只要轻轻一擦就能暖和。她敢用吗？可
怜的小姑娘告诉自己别想火柴，别想火柴，可是她的手慢慢地离开
了她的身体，不再听她的话了。小手在墙上轻轻一擦，"嚯！"一声，
冒出火焰来了！她有了知觉，赶快把小手拢在火焰上。多么温暖多
么美丽的火焰呵，它简直就是一个小火炬。这是一道奇异的火光！
在火光中她看到自己坐在一个大火炉前面，大火炉上是一个闪闪发
亮的铜茶壶，里面是冒着热气的甜奶茶。炉火烧得旺旺的，到处都
暖烘烘的，多么舒服呵！她想把脚也伸过去让脚也暖和暖和，可是
忽然火炉不见了，奶茶壶也不见了，她仍然坐在雪地上，手里只有
一根烧过的火柴杆。

几乎没有思考，她又擦了一根。火柴发出了温暖的亮光，照亮
了前面的墙。墙像一层薄薄的纱那么透明，可以一直看见这家富人
的客厅。客厅的桌上铺着雪白的桌布，摆着银制的盘碗，里面都是
好吃的东西。中间的一个大盘里是一只油光发亮的烤鹅，烤鹅的肚
子里塞满了苹果、碎肉、蜜点心，冒着热腾腾的香气。更妙的是，
这只鹅从盘子里跳下来，背上插着刀和叉，在地板上摇摇摆摆地走
着，一直向这个穷苦的小女孩走来。就在这时候，火柴又灭了，她
眼前只是一面又厚又冷的墙。

她马上又擦了一根火柴。这次，她坐在美丽的圣诞树下了。这
是她见过的最美的圣诞树，树上点着千千万万个蜡烛，它美得像天
上的星星。树上还挂着各种各样的玩具和画片。圣诞树发出着好闻
的松树的香味儿，树的上面有很多美丽的小天使在轻轻地唱着歌儿
……

她又擦亮了一根火柴。这次火柴把周围全照亮了。从火光中，
奶奶慢慢地走来了，那么温和，那么慈祥。

"奶奶！奶奶！您把我带走吧！我知道，火柴一灭您就会不见
的，像那暖和的火炉，喷香的烤鹅，美丽的圣诞树一样。您别走，

奶奶!!"

　　她赶紧擦着了一整把火柴,要把奶奶留下来。这一把火柴发出了美丽强烈的光,照得黑夜像白天一样明亮。奶奶微笑着又走过来了。奶奶从来没有像现在这样高大,这样美丽。奶奶轻轻地把小女孩抱了起来,搂在怀里。她们俩在光明和快乐中飞走了,越飞越高,飞到没有寒冷,没有饥饿,也没有痛苦的地方去了。

　　第二天的清晨,这个小女孩坐在墙角里,两腮通红,嘴上还带着微笑。她死了,在别人都欢欢乐乐吃年夜饭庆祝新年的时候离开了人间。新年的太阳升起来了,照在她小小的身体上。她坐在那里,手里还拿着一把烧过的火柴杆。

　　风雪再也不能折磨她,她再也不用怕饥饿了。谁也不知道,这个可怜的小姑娘曾经看到过多么美丽的东西,她曾经多么幸福地跟着奶奶一起向新年,向那永远的天国走去……

根据安徒生同名短篇小说改写

生　词
VOCABULARY

1.	赤脚	chìjiǎo	barefooted
2.	拖鞋	tuōxié	slippers; sandals; flip-flops
3.	围裙	wéiqún	apron
4.	兜	dōu	pocket; bag
5.	冻饿交加	dòng'èjiāojiā	be both cold and hungry
6.	发抖	fādǒu	shiver; shake; quiver; tremble
7.	烤鹅	kǎoé	roasted goose
8.	大年夜	dàniányè	New Year's Eve
9.	漏风	lòufēng	leak air
10.	冻僵	dòngjiāng	be stiff with cold
11.	拢	lǒng	hold/gather together; approach; reach

12.	火炬	hǒujù	torch
13.	旺旺	wàngwàng	flourishing; vigorous
14.	暖烘烘	nuǎnhōnghōng	nice and warm
15.	杆	gān	pole; staff
16.	纱	shā	yarn; gauze
17.	透明	tòumíng	transparent
18.	富人	fùrén	rich people
19.	圣诞树	shèngdànshù	Christmas tree
20.	好闻	hǎowén	good smell
21.	天使	tiānshǐ	angel
22.	慈祥	cíxiáng	kind
23.	搂	lǒu	hug; embrace; hold
24.	腮	sāi	cheek

Exercise One: Remembering Detials

再次细读本文并指出下列句子提供的信息是对的（*True*）还是错的（*False*）。
如是错的，请改成正确的答案：

1. 因为家里没有钱，所以这个可怜的小女孩要在除夕去卖火柴。（　　）
2. 人们不喜欢这个小女孩，所以不买她的火柴。（　　）
3. 小女孩的家里也非常冷，她在那儿也得不到温暖。（　　）
4. 小女孩不喜欢她爸爸，所以她擦火柴。（　　）
5. 擦火柴让小女孩暂时忘掉了寒冷和饥饿。（　　）
6. 火柴不但给小女孩带来了温暖，还给她带来了希望。（　　）
7. 小女孩在冻饿交加中死去。（　　）
8. 小女孩在幸福中死去。（　　）

Exercise Two: Analyzing Ideas

选择下面提供的哪种回答最接近文章提供的事实并完成句子：

1. 小女孩在大年夜卖火柴是为了＿＿＿＿＿＿。
   a. 帮家里挣钱　　　　b. 觉得有意思　　　　c. 想见到奶奶
2. 夜已经很深了，小女孩不回家是因为＿＿＿＿＿＿。
   a. 家里太冷　　　　b. 没卖掉火柴　　　　c. 街上很美丽

3. 因为_____小女孩最后擦着了火柴。

  a. 没法控制自己   b. 想看好东西   c. 希望暖和一点

4. 因为擦着了第二根火柴，小姑娘看见了_____。

  a. 圣诞树   b. 铜火炉   c. 烤鹅

5. 小女孩最后把所有的火柴都点着了，是因为她想_____。

  a. 留住奶奶   b. 到天国去   c. 喜欢烤鹅

Exercise Three: Synonyms

根据上下文的意思，找出句子中的同义词：

1. 在这个又黑又冷的夜晚，一个光着头赤着脚的小女孩在雪地上走着。

  a. 红色的脚   b. 温暖的脚   c. 没穿鞋的脚

2. 火柴发出奇异的光，在火光中她看见了美丽的景象。

  a. 让人害怕的   b. 很明亮的   c. 神奇的，不平常的

3. 前面的墙像一层薄薄的纱那么透明，她可以透过它看到富人的客厅。

  a. 明亮闪光   b. 可以照亮   c. 可通过光线

4. 盘子里是一只油光发亮的烤鹅，冒着热腾腾的香气。

  a. 明亮好看   b. 油太多的   c. 只有油，不好吃

5. 她赶紧擦着了整整一把火柴，希望奶奶不要走。

  a. 紧紧地   b. 很快地   c. 紧张地

Exercise Four: Discussion Questions

1. 文章的开始作者是怎样描写小女孩的形象的，这样描写对故事的主题有什么帮助？

2. 小姑娘为什么不敢回家？她为什么后来擦起了火柴？

3. 小姑娘为什么擦第二根、第三根火柴？

4. 文章结尾，作者为什么说："谁也不知道，这个可怜的小姑娘曾经看到过多么美丽的东西，她曾经多么幸福地跟着奶奶一起向新年，向那永远的天国走去……"？

  ANDERSEN, Hans Christian (1805 – 75). A native of Denmark, Hans Christian Andersen is one of the immortals of world literature. The fairy tales he wrote are like no others written before or since. 'The Steadfast Tin Soldier', 'The Snow Queen', 'The Swineherd', 'The Nightingale' these are stories that have been translated into almost every language. All over the world people know what it means to be an ugly duckling.

Andersen's story of the swan who came from among the ducks is a story in which each person recognizes something of himself or herself.

On the island of Fyn (Funen), off the coast of Denmark, stands a bleak, windswept fishing village called Odense. Here, in a one – room house, on April 2, 1805, Hans Christian Andersen was born. During the early years of his childhood his grandmother told him old Danish folk tales and legends, and he acted out plays in a homemade puppet theater.

When Hans Christian was 11, his father died. The boy was left virtually alone because his mother and grandmother were hard at work. He went to school only at intervals and spent most of his time imagining stories rather than reading lessons. He could memorize very easily and learned some of his lessons by listening to a neighborhood boy who was in the habit of studying aloud. He memorized and recited plays to anyone who would listen. He frequently visited the theater in Odense and startled his mother by imitating everything he saw or heard ballet dancers, acrobats, or pantomimists.

To put an end to this, his mother apprenticed him first to a weaver, then to a tobacconist, and finally to a tailor. Hans Christian knew these occupations were not for him. The only things that held his interest were the theater, books, and stories. When he was 14, he decided to go to Copenhagen, the capital of Denmark, and seek his fortune.

A printer in Odense, who had published handbills for the theater, had given Hans Christian a letter of introduction to a dancer. The boy presented himself to her and sang and danced in his stocking feet before her astonished guests. They laughed uproariously at his absurd manner and brash behavior.

There followed three bitter years of poverty. Hans Christian earned a little money singing in a boys' choir until his voice changed. He tried to act and to join the ballet, but his awkwardness made these careers impossible. He attempted to work with his hands but could not do this either. It never occurred to him to return home and admit defeat.

At last, when he was 17, Andersen came to the attention of Chancellor Jonas Collin, a director of the Royal Theater. Collin had read a play by Andersen and saw that the youth had talent, though he lacked education. He procured money from the king for Andersen's education and sent him to a school at Slagelse, near Copenhagen. Here the young man suffered the humiliation of being in classes with students younger than he. His teacher, a bitter man, treated him harshly and took delight in taunting him about his ambition to become a writer. Andersen was sensitive and suffered intensely, but he studied hard, encouraged by the kindness of Collin.

Finally Collin, convinced that the teacher was actually persecuting Andersen, took the youth from the school and arranged for him to study under a private tutor in Copenhagen. In 1828, when he was 23, Andersen passed his entrance examinations to the university in Copenhagen.

Andersen's writings began to be published in Danish in 1829. In 1833 the king gave him a grant of money for travel, and he spent 16 months wandering through Germany, France, Switzerland, and his beloved Italy. His first works were poems, plays, novels, and impressions of his travels. He was slow to discover that he especially excelled in explaining the essential character of children.

In 1835 Andersen published 'Fairy Tales Told for Children' four short stories he wrote for a little girl, Ida Thiele, who was the daughter of the secretary of the Academy of Art. The stories were 'Little Ida's Flowers', 'The Tinderbox', 'Little Claus and Big Claus', and 'The Princess and the Pea'. He seems to have published these short stories with little appreciation of their worth and returned to the writing of novels and poems. However, people who read the stories adults as well as children wanted more.

Andersen published 168 fairy tales in all. He wrote the stories just as he would have told them. "The real ones come of themselves," he said. "They knock at my forehead and say, 'Here I am'." Although he never married and had no children of his own, he was at his best as an interpreter of the nature of children.

It was his fairy tales that brought Andersen the affection of the world as well as the friendship of great men and women, such as Jenny Lind, the Swedish singer. The famous writer Charles Dickens was also his friend, and Andersen paid him a long visit in England. Andersen died on Aug. 4, 1875.

思考和回答下列问题：

1. 你以前读过安徒生的童话吗？你喜欢他的童话吗？为什么说他是世界文学史上不朽的作家？

2. 安徒生的童年生活是怎样的？他为什么会喜欢上文学？他最早是怎样得到知识的？

3. 安徒生为什么不喜欢学手艺？他为什么要到首都去？

4. 安徒生为什么不怕失败？他为什么不愿意回家？

5. 安徒生后来的命运发生了什么样的变化？他的老师为什么折磨他？

6. 安徒生为什么喜欢创作童话？他是怎样描述他的创作的？

The Gift of the Magi

ONE DOLLAR AND EIGHTY-SEVEN CENTS. That was all. And sixty cents of it was in pennies. Pennies saved one and two at a time by bulldozing the grocer and the vegetable man and the butcher until one's cheeks burned. with the silent imputationof parsimony that such close dealing implied. Three times Della counted it. One dollar and eighty-seven cents. And the next day would be Christmas.

There was clearly nothing to do but flop down on the shabby little couch and howl. So Della did it. Which instigates the moral reflection that life is made up of sobs, sniffies, and smiles, with sniffles predominating.

While the mistress of the home is gradually subsiding from the first stage to the second, take a look at the home. A furnished flat at $8 per week. It did not exactly beggar description, but it certainly had that word on the lookout for the mendicancy squad.

In the vestibule below was a letter-box into which no letter would go, and an electric button from which no mortal finger could coax a ring. Also appertaining thereunto was a card beating the name "Mr. James Dillingham Young."

The "Dillingham" had been flung to the breeze during a former period of prosperity when its possessor was being paid $30 per week. Now, when the income was shrunk to $20, the letters of "Dillingham" looked blurred, as though they were thinking seriously of contracting to a modest and unassuming D. But whenever Mr. James Dillingham Young came home and reached his flat above he was called "jim" and greatly hugged by Mrs. James Dillingham Young, already introduced to you as Della. Which is all very good.

Della finished her cry and attended to her cheeks with the powder rag. She stood by the window and looked out dully at a gray cat walking a gray fence in a gray backyard. Tomorrow would be Christmas Day and she had only $1.87 with which to buy Jim a present. She had been saving every penny she could for months, with this result. Twenty dollars a week doesn't go far. Expenses had been greater than she had calculated. They always are. Only $1.87 to buy a present for Jim. Her Jim. Many a happy hour she had spent planning for something nice for him. Something fine and rare and sterling — something just a little bit near to being worthy of the honor of being owned by Jim.

There was a pier-glass between the windows of the room. Perhaps you have seen a pier-glass in an $8 flat. A very thin and very agile person may, by observing his reflection in a rapid sequence of long itudinal strips, obtain a fairly accurate conception of his looks. Delta, being slender, had mastered the art.

Suddenly she whirled from the window and stood before the glass. Her eyes were shining brilliantly, but her face had lost its color within twenty seconds. Rapidly she pulled down her hair and let it fall to its full length.

Now, there were two possessions of the James Dillingham Youngs in which they both took a mighty pride. One was Jim's gold watch that had been his father's and his grandfather's. The other was Delia's hair. Had the Queen of Sheba lived in the flat across the airshaft, Della would have let her hair hang out the window some day to dry just to depreciate. Her Majesty's jewels and gifts. Had King Solomon been the janitor, with all his treasures piled up in the basement, Jim would have pulled out his watch every time he passed, just to see him pluck at his beard from envy.

So now Della's beautiful hair fell about her rippling and shining like a cascade of brown waters. It reached below her knee and made itself almost a garment for her. And then she did it up again nervously and quickly. Once she faltered for a minute and stood still while a tear or two splashed on the worn red carpet.

On went her old brown jacket; on went her old brown hat. With a whirl of skirts and with the brilliant sparkle still in her eyes, she fluttered out the door and down the stairs to the street.

Where she stopped the sign read: "Mme. Sofronie. Hair Goods of All Kinds." One flight up Della ran, and collected herself, panting. Madame, large, too white, chilly, hardly looked the "Sofronie."

"Will you buy my hair?" asked Della.

"I buy hair," said Madame. "Take yer hat off and let's have a sight at the looks of it."

Down rippled the brown cascade.

"Twenty dollars," said Madame, lifting the mass with a practised hand.

"Give it to me quick," said Della.

Oh, and the next two hours tripped by on rosy wings. Forget the hashed metaphor. She was ransacking the stores for jim's present.

She found it at last. it surely had been made for Jim and no one else. There was no other like it in any of the stores, and she had turned all of them inside out. It was a platinum fob chain simple and chaste in design, properly proclaiming its value by substance alone and not by meretricious ornamentation — as all good things should do. It was even worthy of The Watch. As soon as she saw it she knew that it must be Jim's. It was like him. Quietness and value — the description applied to both. Twenty-one dollars they took from her for it, and she hurried home with the 87 cents. With that chain on his watch Jim might be properly anxious about the time in any company. Grand as the watch was, he sometimes looked at it on the sly on account of the old leather strap that he used in place of a chain.

When Della reached home her intoxication gave way a little to prudence and reason. She got out her curling irons and lighted the gas and went to work repairing the ravages made by generosity added to love. Which is always a tremendoustask, dear friends — a mammoth task.

Within forty minutes her head was covered with tiny, closelying curls that made her look wonderfully like a truant schoolboy. She looked at her reflection in the mirror long, carefully, and critically.

"If Jim doesn't kill me," she said to herself, "before he takes a second look at me, he'll say I look like a Coney Island chorus girl. But what could I do — oh! what could I do with a dollar and eighty-seven cents?"

At 7 o'clock the coffee was made and the frying-pan was on the back of the stove hot and ready to cook the chops.

Jim was never late. Della doubled the fob chain in her hand and sat on the corner of the table near the door that he always entered. Then she heard his step on the stair away down on the first flight, and she turned white for just a moment. She had a habit of saying little silent prayers about the simplest everyday things, and now she whispered: "Please God, make him think I am still pretty."

The door opened and Jim stepped in and closed it. He looked thin and very serious. Poor fellow, he was only twenty-two — and to be burdened with a family! He needed a new overcoat and he was without gloves.

Jim stepped inside the door, as immovable as a setter at the scent of quail. His eyes were fixed upon Della, and there was an expression in them that she could not read, and it terrified her. It was not anger, nor surprise, nor disapproval, nor horror, nor any of the sentiments that she had been pre-pared for. He simply stared at her fixedly with that peculiar expression on his face.

Della wriggled off the table and went for him.

"Jim, darling," she cried, "don't look at me that way. I had my hair cut off and sold it because I couldn't, have lived through Christmas without giving you a present. It

11 grow out again — you won't mind, will you? I just had to do it. My hair grows awfully fast. Say 'Merry Christmas! ' Jim, and let's be happy. You don't know what a nice — what a beautiful, nice gift I've got for you."

"You've cut off your hair?" asked Jim, laboriously, as if he had not arrived at that patent fact yet even after the hardest mental labor.

"Cut it off and sold it," said Della. "Don't you like me just as well, anyhow? I'm me without my hair, ain't I?"

Jim looked about the room curiously.

"You say your hair is gone?" he said, with an air almost ofidiocy.

"You needn't look for it," said Della. "It's sold, I tell you — sold and gone, too. It's Christmas Eve, boy. Be good to me, for it went for you. Maybe the hairs on my head were numbered," she went on with a sudden serious sweetness, "but nobody could ever count my love for you. Shall I put the chops on, Jim?"

Out of his trance Jim seemed quickly to wake. He enfolded his Della. For ten seconds let us regard with discreet scrutiny some inconsequential object in the other direction. Eight dollars a week or a million a year-what is the difference? A mathematician or a wit would give you the wrong answer. The magi brought valuable gifts, but that was not among them. This dark assertion will be illuminated later on.

Jim drew a package from his overcoat pocket and threw' it upon the table.

"Don't make any mistake, Deli," he said, "about me. I don't think there's anything in the way of a haircut or a shave or a shampoo that could make me like my girl any less. But if you'll unwrap that package you may see why you had me going a while at first."

White fingers and nimble tore at the string and paper. And then an ecstatic scream of joy; and then, alas! a quick feminine change to hysterical tears and wails, necessitating the immediate employment of all the comforting powers of the lord of the flat.

For there lay The Combs — the set of combs, side and back, that Della had worshipped for long in a Broadway window. Beautiful combs, pure tortoise shell, with jewelled rims — just the Shade to wear in the beautiful vanished hair. They were expensive combs, she knew, and her heart had simply craved and yearned over them without the least hope of possession. And now, they were hers, but the tresses that should have adorned the coveted adornments were gone.

But she hugged them to her bosom, and at length she was able to look up with dim eyes and a smile and say: "My hair grows so fast, Jim!"

And then Della leaped up like a little singed cat and cried, "Oh, oh!"

Jim had not yet seen his beautiful present. She held it out to him eagerly upon her open palm. The dull precious metal seemed to flash with a reflection of her bright and ardent spirit.

"Isn't it a dandy, Jim? I hunted all over town to find it. You 11 have to look at the time a hundred times a day now. Give me your watch. I want to see how it looks on it."

Instead of obeying, Jim tumbled down on the couch and put his hands under the back of his head and smiled.

"Dell," said he, "let's put our Christmas presents away and keep 'em a while. They're too nice to use just at present. I sold the watch to get the money to buy your combs. And now suppose you put the chops on."

The magi, as you know, were wise men — wonderfully wise men — who brought gifts to the Babe in the manger. They invented the art of giving Christmas presents. Being wise, their gifts were no doubt wise ones, possibly bearing the privilege of exchange in case of duplication. And here I have lamely related to you the uneventful chronicle of two foolish children in a flat who most unwisely sacrificed for each other the greatest treasures of their house. But in a last word to the wise of these days let it be said that of all who give gifts thesetwo were the wisest. Of all Who give and receive gifts, such as they are wisest. Everywhere they are wisest. They are the magi.

思考和回答下列问题：

1. 你以前读过 O. Henry 的小说吗？他的小说有什么特点？

2. O. Henry 是怎样描写小人物的生活和感情的？他为什么用了很多的细节描写？

3. 作者为什么强调 Della 的头发的美？它对故事的发展有什么作用？

4. 作者是怎样写 Jim 的金表的？它对故事的发展有什么意义？

5. 作者描写 Della 和 Jim 的故事的发生和"过节"有什么关系？如果没有过节，这个故事会不会发生？

6. O. Henry 的故事结尾有什么样的特点？你喜欢这个故事的结尾吗？你觉得它可信吗？为什么？

HENERY, O. (1862 – 1910) Famous for his short stories and a master of the surprise ending, O. Henry is remembered best for such enduring favorites as "The Gift of the Magi" and "The Ransom of Red Chief." The combination of humor and sentiment found in his stories is the basis of their universal appeal.

William Sydney Porter was born in Greensboro, N. C., on Sept. 11, 1862. He was a shy, freckled boy, fond of 'The Arabian Nights' and other books. As a youngster he enjoyed roaming in the fields by himself, drawing cartoons of his friends, and spinning exciting yarns. For a time Porter attended a school kept by his aunt, but for the most part he gained his education through reading and through experience watching and listening to the people around him. He worked for a time in his uncle's drugstore but soon decided to go to Texas to help on a friend's ranch. There in the Southwest he first tried writing short stories and making up jokes for newspapers.

Porter now began working full time as a journalist. For a year he edited a humorous weekly called *The Rolling Stone*. Then he went to Houston, where he worked as a reporter on the *Houston Daily Post*. Before his marriage Porter had been a teller in the First National Bank of Austin, Tex. In 1896 the authorities in Austin called him back to answer a charge of embezzlement. The affairs of the bank had been handled so loosely that, long before, Porter had protested that it was impossible to make the books balance. If he had stood trial he would probably have been acquitted, but he allowed friends to talk him into fleeing the country. He went to Honduras.

Six months later, having heard that his wife was dying, he returned and gave himself up. By this time the fact that he had fled from justice weighed against him. He was found guilty and spent some three years in the penitentiary.

After his release in 1901 Porter went to Pittsburgh, Pa., where he began using the name O. Henry. The following year he settled in New York City, and there for three years he wrote a story each week for the New York *World*, a newspaper. His stories also began appearing in magazines.

In 1904 he brought out his first collection of stories, 'Cabbages and Kings'. The stories of O. Henry had wide appeal. In many of them he told about the city life he saw around him, but he could also write convincingly about the West. He was best at describing ordinary men and women and the touching or funny things they did. Although his writing was enormously popular, popularity did not bring him happiness. Troubled by financial difficulties and alcoholism, his health suffered. O. Henry died in New York City on June 5, 1910.

A master technician in the art of short-story writing, O. Henry often experimented with new ideas for plots. His famous surprise endings give his stories a special zest. Although he wrote for a mass audience and did not intend to be taken too seriously, O. Henry's skill and his novel approach influenced many other writers, both in the United States and abroad.

预习提示:
Before You Started:

1. 你了解中国人的宗教信仰吗？你知道当代中国年轻人为什么不太相信宗教吗？
2. 在古代，人们为什么要创造原始宗教？古代中国人是怎么对待外来的宗教文化的？
3. 你知道佛教是怎样影响中国人的生活的吗？

第七课　中国人的宗教和信仰

很多西方人说，中国人不信宗教。也有人说中国人没有宗教。中国人真的没有宗教吗？

人们提出这些疑问的原因是，和西方国家以及其他亚洲国家相比，当代中国人的确不太**信仰**和重视宗教。这里有一些社会政治的原因，也有一些思想和**意识形态**的原因。

新中国成立以来，政府主张人民要自力更生、奋发图强，不要相信鬼神，也不提倡相信宗教的力量。这对年轻一代人的思想有了很大的影响。**排除**社会政治的原因，即使在中国大陆以外的现代中国社会（如香港、台湾等），宗教思想也不那么发达。**其**原因在于中国的宗教不像西方的那样有着**严密**的组织系统和**定期**的、**频繁**的活动**程序**，中国宗教的传统也没有西方宗教那样强有力，随着现代思想和科技革命对人们知识结构的影响，年轻人对宗教的感情开始逐渐**淡化**了。

像世界上其他几大文明社会一样，中华文明在其**萌芽**时期就产生了原始宗教。后来，随着社会的发展和文明的**进化**，又不断地产生着新的宗教形态。在中华文明和其他古代文明的交往中，中国文化又接受和**吸收**了外来文化的影响，把外来的宗教"中国化"，变成中国的宗教。从上面的介绍中，我们可以看出，中国不但有宗教，而且有着非常丰富的宗教发展史。中华文明**历来**提倡"百花齐放、百家争鸣"，这种思想也体现在宗教的发展上。近年来，随着中国开始走向世界和与西方社会寻求更**广泛**的联系，人们开始更加**关注**当代中国宗教的发展。我们有理由相信，正如现代中国经济、政治、科技的不断进步一样，中国宗教的**恢复**和发展也迎来了一个新的时代。

几万年前，原始社会的人们劳动生产能力很差，他们没有足够的食物和衣物，也没有合适的工具，一切都要靠"天"的**恩赐**。这样，最早的人类和早期的文明都创造了尊敬"天"和大自然的宗教。这种宗教除了敬天以外，还敬一切不可知的东西和有巨大力量的东西，比如风、雨、雷、电等等。由于缺乏知识，早期的人类觉得世界上的一切东西都不可理解，都很**神秘**，都与他们的命运有关，他们必须尊敬它们。这就是人们后来说的原始宗教所信仰的"万物有**灵论**"，也就是中国人的"天地崇拜"。

后来，在天地崇拜的基础上中国人创造了祖先崇拜的宗教。原始人在生产劳动中，常常遇到各种各样的困难，有一些聪明勇敢的领袖会带领人们**克服**困难、取得胜利和成功，这些人就成了中华民族的"文化英雄"。到了后来，他们渐渐地在传说中变成了神，变成了中国人的共同祖先，如**炎帝**、黄帝等等，他们受到了人们的崇拜。这种祖先崇拜的传统一直保留了下来。不过，现在人们崇拜的已不仅仅是整个民族的祖先而是更关心自己的祖先了。直到今天，中国人在**逢年过节**时仍然想着给自己死去的祖先**烧香**、**磕头**、**上供**等等，这都是祖先崇拜的表现。

秦汉以后，中国出现了比较大的全国性的宗教，如道教、佛教等等。此外，这一时期也出现了对中国文化的发展产生了巨大影响的**儒家**思想。在研究中华文明**构成**时，很多西方学者往往把中国著名的古代宗教称为儒、释、道三教，但是事实上，儒家不是宗教，虽然在中华文明的发展上它起到了比任何宗教都重要的、**无可替代**的历史作用，但它是一种文化和哲学思想，中国人从来都不认为儒家是宗教。

道教是中国**本土**的宗教，它大约产生在中国的东汉时期。虽然道教产生得比较晚，但它的思想**渊源**却很早。它的基本思想产生于中国的原始宗教和**巫术**；它的直接思想理论很多都是从中国先秦时代的老子、庄子那儿**汲取**的；此外，中国古代的**阴阳五行**学说和求长生不老的**仙术**思想对道教的产生也有着重要的影响。道教的基本信仰是"道"，它要求人们**顺应**自然，服从天地、阴阳、造化，敬天神、敬祖宗，道教还保存了很多民间信仰和巫术等等。道教也有迷信的成分，比如它宣扬长生不老、成仙、巫术驱鬼治病等等。由于道教保留了很多中国古代文化内容，是中国人自己的宗教，它**符合**中国人的传统，因此它是中国人信仰最广泛的一种宗教。

佛教是古代印度的一个王子**释迦牟尼**创造的宗教，它后来传到了中国。佛教传到中国后，开始时受到帝王和上层人物的欢迎，后来渐渐受到了老百姓的欢迎。佛教传入中国时，当时中国社会很乱，长年打仗，政治上不稳定，人们盼望国家安定，也希望在思想上得到一些寄托。佛教提倡的一些**理念迎合**了老百姓的这种需要。佛教主张人们应该忍耐痛苦、应该**克制**自己的欲望，积德行善，人间的一切苦乐都有原因。人们不要因为自己受苦而抱怨，应该为了自己今后的幸福多做好事，不做坏事。佛教还主张**转世轮回**的学说，这种主张认为，一个人做好事和坏事不仅会影响到现在，也会影响到将来；不仅影响到这一代，也会影响到下一代。一个人做了坏事即使别人不知道，佛知道。做坏事的人在死后会下**地狱**，下一辈子会变成猪、狗等动物受到惩罚。

佛教理念对中国老百姓的思想和生活影响极大。老百姓无力反抗强大的恶势力，他们希望恶势力会受到佛的惩罚。老百姓活着受苦，但他们希望做好事，下一辈子幸福。佛教的很多主张**满足**了一般人的需要，对痛苦的人们是一种安慰，所以它很快就在中国**兴盛**起来了。佛教传入中国两千年了，它是在中国影响力最大的一种宗教。

　　对中国文化产生过较大影响的宗教还有**回教**。回教就是**伊斯兰教**。伊斯兰教产生于**阿拉伯**，古代中国和阿拉伯国家有着经济、文化和政治的交往，很多信仰伊斯兰教的阿拉伯人来中国从事文化交流和经商等活动，他们开始**传播**他们的宗教主张，在中国建立了回教。后来这些阿拉伯国家的**穆斯林**开始在中国定居，和当地的中国人结婚生子，渐渐地变成了回族。直到今天，回族还是中国最大的少数民族之一。伊斯兰教对中国文化的发展也做出过积极的贡献，它带来了阿拉伯的**天文**、**历法**、数学、医学等，**丰富**了中国文化的宝库。除了伊斯兰教外，**犹太教**也几乎同时来到了中国，它和回教一样在中国发展，到今天，我们还能找到一些犹太教在中国发展的历史资料。

　　应该提到的还有**基督教**在中国的发展。基督教早在中国唐朝就传到了中国，当时的名字叫"景教"，后来影响渐小。在中国的元朝基督教又传到中国，他们在中国建立的教堂叫"十字寺"，并和欧洲建立了一些联系，而且此时的基督教还和佛教、道教有过激烈斗争。到了明朝和清朝，西方的基督教人士又**一再**想进入中国传教。基督教在中国的传播过程中，它所代表的西方文明和中国的古老文明思想产生过很多的**冲突**，也对中国文明有过很多的**启发**和贡献。基督教在今天是世界上最有影响力的宗教之一，它在中国仍然有着很多的**信徒**。

　　研究中国文化的学者会觉得自古中国人的宗教信仰就和其他民族的有些不一样。中国人很**实惠**，不愿意**走极端**，他们的宗教信仰也不那么坚定和**偏执**。中国人的宗教信仰不是**排他**的，他们可以同时信仰好几个宗教。比如在一个中国人家里可以同时**供奉**祖宗的像、道教的神像，同时也为佛烧香。中国人愿意让所有的神都高高兴兴地住在一起，在他们需要的时候来保佑他们的家，给他们带来幸福。

　　因为中国人对宗教采取了这样一种随便和实惠的态度，他们对宗教的爱和恨都不是那么强烈，他们对宗教的献身和供奉也大多是**有条件**的。

　　从古到今，中国人都把宗教看成是一种实用的东西，常常是在需要的时候才想到它，这就养成了一种中国式的对宗教的**实用主义**态度。这种态度老百姓常说是"平时不烧香，急来抱佛脚"。

直到今天，我们人类的知识还很**有限**。对很多现象我们还不能解释，因此仍然有很多不可知和神秘的现象，这就是产生宗教的土壤。宗教用它们的理念来给我们解释这些东西。

中国的读书人对宗教是什么态度呢？我们可以看看中国古代最伟大的思想家孔子是怎么说的。孔子的著作里说，子不语怪力乱神。别人问他是否知道死后的世界是个什么样子？他老实地回答说：未知生，**焉**知死？

看到这，你也许会以为孔子是不信宗教鬼神的。其实不**然**。孔子自己说过，他对鬼神的态度是"敬而远之"。孔子的思想影响了后来中国人的思想，后来人们尊敬或信仰各种各样的宗教和鬼神，有相当一部分人是抱着"宁可信其有，不可信其无"的态度的！

佛教是中国信仰人口最多的一个宗教。

道教是中国人自己的宗教，中国人几乎都信仰它。

Buddha was great religious teacher who lived about 3,000 years ago. In its original form Buddhism does not depend upon a god or gods but teaches that man can purify himself of all desires and thus do away with evil and suffering. There are various sects and modifications of Buddhism.

Taoism sprang from a little book called Tao Te King, which was written by Lao – tse in the sixth century B.C. It calls upon its followers to find and follow the natural way of life.

The Mohammedan religion is based on the teachings of Mohammed, prophet of Arabia in the sixth century A.D.

Judaism is the oldest one – god（monotheistic）religion. Originating in Palestine, which was the early home of the Jews, it went with the Jewish people whereever they traveled. The Christian religion is based on the teachings of Jesus Christ. He was born in Palestine between 8 and 4 B.C.

生 词
VOCABULARY

1. 信仰	信仰	xìnyǎng	（名）	相信和服从某种宗教或某种主义 believe
2. 意识形态	意識形態	yìshìxíngtài	（名/形）	一个人对社会、政治、宗教、经济、道德、艺术等的看法和见解 ideology; values; thought
3. 排除	排除	páichú	（动）	除掉；去掉 get rid; remove; eliminate
4. 其	其	qí	（代）	他的；她的；它的 his/her/ its
5. 严密	嚴密	yánmì	（形）	结合得很紧；周到，没有考虑不到的地方 tight; close; considerate
6. 定期	定期	dìngqī	（形）	约定的日期；有一定期限的 fix a date; fixed（of time）; periodical; regular

7. 频繁	頻繁	pínfán	(形)	次数很多；经常的 frequent; often
8. 程序	程序	chéngxù	(名)	事情进行的规则次序 procedure; course; sequence; program
9. 淡化	淡化	dànhuà	(动)	使淡薄；逐渐淡薄 desalinate
10. 萌芽	萌芽	méngyá	(名)	发新芽；比喻新生的事物 sprout
11. 进化	進化	jìnhuà	(动/名)	事物向好的方面不断地转化 evolve; evolution
12. 吸收	吸收	xīshōu	(动)	把东西吸到内部；接受 absorb; suck up; assimilate; recruit; enroll; admit
13. 历来	歷來	lìlái	(副)	从来；从过去到现在 always; constantly; all through the ages
14. 广泛	廣泛	guǎngfàn	(副/形)	范围大，影响广的 extensive; wide – ranging
15. 关注	關注	guānzhù	(动/名)	关心重视 follow with interest; pay close attention to
16. 恢复	恢復	huīfù	(动/名)	回到原来的样子；把失去的收回来 resume; renew; recover; regain; restore; reinstate, rehabitate
17. 恩赐	恩賜	ēncì	(名)	旧时皇帝给官员或百姓礼物或奖励；身份高的人给身份低的人礼物 bestow; favor; charity
18. 神秘	神秘	shénmì	(形)	不容易了解或难以猜测的 mysterious; mystical

19. 灵	靈	líng	（名）	灵魂；神秘的存在 divine; mysterious; spirit; fairy
20. 克服	克服	kèfú	（动）	战胜、制服；克制、忍受 surmount; conquer; put up with（hardship/etc.）
21. 炎	炎	Yán	（名）	中国最早的一个皇帝，后来被人们当作中国人的祖先。The Emperor of Yan
22. 烧香	燒香	shāoxiāng	（动）	拜神佛或祭祀祖宗时点燃香火；burn joss sticks
23. 磕头	磕頭	kētóu	（动）	一种行礼的办法：先跪下，两手扶地，前额着地 kowtow
24. 上供	上供	shànggòng	（动）	摆上供品祭祖或敬神 offer sacrifice; grease sb's palm
25. 儒家	儒家	Rújiā	（名）	孔子的思想或学说 Confucianism
26. 构成	構成	gòuchéng	（动）	造成，形成 constitute; form; compose; make up
27. 无可替代	無可替代	wúkětìdài	（习）	不能被别的东西替换或代替 cannot be replace; unreplacable
28. 本土	本土	běntǔ	（形/名）	原来的生长地 one's native country
29. 渊源	淵源	yuānyuán	（名）	水源，比喻事物的本质 origin; source
30. 巫术	巫術	wūshù	（名）	以敬鬼神和灵魂来祈求的一种方法 witchcraft; sorcery
31. 汲取	汲取	jíqǔ	（动）	吸取 draw; derive

32.	阴阳	陰陽	yīnyáng	（名）	中国古代以阴阳来解释万物的生成和生长，如天地、日月、昼夜、男女等都属阴阳的内容 Yin and Yang opposites
33.	五行	五行	wǔxíng	（名）	指金、木、水、火、土五种物质；中国古代思想家认为这五种物质是构成万物的元素 five elements （metal, wood, water, fire, earth）
34.	仙术	仙術	xiānshù	（名）	通过修炼变成神仙的法术以及道教的其他法术 magical power
35.	顺应	順應	shùnyìng	（名/动）	顺从适应 comply with; conform to
36.	符合	符合	fúhé	（动）	没有不同，完全相合 accord/tally with; conform; coincidence
37.	释迦牟尼	釋迦牟尼	Shìjiāmóuní	（名）	佛教的创始人 Sakyamuni （c.563 – c.483 B.C. founder of Buddhism）
38.	理念	理念	lǐ'niàn	（名）	道理和概念 idea; concept
39.	迎合	迎合	yínghé	（名/动）	为了讨好，故意使自己的言行适合别人的心意 cater/pander to
40.	克制	克制	kèzhì	（动/形）	用理智抑制感情 restrain; exercise restraint
41.	转世轮回	轉世輪回	zhuǎnshì lúnhuí	（习）	佛教名词。指生命在不同的存在领域里变化它的形态。佛教认为人死后根据他们生前作的善恶事来决定他们是上天

				堂、地狱、还是变成动物等等的一种说法（Budd.）reincarnation; transmigration
42. 地狱	地獄	Dìyù	（名）	宗教指人死后灵魂受苦的地方 hell; inferno
43. 满足	滿足	mǎnzú	（名/形）	感到满意；感到已经够了 be satisfied/ contented; satisfy; meet
44. 兴盛	興盛	xīngshèng	（形）	发展的很好，很有生命力 prosperous; flourishing; in the ascendant
45. 回教	回教	Huíjiào	（名）	伊斯兰教在中国的特称 Islam
46. 伊斯兰	伊斯蘭	Yīsīlán	（名）	公元七世纪穆罕默德创立的宗教，唐代传入中国；在中国也叫清真教、回教 Islamism
47. 阿拉伯	阿拉伯	ālābó	（名）	亚洲西南部的一个半岛，是阿拉伯人和伊斯兰教的故乡 Arab; Arabian; Arabic
48. 传播	傳播	chuánbō	（名/动）	广泛散布、宣扬 disseminate; propagate; spread; propagation
49. 穆斯林	穆斯林	Mùsīlín	（名）	伊斯兰教信徒的通称；根据阿拉伯语音译，意思是顺从者，指顺从真主的人 Moslem
50. 天文	天文	tiānwén	（名）	研究日月星辰和宇宙变化的学问 astronomy
51. 历法	曆法	lìfǎ	（名）	按年、月、日来计算时间的方法；主要有阳历、阴历等 calendar

52.	丰富	豐富	fēngfù	（动/形）	（使）充足，种类多，数量大 enrich ; rich; abundant; plentiful;
53.	犹太教	猶太教	Yóutàijiào	（名）	犹太人的宗教 Judaism
54.	基督教	基督教	Jīdūjiào	（名）	世界上的主要宗教之一，产生于一世纪，信奉耶酥为救世主；刚开始流行于亚洲西部，后传播于欧洲，最后流传于欧洲美洲及亚、非等地 Christianity
55.	一再	一再	yīzài	（副）	一次又一次地 time and again; again and again
56.	冲突	衝突	chōngtū	（名）	发生争斗或争执；互相矛盾 conflict; clash
57.	启发	啓發	qǐfā	（动/名）	不直接说道理，用劝说、引导提示的方法让别人明白 enlighten; stimulate; entightment; inspiration
58.	信徒	信徒	xìntú	（名）	信仰宗教或某种理论的人 believer; disciple
59.	实惠	實惠	shíhuì	（名/形）	实在的好处和利益 real/tangible benefit; substantial; solid
60.	走极端	走極端	zǒujíduān	（习）	强调过分，做事情过分 to go extreme/radical way
61.	偏执	偏執	piānzhí	（形）	片面而固执；不听别人意见 bigoted
62.	排他	排他	páitā	（动）	强调独立，不愿意和其他的事物共同存在 exclusiveness
63.	供奉	供奉	gòngfèng	（动）	敬奉、供养 enshrine and worship; conserate

64.	有条件	有條件	yǒutiáojiàn	（习）	在一定的条件下 with condition; hold with requirement
65.	实用主义	實用主義	shíyòngzhǔyì	（名）	认为什么对自己有用就怎么做的一种观念 pragmatism
66.	有限	有限	yǒuxiàn	（形）	有一定的限制；数量不多，程度不高 limited; finite
67.	焉	焉	yān	（副）	怎么能……how to; how comes...?
68.	然	然	rán	（代）	这样，如此 as that; matchesit

习惯用语和特殊表达用语

自力更生：用自己的力量来帮助自己，使自己获得新的生命和力量。

1. 我们虽然希望得到外来的帮助，但我们不能依靠它们。一个有尊严的国家应该提倡自力更生。

2. 我们提倡自力更生，但并不是说我们不需要别人的帮助。我们愿意和别的国家互相帮助，增进友谊。

奋发图强：用最大的努力来使自己强大。

1. 美国虽然是一个比较年轻的国家，但自从建国以来就努力上进、奋发图强，很快就成为了世界上的一个强国。

2. 从那以后，他就开始认真读书、奋发图强，终于考上了世界上最好的大学，成了一个世界著名的学者。

百花齐放：(让) 所有的花都开放，像美丽的春天一样。

1. 虽然梅花好看，牡丹花也好看，但我认为只有百花齐放才是真正的春天。

2. 他们相遇在百花齐放的时候，那个季节永远让他们难忘。

百家争鸣：所有的流派和观点都来发表自己的看法和见解。

1. 只有百家争鸣才能让每个人都说出自己的想法，才能总结经验，做好工作。

2. 他平常总是说他喜欢百家争鸣，可是只要听到别人的意见和他的不同，他就会不高兴。

逢年过节：每当过年或过节的时候。

1. 他非常尊敬自己的老师，每当逢年过节的时候他都去看望他。

2. 从那以后，每当逢年过节时，他都想着给这位老人打个电话或寄一封问好的信，十几年如一日，从来没忘记过。

积德行善：（佛教认为）一个人多做好事，积累德行，做善事，对自己和后代有益。

1. A："你觉得一个人积德行善就能够上天堂了吗？"

   B："那当然了！要不然为什么还有那么多的人要干好事？"

2. 虽然基督教不像佛教那样要求人们积德行善，但是它也要求人们要善良，要帮助别人。

平时不烧香，急来抱佛脚：指平常的时候从来不在某个方面努力或下功夫但到了需要或紧急的时候却希望得到帮助或得到好运气。

1. "你现在着急也没什么用，你总是这样，平时不烧香，急来抱佛脚。明天就考试，今天才开始复习，怎么会考出好成绩来呢？"

2. 直到这个时候，他才知道，什么都晚了。平时不烧香，急来抱佛脚。现在没有人会愿意帮助他的。

敬而远之：敬重他（它），但却不爱他（它），尽量躲开他（它）或少和他（它）们发生关系。

1. 你别来劝我，不管怎么说，对这样的人我只会敬而远之，不可能跟他交朋友的。

2. 小王说他对数学从小就采取敬而远之的态度，你别劝他上数学系了。

宁可信其有，不可信其无：宁愿相信有这样的事情而注意和关心它，以避免因为自己的粗心和不注意而引起麻烦和错误。

1. A："你说到底有没有外星人？"

   B："谁知道呢？报纸杂志到处都说有，连电影上都天天演。我倒是觉得宁可信其有，不可信其无。"

2."你说没有鬼神。可谁能解释昨天晚上发生的事？我宁信其有，不信其无。"

句型和词汇用法

● **信仰**

1.除了宗教的信仰以外，还有一些思想上的信仰。比如，有的人信仰相对主义（Relativism），有人信仰个人主义（Individualism）。

2.不管你信仰什么，你都应该＿＿＿＿＿＿＿＿＿＿＿＿＿＿＿＿＿＿＿
＿＿＿＿＿＿＿＿＿＿＿＿＿＿＿＿＿＿＿＿＿＿＿＿＿＿＿＿＿＿＿。

3.虽然他对所有的宗教都感兴趣，可是＿＿＿＿＿＿＿＿＿＿＿＿＿＿
＿＿＿＿＿＿＿＿＿＿＿＿＿＿＿＿＿＿＿＿＿＿＿＿＿＿＿＿＿＿＿。

● **排除**

1.我们要做这件事不能把他排除在外，没有他我们一定做不好。

2.如果我们排除了这个可能性，那么＿＿＿＿＿＿＿＿＿＿＿＿＿＿＿
＿＿＿＿＿＿＿＿＿＿＿＿＿＿＿＿＿＿＿＿＿＿＿＿＿＿＿＿＿＿＿。

3.如果我们要想深入地讨论中国的宗教这个题目，那么我们一定不能把＿＿＿＿
＿＿＿＿＿＿＿＿＿＿＿＿＿＿＿＿＿＿＿＿＿＿＿＿＿＿＿＿＿＿＿
＿＿＿＿＿＿＿＿＿＿＿＿＿＿＿＿＿＿＿＿＿＿＿＿＿＿＿＿＿＿＿。

● **定期**

1.老师说过，这个学期他将会定期地检查我们的学习情况。

2.我虽然不怕考试，可是我不喜欢不定期的考试，因为＿＿＿＿＿＿＿＿＿
＿＿＿＿＿＿＿＿＿＿＿＿＿＿＿＿＿＿＿＿＿＿＿＿＿＿＿＿＿＿＿。

3.医生说，他的牙应该定期地检查，要不然＿＿＿＿＿＿＿＿＿＿＿＿＿
＿＿＿＿＿＿＿＿＿＿＿＿＿＿＿＿＿＿＿＿＿＿＿＿＿＿＿＿＿＿＿。

● **吸收**

1.他很努力，可是他的学习方法不对。他虽然学得很多，可是他没有时间复习，学到的东西来不及吸收，很快就忘了。

2.一个人只有吸收各种各样的知识＿＿＿＿＿＿＿＿＿＿＿＿＿＿＿＿＿
＿＿＿＿＿＿＿＿＿＿＿＿＿＿＿＿＿＿＿＿＿＿＿＿＿＿＿＿＿＿＿。

3. 如果一种文化不愿意吸收别的文化中好的东西，＿＿＿＿＿＿＿＿＿＿＿＿
＿＿＿＿＿＿＿＿＿＿＿＿＿＿＿＿＿＿＿＿＿＿＿＿＿＿＿＿＿＿。

● **历来**

1. 虽然中国文化历来就有喜欢接受外来文化的特点，但它也有很多保守的东西。

2. 他说他历来就不信任何宗教，可是＿＿＿＿＿＿＿＿＿＿＿＿＿＿＿＿＿＿
＿＿＿＿＿＿＿＿＿＿＿＿＿＿＿＿＿＿＿＿＿＿＿＿＿＿＿＿＿＿。

3. 我的电脑历来都很好用，可是今天＿＿＿＿＿＿＿＿＿＿＿＿＿＿＿＿＿
＿＿＿＿＿＿＿＿＿＿＿＿＿＿＿＿＿＿＿＿＿＿＿＿＿＿＿＿＿＿。

● **关注**

1. 人口问题是中国政府十分关注的一个大问题。

2. 除了关注失业问题外，美国政府还＿＿＿＿＿＿＿＿＿＿＿＿＿＿＿＿＿
＿＿＿＿＿＿＿＿＿＿＿＿＿＿＿＿＿＿＿＿＿＿＿＿＿＿＿＿＿＿。

3. 你不应该只关注一些眼前的问题，＿＿＿＿＿＿＿＿＿＿＿＿＿＿＿＿＿
＿＿＿＿＿＿＿＿＿＿＿＿＿＿＿＿＿＿＿＿＿＿＿＿＿＿＿＿＿＿。

● **克服**

1. 只要你肯努力，我相信没有什么克服不了的困难。

2. 即使我克服了这个困难，＿＿＿＿＿＿＿＿＿＿＿＿＿＿＿＿＿＿＿＿＿
＿＿＿＿＿＿＿＿＿＿＿＿＿＿＿＿＿＿＿＿＿＿＿＿＿＿＿＿＿＿。

3. 他努力工作了三年，＿＿＿＿＿＿＿＿＿＿＿＿＿＿＿＿＿＿＿＿＿＿＿
＿＿＿＿＿＿＿＿＿＿＿＿＿＿＿＿＿＿＿＿＿＿＿＿＿＿＿＿＿＿。

● **无可替代**

1. 他虽然不喜欢这位总统，可是他也知道这位总统在法国历史上的地位是别人无可替代的。

2. 虽然以后我又遇到了一些有名的老师，＿＿＿＿＿＿＿＿＿＿＿＿＿＿＿
＿＿＿＿＿＿＿＿＿＿＿＿＿＿＿＿＿＿＿＿＿＿＿＿＿＿＿＿＿＿。

3. "难道他的作用就这么大吗？＿＿＿＿＿＿＿＿＿＿＿＿＿＿＿＿＿＿＿
＿＿＿＿＿＿＿＿＿＿＿＿＿＿＿＿＿＿＿＿＿＿＿＿＿＿＿＿。"

● **顺应**

1. 在那个时候，如果你顺应了皇帝的意志，你就能做官；如果你反对皇帝的意志，你就会被杀头。

2. 中国的宗教要求人们顺应自然，_____
_____。

3. 虽然我每天听他的话，_____
_____。

● 迎合

1. 虽然我跟他是好朋友，可是我不一定要迎合他的观点。

2. 凡是喜欢事事迎合别人的人_____
_____。

3. 我真的认为他说得非常有道理。难道我同意他的想法就是_____
_____
_____？

● 克制

1. 我知道这时候你心里不舒服，但你要克制你的情绪。

2. 你总是叫别人克制，_____
_____？

3. 即使是在你心里很难过的时候_____
_____，因为_____。

● 传播

1. 几百年以后，中国人造丝的技术传播到了日本，后来又传播到了全世界。

2. 在最近的这几十年里，西方的科技_____
_____。

3. 除了宗教可以传播以外，_____
_____。

● 启发

1. 他说的话虽然不完全对，可是对我却有很大的启发。

2. 虽然这种思想今天已经没有多少人相信了，_____
_____。

3. 这虽然只是一个儿童故事，_____
_____。

● 偏执

1. 虽然你们都说他是一个很偏执的人，可是我觉得他说的话有一定的道理。
2. 不管你信仰什么，你都不应该_____
_____。
3. 他总是喜欢说别人走极端，其实_____
_____。

练习

一、根据课文的内容回答下列问题：

1. 为什么很多西方人认为中国没有宗教或中国人没有宗教信仰？
2. 古代的中国人对外来的宗教采取什么样的态度？
3. 谈谈中国人的原始宗教。中国的原始宗教对古人和现代中国人的生活产生了
　什么样的影响？
4. 儒家是宗教吗？结合过去学过的皇帝制度、中国人的家庭、中国科举制等内
　容谈谈它对中国人的文化有什么影响。
5. 为什么说道教是中国本土的宗教？谈谈道教的主要思想。
6. 佛教为什么会在中国受到欢迎？谈谈它的主要观点。
7. 回教是怎样在中国发展起来的？它对中国文化有哪些贡献？
8. 基督教最早是在什么时候传到中国的？谈谈基督教在中国的发展情况。
9. 为什么学者说中国人对宗教的信仰不太坚定，也不那么偏执？
10. 举例谈谈中国人是怎样对宗教采取随便和实惠的态度的。
11. 孔子喜欢不喜欢宗教？他对宗教采取了一种什么样的态度？
12. 孔子的思想是怎样影响了中国人的宗教观念的？

二、用下列的词造句子：

1. 排除：
2. 严密：
3. 频繁：
4. 吸收：
5. 恢复：
6. 关注：
7. 克服：

8. 无可替代：

9. 汲取：

10. 迎合：

11. 一再：

12. 实惠：

13. 走极端：

14. 有限：

三、找出下列每组词中的近义词或同义词：

➤ 信仰	相信	信徒	信用
➤ 严密	秘密	精密	紧密
➤ 频繁	经常	总是	复杂
➤ 进行	进化	进步	前进
➤ 历来	原来	近来	从来
➤ 恢复	重复	复原	回来
➤ 迎合	欢迎	讨好	合作
➤ 克制	制造	克服	改正
➤ 兴盛	兴起	发展	起源
➤ 传播	传达	介绍	宣扬
➤ 启发	发展	劝说	提示
➤ 实惠	好处	真实	事实
➤ 偏执	信心	偏见	片面
➤ 有限	不够	数量	限制

四、选词填空：（广泛、渊源、严密、迎合、克制、排除、一再、兴盛、启发、有条件、走极端、克制、克服、频繁、渊源）

1. 我认为，要想讨论外国宗教对中国的影响不能_____犹太教在中国的影响这个重要题目。

2. 美国的好多政党都没有_____的组织形式，任何人都能随时加入，随时退出。

3. 这个学期我们的考试太_____了，老师，我们能不能每两个星期考一次试呢？

4. 虽然这个问题现在还没有引起_____的注意，但是我认为，如果我们不重视它，将来它也许会引出很大的矛盾。

5. 虽然我_____告诉他别等我，他还是一直等我等到了夜里三点钟。

6. 虽然我们_____了好多困难，但是我们前面还有好多问题，大家不要以为现在可以松口气了。

7. A："你知道基督教的_____在哪儿吗？"

　　B："大概基督教_____于犹太教吧，你说呢？"

8. 虽然他常常因为喜欢_____老板的意见而得到表扬和奖金，可是大家都看不起他。

9. 他总是劝我_____自己的感情，可是他自己为什么不_____自己的感情呢！

10. 佛教在中国_____的时候差不多正是中国最强大的时候。

11. 他说的这个故事对我很有_____，我现在终于想起那篇小说的名字来了。

12. 我不喜欢跟他这样的人打交道，因为他这样的人做事情常常喜欢_____。

13. 他虽然愿意帮助我，可是他的帮助是_____的。他说我要想得到他的帮助，必须先跟他去一次中国。

五、用括号里的词改写句子：

1. 即使他不是南方人，我也不会跟他结婚的。（排除……）

2. 今天，飞机工业在世界各国都越来越发达，现在已经很少有人愿意像过去那样坐船到各地旅行了。（随着……）

3. 他说，他喜欢吃中国饭、法国饭、意大利饭，除了喜欢吃，他对做饭也很有兴趣。（……此外，……）

4. 在世界上，欧洲、美洲、亚洲、非洲等地都有人都信仰基督教，信仰基督教的人口差不多是最多的。（……，比如……）

六、写作练习：

1. 用一句话来总结出课文中每一段的意思。

2. 用三句话来概括（summarize）出这篇课文的主要内容和观点。

3. 请你自己寻找一些有关的材料，写一篇短文谈谈当代中国人对于宗教的看法和观点。

4. 儒家、道教和佛教对中国传统文化思想产生过非常深刻的影响，请你把课文中谈到这些影响的部分画出来，然后试着用一段话来简单地把它们集中讲一下。

5. 请你自己寻找一些资料，写一篇短文谈谈基督教文化与近代中国（Pre-

modern China）的关系。

6. 作文：美国的宗教
   我是怎样看待宗教的

第八课　中国人的姓是从哪儿来的？

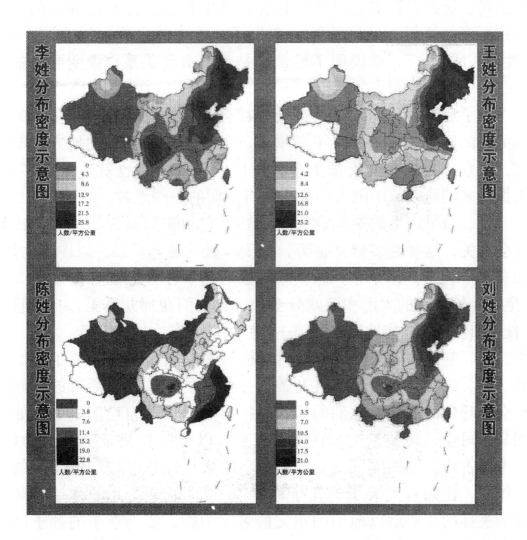

李姓分布密度示意图

0
4.3
8.6
12.9
17.2
21.5
25.8
人数/平方公里

王姓分布密度示意图

0
4.2
8.4
12.6
16.8
21.0
25.2
人数/平方公里

陈姓分布密度示意图

0
3.8
7.6
11.4
15.2
19.0
22.8
人数/平方公里

刘姓分布密度示意图

0
3.5
7.0
10.5
14.0
17.5
21.0
人数/平方公里

　　世界上所有国家和民族的人都有姓名。中国人的姓是怎么来的呢？

　　根据学者们的研究，在远古的时候，姓的产生除了是为了方便人们互相称呼和社会交往外，它的一个最重要的功能是用来表示血缘关系的。远古时是母系氏族社会。那时候，因为生产能力比较低，人们都住在一块儿，这群人就叫氏族。一个氏族由一位老祖母和她的子女组成。母系氏族社会是按照女人世代计算，人们只知道母亲不知道父亲。

那个时候，每个氏族都采用一种和自己的生活、劳动有密切关系的动物、植物或东西作为这个氏族的名称和崇拜物，这就是他们的图腾。氏族名称的意义在于保存氏族的世系，把自己和别的氏族区别开来。这样，最早的姓就产生了。古代的字典《说文》上说："姓，人所生也"，就说明了姓最早是表示血缘关系，说明同姓的人都是同一位女性祖先的子孙。

到了后来，发展成了父系氏族社会后，姓就转变成了父系的血缘关系的标志。由于人口不断增多，也由于人类活动的地方不断扩大，父系氏族社会的支派更多，古代中国人的姓也就越来越多了。根据后来的研究，中国人的姓主要有下面的一些来源。

一、最早产生的原始意义上的姓。它们和前面介绍的母系氏族社会有关，这些姓多带女字旁，如姜、姚、姬等。二、以图腾为姓。如马、牛、熊、石等等。三、以国家的名字作姓。如在周朝，天子（皇帝）给自己的大臣和亲戚分土地，让他们在那儿称王，自己管理自己的地方。这些地方就像是一些小的国家，如宋、卫、陈、齐、鲁、韩、赵、魏等国。后来他们就把这些国家的名字当成了他们的姓。四、以官名为姓。有的人做过一些官员，这些人活着的时候人们会称呼他的官名，他们的后代就把官名当成了自己家的姓。如姓司马、司空、司徒、史、钱等等。五、以祖父和父亲的名字为姓。在中国古代，一些国王、贵族和大官的后代往往以他们的祖辈的名字作姓。比如古代天子的儿子称"王子"，王子的儿子称"王孙"，有的王孙的儿子就以他们的祖父的名字为姓，如周景王的孙子用他儿子的名"朝"作为姓，念"晁"。宋桓公的儿子叫子鱼，子鱼的儿子叫公孙友。公孙友的两个儿子就姓鱼。六、以兄弟间的排名顺序为姓。比如周代以孟（伯）、仲、叔、季作为子孙排行的顺序，他们的后代姓孟、伯、仲、叔、季等。七、以居住的地方为姓。贵族和有身份的人往往以他们的封地为姓。那些没有资格得到封地的人有的就以他们住的地方作为自己的姓。如住在山边的人以傅为姓，住在水边的人以池为姓，住在柳树旁边的人姓柳下。这一类的姓还有西门、东郭、南宫、东方等等。八、以自己的工作、技能或职业为姓。如屠、陶、甄、卜、巫等等。九、皇帝赐姓或因避讳改姓。过去，皇帝认为自己的姓是"国姓"，他常常喜欢把自己的姓赐给一些对国家有功的官员。如唐代很多有名的大臣被赐姓李，宋代的李继迁被赐姓赵，明代的郑成功被赐姓朱等等。除了赐姓以外，有的人的姓因为和皇帝的名字相同，按照古代的规矩犯忌讳，他们就必须改姓。比如唐代皇帝李隆基当皇帝时，姓姬的因为和"基"同音而改成了姓周等等。十、由少数民族的称呼转化而来的姓。很多少数民族的人们原来有姓，如宇文、鲜于、尉池、慕容、贺兰等。后来有的朝代实行民族团结和融合的政策，命令或动员少数民族人改姓，比如北魏时皇族拓跋氏改姓元，其他贵族改姓陆、贺、刘、于等；唐代的少数民族有的改姓康、曹、石、何、史、安，比如当时造反的安禄山、史思明的姓就是其中的两个姓氏。后来的许多大姓如张、王、李、赵、刘、曹、吴、罗、包、何、金、关、康等都既是汉族的姓，也是少数民族的姓。

　　中国人有多少个姓呢？很难确切地说清楚。早在宋代初年，钱塘（今天的杭州市）的一个读书人编了一本《百家姓》，里面收了408个单姓，76个复姓。后来又不断有人编写姓名词典。据最新的《中华姓氏大辞典》统计，中国历史上一共有姓氏11969个，其中单姓5327个，复姓4329个，其他姓氏2313个。虽然中国人的姓这么多，其实现在常用的姓不过200个左右，其中最常用的姓只有100个。据中国政府的有关资料显示，中国汉族中姓李的最多，约占全部人口的7.9%。如果再加上少数民族和海外华侨，全世界姓李的差不多有一亿人！它是全世界最大的一个姓。其次是王姓和张姓，此外是刘、陈、杨、赵、黄、周、吴、徐、孙、胡、朱、高、林、何、郭、马，这19个姓占了中国全国人口的一半以上。

生 词
VOCABULARY

1. 血缘　　xuèyuán　　ties of blood；consanguinity
2. 母系　　mǔxì　　maternalside；matriarchal
3. 氏族　　shìzú　　clan
4. 图腾　　túténg　　totem
5. 世系　　shìxì　　pedigree；genealogy
6. 标志　　biāozhì　　sign；mark；symbol
7. 转化　　zhuǎnhuà　　change；transform
8. 融合　　rónghé　　mix together；fuse；stick together
9. 确切　　quèqiè　　definite；exact；precise；accurate；clearand unambiguous

Exercise One：Remembering Detials

再次细读本文并指出下列句子提供的信息是对的（*T*rue）还是错的（*F*alse）。
如是错的，请改成正确的答案：

1. 学者们告诉我们，人类社会最早的是父系氏族社会。（　　）
2. 图腾是古代时一个氏族用动物、植物或东西作为氏族名称和崇拜物的标志。
（　　）
3. 中国人最早的姓多有女字旁。（　　）
4. 中国古时候有人用自己的姓来当作官名。（　　）
5. 古时候只有国王才能用自己居住的地方为姓。（　　）
6. 古时候规定少数民族不能改成汉族的姓。（　　）
7. 据统计中国人的姓一共有大约一万一千多个。（　　）
8. 中国最常用的姓有二百个左右。（　　）
9. 据统计，全世界姓王的人口最多。（　　）

Exercise Two：Analyzing Ideas

选择下面提供的哪种回答最接近文章提供的事实并完成句子：
1. 古时候人们都住在一起是因为_____。

　　a. 喜欢老祖母　　　　　　b. 生产能力低　　　　　c. 不知道父亲

2. 古时候姓产生的最早的目的是_____。

　　a. 表示血缘关系　　　　　b. 喜欢动物　　　　　　c. 互相称呼

3. 中国人编写的最早的关于姓氏的书是_____。

　　a.《说文》　　　　　　　b.《中华姓氏大辞典》　　c.《百家姓》

4.《百家姓》里收了有_____中国姓。

　　a. 408 个　　　　　　　　b. 100 个　　　　　　　　c. 484 个

5. 中国最常用的姓有_____。

　　a. 408 个左右　　　　　　b. 100 个左右　　　　　　c. 200 个左右

Exercise Three: Synonyms

根据上下文的意思，找出句子中的同义词：

1. 姓的产生除了是为了方便人们的互相称呼和社会交往外，它的一个最重要的
　　功能是用来表示血缘关系的。

　　a. 作用　　　　　　　　　b. 方便　　　　　　　　　c. 能力

2. 氏族名称的意义在于保存氏族的世系，把自己和别的氏族区别开来。

　　a. 知识的记录　　　　　　b. 年代的记录　　　　　　c. 家族的记录

3. 到了后来，姓就转变成了父系的血缘关系的标志。

　　a. 关系　　　　　　　　　b. 说明　　　　　　　　　c. 记号

4. 贵族和有身份的人往往以他们的封地为姓。

　　a. 买的地　　　　　　　　b. 皇帝给的地　　　　　　c. 别人送的地

5. 由少数民族的称呼转化而来的姓。

　　a. 改变　　　　　　　　　b. 发展　　　　　　　　　c. 介绍

6. 中国人有多少个姓呢？很难确切地说清楚。

　　a. 明白　　　　　　　　　b. 必须　　　　　　　　　c. 准确

Exercise Four: Discussion Questions

1. 中国人最早有姓除了是方便称呼外，还有什么别的意义？
2. "图腾"是什么？古代氏族为什么要有图腾？
3. 为什么最早的姓有女字旁？姓跟父系血缘关系有什么关系？
4. 谈谈中国人的姓的几个主要来源。在这里面你能找到你的姓吗？
5. 你知道西方人姓名的一些来历吗？请你谈谈你知道的内容。
6. 作业：写一篇文章比较一下西方人的姓名和中国人的姓名在来历和内容方面
　　的不同。

第九课　中国人的避讳

避讳是中国古代文化中的一个非常特殊的现象。"讳"就是一些不能说、不能写甚至不能读的东西。这些东西，如果你说了，不管你是有意或无意的，你都会受到惩罚。这种惩罚一般都很重，有时候是体罚，有时是送进监狱，严重的有时会被处死，甚至他的全家和所有的亲戚也都会被处死。避讳制度是中国历史上的一种非常可怕的残酷制度。

既然避讳制度是这么严厉和可怕，人们当然应该知道怎样去防止自己触犯它。到底什么样的东西不能说、不能写、不能读呢？

按照古代社会的规定，应该避讳的东西主要是帝王、圣人、长辈、长官和受尊敬的人的名字。这些字人们在说话或写文章时不能乱用乱写，平时如果遇到和这些人物的名字相同的字时必须避开或改写成其他的字来表示，念的时候也应该念成别的或相近的声音。这就叫"避讳"。

避讳一般有三种，叫作："国讳"、"家讳"和"圣人讳"。

"国讳"是最重要的一种避讳。它要求全国所有的人，包括皇帝本人都要遵守。"国讳"主要是避讳皇帝本人和他的父亲、祖父以及别的长辈的名字。有的还包括皇后的名字和她的父亲、祖父。有的"国讳"还包括避讳皇帝和皇后死后的封号等。在古代，和别的国家交往时，尊重对方的"国讳"是重要的礼节之一。

因为中国是一个历史悠久的国家，古代的皇帝很多。如果皇帝的名字中出现了一个常用字，就会对全国人民的政治、经济和日常生活带来很大麻烦。所以在古时候，皇帝起名字时常常注意避免用普通的字，他们的名字往往都用难读，难懂的字，这样就比较容易让老百姓避讳。比如从宋代以后中国皇帝的名字大都采用很冷僻不常用的字就是出于这个原因。

"家讳"实际上是家庭内部的避讳，它主要是回避念到长辈的名字和与它们有关的字。它主要是限于亲属内部。家讳虽然只在家庭内部使用，但由于中国封建社会重视伦理道德，所以它受到了法律的保护，严重违反了家讳的也算犯法。另外，和别人交往时，一般人都会注意不去触犯别人的家讳，以表示对他们的尊敬。在过去的社会的官场中，还有一种"宪讳"，它是低级的官员避免说或写长官的名字的一种忌讳。这在制度上没有规定，但有的长官特别粗暴或有的下级官员特别喜欢巴结 拍马时也注意避讳它。

"圣人讳"是规定要避开使用和说古代的圣人如黄帝、周公、孔子、孟子的名字之类的字，尤其是孔子的名字"丘"，凡古书中有这个字必须改为缺笔字，其他如人名或地名中有这个字的一律要改为"邱"字。

关于避讳有种种规定：一是局外人只需避原字，而不避字音相同或相近的字。二是同时讳二字时，如果用到其中一个字不算犯讳。比如应该避"明光"二字，单用"明"或单用"光"字都不算犯讳。三是对七代以上的远祖可以不避讳。

如果遇到了应该避讳的字，但又必须用时应该怎么办呢？古时候大致上有下面的一些办法：

一是改字法。这就是在必须用避讳的字如帝王或尊者的名字时改用其他的字来代替。这些代替的字一般是字音相近的字，如在《三国志》里为了避司马懿（yì）的讳，把书中的人名张懿改作"张壹"。有的改成字形相近的字，如辽代改女真为"女直"等。还有的因避讳而重新起名的。比如唐祖讳虎，凡是称"虎"的地方都改成

"武"或"猛兽"。

二是空字法。空字就是不写避讳的字而空一格。有时写作"某"、"口"或直接写"讳"。比如唐朝避讳唐太宗李世民的讳，把汉人"王世充"的名字改成"王充"。汉代司马迁写《史记》避汉景帝的名讳写"子某"，"某"就指的是汉景帝。

三是缺笔法。缺笔法就是对要避讳的字的最后一笔不写，造成一种有意的残缺以达到避讳的效果。

另外，在口语中的避讳就是把要避讳的字音念成别的声音来避免犯禁。如在《红楼梦》中，林黛玉念到她妈妈的名字"贾敏"时，故意把"贾敏"念成"贾密"。

在古代社会，犯了忌讳往往会遭受很重的惩罚。如在清朝江西有个举人犯了乾隆（Qiánlóng）皇帝和他的父、祖的名讳，皇帝不但杀了他全家，而且杀了他的很多亲戚和朋友。

避讳制度不止是杀人，而且非常荒谬。比如唐代著名的诗人李贺的父亲名叫李晋肃，有嫉妒他才能的人怕他考"进士"，就攻击他应该避父名讳。逼得这位天才的诗人不敢考进士做官。当时一位最有名的学者韩愈知道这事后非常生气，他愤怒地抗议说："如果他的父亲的名字叫'仁'，那他就不能做人了么！"还有一个更荒唐的故事：据陆游在他的文章中说，宋代有个官员叫田登，这个人既无知又霸道。他不愿意让人读到和他名字相近的字，规定所有老百姓平时不能说"灯"，凡说点灯一律说"点火"。古代规定，元宵节的时候应该由政府组织三天庆祝，到处挂上各种各样的美丽的花灯。可是田登不准人们说"灯"，他让人贴出通知说：过节的时候我们要放火三天。"放火"在古代是干坏事和造反的意思，田登为了避免别人念自己的名字造成了这样荒谬的效果，一千多年来它一直被传为一个最愚蠢的笑话。此外，这个故事还告诉我们古代的官员是多么不讲道理。后来人们用"只准州官放火，不准百姓点灯"来说明统治者的专横和残暴。

生词
VOCABULARY

1.	避讳	bìhuì	taboo on using personal names of emperors, one's elders, etc.
2.	惩罚	chěngfá	punish; penalize
3.	体罚	tǐfá	corporal punishment
4.	触犯	chùfàn	offend; violate; go against
5.	相近	xiāngjìn	be close/near; be similar to
6.	圣人	shèngrén	sage; wise man
7.	封号	fēnghào	emperors or kings give a special favor on promising sb. a title or land
8.	冷僻	lěngpì	deserted; out-of-the-way; rare; unfamiliar; obscure
9.	出于	chūyú	start/proceed/stem from
10.	巴结	bājie	play up to; fawn on
11.	拍马	pāimǎ	flatter; fawn on
12.	残缺	cánquē	incomplete; fragmentary
13.	荒谬	huāngmiù	absurd; preposterous
14.	霸道	bàdao	overbearing; strong
15.	专横	zhuānhèng	imperious; peremptory

Exercise One: Remembering Detials

再次细读本文并指出下列句子提供的信息是对的（*True*）还是错的（*False*）。如是错的，请改成正确的答案：

1. 避讳就是对一些人的名字不能说、不能读，只能写。（　　）
2. 在古时候，如果有人犯了避讳，就会被处死。（　　）
3. 一般人都应该遵守避讳制度，皇帝不必遵守它。（　　）
4. 为了让老百姓容易避讳，古时候皇帝的名字往往取不常用的和别人不认识的字。（　　）

5. 家讳不受法律保护，但一般人都遵守它。（　　）
6. "宪讳"是一种非常重要的避讳，人们应该注意避讳它。（　　）
7. 避讳时用改字法主要原因是想改一些容易认容易读的字。（　　）
8. 避讳制度很不合理，因为它不准读书人考试做官。（　　）
9. 因为避讳制度非常残酷，老百姓后来开始造反、放火。（　　）

Exercise Two: Analyzing Ideas

选择下面提供的哪种回答最接近文章提供的事实并完成句子：

1. 避讳制度是中国古代文化中的_____。
   a. 最可怕残酷的部分　　　b. 特殊现象　　　　　　c. 不能说的部分
2. "国讳"是最重要的一种避讳，它是要求_____遵守的。
   a. 皇帝　　　　　　　　　b. 外国人　　　　　　　c. 所有人
3. "家讳"的范围在家庭内部，它只要求_____遵守。
   a. 长辈　　　　　　　　　b. 亲属内部　　　　　　c. 家庭以外的人
4. 古时候遇到避讳的字人们往往_____。
   a. 不读　　　　　　　　　b. 读别的声音　　　　　c. 读缺笔
5. 除了严厉和残酷以外，避讳制度还非常_____。
   a. 有意思　　　　　　　　b. 无知　　　　　　　　c. 荒谬

Exercise Three: Synonyms

根据上下文的意思，找出句子中的同义词：

1. 既然避讳制度是这么严厉和可怕，人们当然应该知道怎样去防止自己<u>触犯</u>它。
   a. 躲开　　　　　　　　　b. 碰　　　　　　　　　c. 惩罚
2. 宋代以后，中国皇帝的名字大都采用很<u>冷僻</u>的字，因为他们不想让老百姓犯避讳。
   a. 可怕　　　　　　　　　b. 不常见　　　　　　　c. 不热烈
3. 有的下级官员特别喜欢<u>巴结</u>大官，所以他们常常注意避讳"宪讳"。
   a. 交朋友　　　　　　　　b. 跟……结婚　　　　　c. 说好话或讨好
4. 避讳制度不止是杀人，而且非常<u>荒谬</u>。
   a. 奇怪、无聊　　　　　　b. 残暴、严格　　　　　c. 巴结、拍马
5. 宋代有个官员叫田登，这个人既无知又<u>霸道</u>。
   a. 非常笨　　　　　　　　b. 喜欢巴结　　　　　　c. 不讲道理

Exercise Four: Discussion Questions

1. 古代时中国人为什么要有避讳制度?
2. 古时候中国人避讳些什么? 他们怎么避讳?
3. "国讳"的内容是什么? 谁应该服从它?
4. "家讳"的内容是什么? 谁应该服从它?
5. "圣人讳"的内容是什么? 谁应该服从它?
6. 谈谈避讳的三种主要的方法。
7. 你听说过"只许州官放火,不许百姓点灯"的故事吗?
8. 西方人有没有避讳制度或避讳的习惯,请你介绍一下。

第十课　关于寺庙

我与寺庙的关系很密切。我很小的时候就在乡下和庙结下了<u>不解之缘</u>。后来我到了上海，没想到在这个现代化的大都市里仍然有着很多的寺庙，我仍然可以跟寺庙延续着这特殊的<u>因缘</u>。到了文化大革命期间，为了养病，我又回到了乡下，那时候，又是寺庙接收了我……

寺庙，看起来应该是个神圣庄严的地方，那儿差不多永远香烟<u>缭绕</u>，到处是一种奇特而又神秘的音乐声，叫人听了心里产生一种说不出来的<u>感伤</u>和<u>皈依</u>的念头。一踏进寺庙，似乎给人一种进入庄严的佛门，达到了<u>至善</u>的境界的感觉。

虽然寺庙看上去是那么令人崇敬，但是请原谅我的不敬，据我所知，很多到寺庙去的人并不是为了感受那种神圣的气氛或带着敬佛的神圣庄严的愿望到那里去的。一般人到庙里去，大多是为了<u>祈求</u>。

祈求什么呢？祈求世界和平、全人类的幸福和进步吗？不。他们祈求的目的很明确、<u>琐碎</u>和具体，他们是为了自己的临时需要而到庙里来的。他们抬头仰望着佛像，一个劲地向佛祈祷：您看到我了吗？记住我的要求了吗？

有一次我开玩笑地问一位到处拜佛的长辈亲戚："您真的相信菩萨能<u>洞察</u>一切吗？"

他说："那当然啦！"

我说："那样菩萨一眼就能<u>看穿</u>您拜佛是出于利己的目的，菩萨能不生气吗？他还能保佑您？"

他<u>惊慌</u>地看了我好一会儿。

我又问他："菩萨应该是公正的吧？"

他说："对。"

　　我说："如果菩萨对在寺庙外面辛辛苦苦常年忙于劳动的人们不关心不理睬，只保佑和照顾那几个有空来拜了几拜的人，那样难道能说是公正吗？"

　　这虽然只是玩笑，但从这儿我们可以看出一般老百姓对佛教的误会。当初创造这种宗教的人或神大概没想到人们会这样理解他们的宗教吧？

　　有时候到一些有名的大山或寺庙里去旅游，我心里总有一种深深的忧虑。到处都是人山人海，这么多长途跋涉来到这儿来的人，都是来玩的吗？不是。有很多人是来求神或请求解决问题的。这些人带着生活中的各种各样的问题和愤怒、烦恼来到寺庙，希望得到一种精神上的帮助。神真的愿意帮助他们吗？即使神愿意，神又真的能帮助他们吗？结果他们最后带走的并不是如何解决问题的方法，而只是一些对自己私利的廉价安慰。这样的宗教信仰能算作真的宗教信仰吗？

　　我认为，佛教中的善，并不寻找为什么善的原因，也不追求"善"的具体结果。善就是善。不应该因为让别人看见而做善事，也不应该因为别人看不见而做不善的事。其实，西方的宗教也跟这一点相似。记得俄国作家列夫·托尔斯泰说过：

　　　　如果"善"有原因，它就不再是"善"；如果"善"有它的结果，那也不能称为"善"。善是超乎因果联系的东西。

　　我记得佛经上讲过一个故事，说佛陀的一个弟子刨根问底地向他问世界上事情的根本原理，佛陀说：你来到我这里你以为我会向你讲述这些大道理吗？如果有一个人身上中了毒箭，痛苦得马上就要死了，我们是应该先救他的命，把毒箭拔下来呢；还是应该先问问原因，研究一下射箭的人的背景和他怎么制造毒箭的呢？也许我们还没问明原因，他已经死了——空谈道理不只是没有用，有时候还会害人的。

　　这段佛经上的话使我想起了很多年以前的一件事。我当学生时有一年去乡下劳动，一位同学看到河边有一个老太太走不动，差一点掉到河里，同学就跑过去扶她。但是这个学生受到了批评，因为后来查出来这个老太太是一个地主。而且这件事还被在报纸上报告了，报告说，这是一个<u>教训</u>，青年学生不应该帮助不认识的人。

当时很多学生很不明白，如果我们早知道这个老太太是地主，难道我们就应该笑哈哈地看着她掉到河里不去救她？那么，如果她不是地主，<u>调查</u>回来再去救她，那还来得及吗？这件事现在看起来会觉得很<u>荒唐</u>，但是在当时大家每天都在关心阶级斗争，一点都不觉得奇怪。

在很多情况下，人的心灵会受到<u>扭曲</u>，扭曲的心灵往往会失去天真和善良，世间大部分的宗教都是劝人恢复人性，呼唤真理和美丽善良的。而寺庙则是启发一个人的<u>良知</u>，让人们的灵魂<u>反思</u>和恢复人性的场所。如果一个人没有良知，他就是天天去寺庙也不能拯救自己的灵魂。

根据余秋雨《霜冷长河·寺庙》改写

生 词
VOCABULARY

1.	寺庙	sìmiào	temple
2.	不解之缘	bùjiězhīyuán	indissoluble bond
3.	因缘	yīnyuán	principal and secondary causes; chance; opportunity; predestined relationship; karma
4.	缭绕	liáorǎo	curl up; wind/hang around
5.	感伤	gǎnshāng	be sad; be sentimental; grief; sorrow
6.	皈依	guīyī	be converted to religion
7.	至善	zhìshàn	acme of perfection
8.	祈求	qíqiú	supplicate
9.	琐碎	suǒsuì	trifling; trivial
10.	洞察	dòngchá	see clearly; have insight into
11.	看穿	kànchuān	see through

12.	惊慌	jīnghuāng	alarmed; scared
13.	理睬	lǐcǎi	pay attention to; heed
14.	误会	wùhuì	misunderstand; mistake; misunderstanding
15.	跋涉	báshè	trudge; trek
16.	廉价	liánjià	low-priced; cheap
17.	相似	xiāngsì	resemble; be similar/alike
18.	超乎	chāohū	beyond
19.	佛陀	fótuó	Buddha
20.	刨根问底	páogēnwèndǐ	get to bottom of sth.
21.	毒箭	dújiàn	poisoned arrow
22.	制造	zhìzào	produce; create; make
23.	教训	jiàoxun	chide; lecture sb.; lesson; moral
24.	调查	diàochá	investigate; look into; survey
25.	荒唐	huāngtáng	ridiculous; absurd; dissipated; loose
26.	扭曲	niǔqū	distort
27.	良知	liángzhī	intuitive knowledge; understanding friend
28.	反思	fǎnsī	rethink; rethinking; introspection

Exercise One: Remembering Detials

再次细读本文并指出下列句子提供的信息是对的（*True*）还是错的（*False*）。
如是错的，请改成正确的答案：

1. 作者介绍寺庙时说他小时候很不喜欢寺庙。（　　）

2. 作者觉得寺庙常常能给人一种非常特殊的感觉，使人感到不高兴和害怕。
（　　）

3. 作者认为很多人看上去喜欢寺庙，其实是为了自私的目的才去寺庙。（　　）

4. 作者认为菩萨不公正，所以人们不应该相信他。（　　）

5. 作者认为佛教中的"善"的概念和西方宗教的差不多。（　　）

6. 作者认为应该多做好事，少讲大道理。（　　）

7. 作者认为寺庙是呼唤一个人的人性的地方。（　　）

Exercise Two: Analyzing Ideas

选择下面提供的哪种回答最接近文章提供的事实并完成句子：

1. 作者觉得自己喜欢寺庙是因为_____。
   a. 文化大革命　　　　　b. 有特殊因缘　　　　　c. 小时候在乡下
2. 作者觉得寺庙神圣庄严，那里的音乐_____。
   a. 让人高兴　　　　　　b. 让人难过　　　　　　c. 让人感动
3. 作者认为到庙里去的很多人都不是为了敬神，而是_____。
   a. 为了祝贺　　　　　　b. 为了祭祀　　　　　　c. 为了利己
4. 作者认为，做善事的目的应该是为了_____。
   a. 善　　　　　　　　　b. 让别人看见　　　　　c. 佛教
5. 这篇文章作者在这儿批判了_____。
   a. 寺庙　　　　　　　　b. 人的自私　　　　　　c. 宗教

Exercise Three: Synonyms

根据上下文的意思，找出句子中的同义词：

1. 我很小的时候就在乡下和庙结下了<u>不解之缘</u>。
   a. 分不开的关系　　　　b. 不好的关系　　　　　c. 不明白的关系
2. 他们祈求的目的很明确、<u>琐碎</u>和具体，他们是为了自己的临时需要而到庙里来的。
   a. 烦恼　　　　　　　　b. 细小　　　　　　　　c. 复杂
3. 有一次我开玩笑地问一位到处拜佛的长辈亲戚："您真的相信菩萨能<u>洞察</u>一切吗？"
   a. 从洞里看　　　　　　b. 看明白　　　　　　　c. 看不清
4. "如果菩萨对在寺庙外面<u>辛辛苦苦</u>常年忙于劳动的人们不关心，只保佑和照顾那几个有空来拜了几拜的人，那样是公正吗？"
   a. 努力　　　　　　　　b. 着急　　　　　　　　c. 紧张
5. 他们最后带走的并不是如何解决问题的方法，而只是一些对自己私利的<u>廉价</u>安慰。
   a. 没有用的　　　　　　b. 没有价值的　　　　　c. 不清楚的
6. 报告说，这是一个<u>教训</u>，青年学生不应该帮助不认识的人。
   a. 好的例子　　　　　　b. 应该纪念的例子　　　c. 坏的例子

Exercise Four: Discussion Questions

1. 在这篇文章中，作者对寺庙和宗教的感情怎么样？

2. 你去过寺庙吗？谈谈你对寺庙的感觉和看法。

3. 你去过教堂吗？在教堂里人们祈求吗？他们祈求什么？

4. 作者是怎么看那些到大山和寺庙里的旅游者的？你觉得他的看法对吗？为什么？

5. 作者认为什么样的善才真正能叫作"善"？你同意他的话吗？

6. 作者在文章中说了一个地主老太太的故事，你觉得作者是在讲一个什么样的道理？你同意他的道理吗？

第十一课 狂泉的故事

传说很久以前有一个国家，这个国家有时会下一种恶雨。这种恶雨下到了地上会聚在一起，水多了聚成河，河水流到一个湖里，这个湖最后流入一个大井，这个井叫做"狂泉"。不下恶雨时，喝这个泉的水没问题，可是到了下恶雨的季节，人们如果喝了狂泉的水就会发狂，发了狂要一直狂七天才能恢复正常。

这个国家的国王很聪明，他发现了狂泉的秘密，他不愿意自己也发狂，于是他就想办法去预防它。国王开始自己造了一口井，在恶雨还没有到来的时候他就命令人把井盖好，结果下恶雨的季节来了，恶雨流到了湖里和井里，可是没流到国王的井里。

除了国王以外，这个国家所有的人都喝了狂泉的水，他们很快就都发狂了。这些发狂的人们开始脱掉了衣服到处乱跑，用烂泥涂抹他们的头、脸和身体。发狂的人里面有很多人是大臣和国王身边的大官，他们在国王身边跳呀、唱呀、叫呀，非常热闹。而在这个时候，只有国王一个人没有发狂，他坐在宫廷里，穿着庄严的国王的服装，戴着国王的帽子，看自己的大臣们到底想做什么。

他正看着，一个他意想不到的事情发生了：这些平时最听他的话，把他当作神一样尊敬的大臣们忽然都跑到他的身边，对他大喊大叫。他们指着国王大声嘲笑道："大家看呵！奇怪不奇怪，我们的国王疯了！你们看看，国王穿着什么东西？他又戴着什么东西？国王真可怜！他为什么会疯狂成这个样子？我们应该救救我们的国王！！来，大家一起想办法。不管是用药，还是用火，我们一定要把我们国王的病治好。"于是，所有的人都跑到了宫廷里来要给国王治病，大家大声叫喊，跑进跑出，一片混乱。

看到这种情况，国王怕人们会造反或做出更可怕的事情来。他知道，如果他不服从这些疯狂的人他就会遇到更大的麻烦。于是他说："请你们不要着急，我知道我病了，我疯狂了，可是我有很好的药，我会治好我自己的病。你们稍微停一下，我马上就会去吃药，把我的病治好。"说完国王赶紧跑到宫里去了。

过了一会儿，国王出来了。他也脱掉了所有的衣服，用脏泥土给自己涂了一身一脸，大笑大叫着跑出来了。别人看到国王终于和他们一样了，他们就放了心，以为他们救了国王，高高兴兴地大叫着发疯去了。

七天以后，这些发疯的人终于都清醒过来了。看到他们自己做过的疯狂的傻事，他们心里都很惭愧。他们穿着整整齐齐的衣服到宫廷里来拜见皇帝，可是出乎他们预料之外，他们看到了一个非常奇怪的景象：国王发疯了！

原来，当他们来到皇宫时，他们看到皇帝居然赤身裸体，身上脸上都抹满了脏泥。他们感到非常惊讶。他们恭敬地跪到前面开始问国王："伟大的国王呵，您是非常聪明的。可是您今天怎么是这样一副打扮呢？是不是您今天不舒服呵？"——他们没有敢用"疯狂"这样的字。

"你们觉得我今天有什么不正常吗？我今天正常极了。其实是你们变化了。我没有什么两样。你们原来都打扮成这个样子，我是我自己的样子；你们让我打扮成了现在这个样子后，今天你们又变回现在的样子，反倒说我疯狂。你们的心常常改变，而我的心并没有什么变化。过去，是你们狂反说我狂；现在，是你们不狂也说我狂。你们想想：到底是谁在疯狂呢?"国王冷静地说。

　　大臣们非常惭愧。他们知道是他们颠倒了黑白，把白的说成是黑的，现在又把黑的说成是白的。真正疯狂的是他们自己。

　　在现实生活中也是这样，有时候很可能是大部分的人错了，可是错的人会责备对的人。而正确的人在别人都坚持自己的错误的时候，往往很难解释清楚什么是对，什么是错。要让他们认错必须是他们自己真正认识到自己的错误的时候。可惜，世界上有些人是永远不会认错的。

据《杂譬喻经》卷 17 改写

生　词
VOCABULARY

1.	恶	è	evil; bad
2.	聚	jù	together
3.	狂	kuáng	crazy; mad; violent; wild
4.	发狂	fākuáng	go mad
5.	盖	gài	cover
6.	涂抹	túmuǒ	daub; smear; paint; scribble; scrawl
7.	意想不到	yìxiǎngbúdào	unimaginable
8.	嘲笑	cháoxiào	deride; laugh at
9.	疯	fēng	mad; insane

10.	稍微	shāoweī	slightly; a bit
11.	预料	yùliào	expect; predict; anticipate
12.	景象	jǐngxiàng	scene; sight; picture; prospect
13.	居然	jūrán	unexpectedly; to one's surprise; going so far as to
14.	反倒	fǎndào	on thecontrary; instead
15.	冷静	lěngjìng	sober; calm
16.	责备	zébèi	blame; reprove

Exercise One: Remembering Detials

**再次细读本文并指出下列句子提供的信息是对的（*T*rue）还是错的（*F*alse）。
如是错的，请改成正确的答案：**

1. 这个故事发生在一个古代的国家。（　　　）
2. "狂泉"平时不狂，只有下了恶雨时才有问题。（　　　）
3. 国王发现了狂泉的秘密，他让全国的人不喝狂泉的水。（　　　）
4. 因为喝了狂泉的水，除了国王和大臣，全国的人都狂了。（　　　）
5. 国王不想变狂，但别人都一起逼着他让他狂。（　　　）
6. 国王怕人们做出可怕的事情来，所以装作他自己也狂了。（　　　）
7. 别的人是因为爱护他们的国王，才逼他变疯狂的。（　　　）
8. 当别人都不疯狂了的时候，国王仍然在疯狂。（　　　）
9. 国王从来就没疯狂过，他想用自己的"疯狂"教育别人。（　　　）

Exercise Two: Analyzing Ideas

选择下面提供的哪种回答最接近文章提供的事实并完成句子：

1. 国王造了一口井是为了_____。
   a. 不让老百姓发狂　　　　b. 不让大臣发狂　　　　c. 不让自己发狂
2. 所有人都变狂了以后，国王想_____。
   a. 穿好看的裳　　　　b. 看人们做什么　　　　c. 看热闹
3. 国王没想到人们变狂了以后，开始_____。
   a. 脱掉衣服　　　　b. 听他的话　　　　c. 不尊敬他
4. 国王最后开始装疯是因为他_____。
   a. 怕造反　　　　b. 怕吃药　　　　c. 怕脱衣服
5. 人们都醒过来了，国王还赤身裸体是因为他_____。

a. 不正常   b. 要教育人们   c. 坚持错误

Exercise Three: Synonyms

根据上下文的意思，找出句子中的同义词：

1. 人们如果喝了狂泉的水就会发狂，发了狂要一直狂七天才能<u>恢复</u>正常。
   a. 回到   b. 成为   c. 最后
2. 出乎他们<u>预料</u>之外，他们看到了一个非常奇怪的景象：国王发疯了！
   a. 希望的   b. 原来想的   c. 准备的
3. 当他们来到皇宫时，他们看到皇帝身上脸上都抹满了脏泥。他们感到非常<u>惊讶</u>。
   a. 生气   b. 不舒服   c. 奇怪
4. "过去，是你们狂反说我狂；现在，是你们不狂也说我狂。你们想想：到底是谁在疯狂呢？"国王<u>冷静</u>地说。
   a. 正常   b. 平和安静   c. 清醒
5. 在现实生活中也是这样，有时候很可能是大部分的人错了，可是错的人会<u>责备</u>对的人。
   a. 批评   b. 麻烦   c. 笑话

Exercise Four: Discussion Questions

1. 国王发现了狂泉的秘密以后，他想干什么？他为什么要那样做？
2. 那个国家的人疯狂了以后做了些什么？
3. 为什么这些疯狂的人做的事国王"意想不到"？
4. 这些人们疯狂以后是怎么对待国王的？国王是怎么对待他们的？
5. 国王知道自己没疯，他为什么要装疯？
6. 别的人都恢复正常了以后国王为什么还要装疯？
7. 通过这个故事，我们会学到一些什么样的道理？

The Emperor's New Clothes

Many years ago there lived an Emperor who was so monstrous fond of fine new clothes that he spent all his money on being really smart. He didn't care about his army, he didn't care for going to the play, or driving out in the park, unless it was to show his new clothes. He had a coat for every hour in the day; and just as people say about a king, that "he's holding a council", so in this country they always said, "The Emperor is in his dressing room". In the great city where he lived, life was very pleasant, lots of strangers came there every day; and one day there arrived two swindlers. They gave out that they were weavers, and said they knew how to make the loveliest stuff that could possibly be imagined. Not only were the colours and patterns extraordinarily pretty, but the clothes that were made of the stuff had this marvellous property: that they were invisible to anyone who was either unfit for his situation or else was intolerably stupid. "Very excellent clothes those must be," thought the Emperor; "if I wore them I could tell which are the men in my realm who aren't fit for the posts they hold. I could tell clever people from stupid ones: to be sure that stuff must be made for me directly." Accordingly he gave the two swindlers a large sum in advance, so that they might begin their work. They set up two looms and pretended to be working, but they hadn't a vestige of anything on the looms. In hot haste they demanded the finest of silk and the best of gold, which they stuffed into their own pockets; and they worked away at the bare looms till any hour of the night.

"I *should* like to know how they are getting on with the stuff," thought the Emperor. But to tell the truth he had a little misgiving when he reflected that anyone who was stupid or unsuited to his post couldn't see the stuff. Of course, he was confident that he needn't be afraid for himself: all the same he decided to send someone else first to see how things were. Everybody in the whole city knew what a marvellous power was in the stuff, and everybody was agog to see how incompetent and how stupid his neighbour was.

"I'll send my good old minister down to the weavers," thought the Emperor; "he can quite well see how the stuff is shaping: he's an intelligent man, and no one is better fitted for his post that he."

So the worthy old minister went into the hall where the two swindlers were sitting working at the bare loom. "Heaven help us," thought the old minister, staring with all his eyes; "I can't see a thing"; but he didn't say so.

Both the swindlers begged him to be pleased to step nearer, and asked if here was not a pretty pattern, and beautiful colours; and they pointed to the bare looms, and the pooor old minister kept staring at it, but the couldn't see anything, because there was nothing to be seen. "Gracious goodness!" thought he; "Can I be stupid? I never thought so, and nobody must get to know it. Can I be unfit for my office? No, no! It won't do for me to say I can't see the stuff." "Well, have you nothing to say about it?" said the one who was weaving.

"Oh, it's charming! Most delightfull!" said the old minister, looking through his spectacles. "The pattern! The colour! Yes, indeed, I must tell the Emperor I am infinitely pleased with it."

"We are glad indeed to hear it," said both the weavers, and proceeded to describe the colours, naming them, and the uncommon pattern. The old minister listened carefully so as to be able to repeat it when he went back to the Emperor; and so he did. The swindlers now demanded more money and more silk and gold to be used in the weaving. They pocketed it all; not a thread was put up, but they went on, as before, weaving at the bare loom.

Very soon, the Emperor sent another honest official over to see how the weaving progressed and whether the stuff would be ready soon. He fared just like the minister. He looked and looked, but as there was nothing there but the empty loom, nothing could be seen.

"Well, isn't that a fine piece of stuff?" said both the swindlers, exhibiting and explaining the lovely patterns that weren't tgere at all. "Stupid, I and not," thought the man; "it must be my nice post that I'm not fit for? That would be a good joke! But I mustn't let people notice anything." Whereupon he praised the stuff which he couldn't see, and assured them of his pleasure in the pretty colours and the exquisite pattern. "Yes, it is positively sweet." he told the Emperor. Everybody in the city was talking of the splendid stuff.

At last the Emperor decided to see it, while it was still on the loom, with a large suite of select people—among them the two worthy officials who had been there befell. He went over to the two clever swindlers, who were now weaving with all their might; only without a vestige of a thread.

"Now, is not that magnificent?" said both the worthy officials "Will Your Majesty deign to note the beauty of the pattern and the colours"; and they pointed to the bare loom, for they supposed that all the rest could certainly see the stuff. "What's the meaning of this?" thought the Emperor. "I can't see a thing! This is terrible! Am I stupid? Am I not fit to be Emperor? That would be the most frightful thing that could befor me. Oh it's very pratty, it has my all-highest approvall" said he, nodding complacently and gazing The whole of the suite he had with him looked and looked, but got on the empty loom: of course, he wouldn't say he could see nothing. no more out of that than the rest. However, they said, as the Empeion had said: "Oh, it's very pretty!" And they advised him to put on this splendid new stuff for the first time, on the occasion of a great procession which was to take place shortly. "Magnificent! Exquisite! Excellent!" went from mouth to mouth; the whole company was in the highest state of gratification. The Emperor gave each of the swindlers a knight's cross to hang in his buttonhole and the title of "Gentleman in Weaving".

The whole night, previous to the morning on which the procession was to take place, the swindlers sat up, and had upwards of sixteen candles lit; people could see they were hard put to it to get the Emperor's new clothes finished. They pretended to be taking the stuff off the loom; they clipped with scissors in the air, they sewed with a needle without thread—and finally they said: "Look now! The clothes are finished." The Emperor with the noblest of his personal attendants came thither himself. Each of the swindlers raised an arm in the air as if holding something up, and said: "See, here are the hose, this is the coat, this is the mantle, and so on. It is as light as a spider's web, you would think you had nothing whatever on; but that is, of course, the beauty of it." "Yes," said all the attendants; but they couldn't see anything, for there was nothing to be seen.

"Will Your Imprial Majesty be graciously pleased to take off your clothes?" said the swindlers. "We can then put the new ones upon you here, before the large mirror." The Emperor took off all his clothes, and the swindlers behaved as if they were handing him each piece of the new suit which was supposed to have been made; and they put their hands about his waitst and pretended to tie some thing securely. It was the train. The Emperor turned and twisted himself in fornt of the glass.

"Heaven! How well it fits? How beautifully it sets," said everyone. "The pattern! The colours! It is indeed a noble costume!"

"They are waiting, outside, with the canopy which is to be bome over Your Majesty in the procession," said the chief master of the ceremonies. "Very well, I am ready," said the Emperor; "doesn't it a well?" Once more he turned about in front of the glass that it might seem as if he was really examining his finery. The lords in waiting, who were to carry the train, fumbled with their hands in direction of the floor as if they were picking the train up. They walked on, holding the air—they didn't want to let it be noticed that they could see nothing at all.

So the Emperor walked in the procession under the beautiful canopy, and everybody in the streets and at the windows said: "Lord! How splendid the Emperor's new clothes are. What a lovely train he has to his coat! What a beautiful fit it is!" Nobody wanted to be detected seeing nothing: that would mean that he was no good at his job, or that he was very stupid. None of the Emperor's costumes had ever been such a success.

"But he hasn't got anything on!" said a little child. "Lor! Just hark at the inno-cent," said its father. And one whispered to the other what the child had said: "That lit-tle child there says he hasn't got anything on."

"Why, he hasn't got anything on!" the whole crowd was shouting at last; and the Emperor's flesh crept, for it seemed to him they were right. "But all the same," he thought to himself, "I must go through with the procession." So he held himself more proudly than before, and the lords in waiting walked on bearing the train – the train that wasn't there at all.

思考和回答下列问题：

1. 这个皇帝为什么这么喜欢新衣裳？他是怎样做的？

2. 你觉得这两个骗子的方法很高明吗？他们为什么能够成功？

3. 骗子是怎样利用皇帝、大臣和普通人的心理的？

4. 第一次皇帝为什么不愿意自己亲自去看骗子们织布？

5. 第一个年老的大臣到骗子那儿看到了什么？他为什么会害怕？他又是怎样告诉皇帝的？

6. 为什么所有的官员都赞美那块布？是因为他们喜欢骗子吗？

7. 当皇帝第一次看到布的时候，他的心里是怎么想的？他为什么害怕？他相信不相信别人都看到了美丽的布？

8. 为什么孩子敢说出皇帝什么衣服都没有穿？

9. 这只是一个故事吗？从这个故事里我们能学到什么？

第十二课　千里姻缘一线牵

西方神话中有专门掌管婚姻的神。中国的神话或宗教里也有专门掌管男女婚姻的神，人们把这个神叫作"月下老人"。月下老人的传说已经流传很久了，有人说月下老人是个老头，有人说是个老婆婆。中国民间老百姓有很多人相信月下老人的故事。他们认为人和人的婚姻是"缘"，有缘千里来相会，无缘见面不相认。那么，"缘"到底又是一种什么东西呢？"缘"是中国古代

哲学和宗教信仰中的一个非常独特的概念。抽象地谈很难说清楚，我想用月下老人的故事来说一下中国人对"缘"的理解。

传说在唐朝的时候，有个读书人名字叫韦固。韦固很小的时候他的父亲就去世了。他家里只有他一个儿子，他想早点结婚生儿子来延续他家的香火。可是，这件事总是很不顺利，他的年纪越来越大了，他还是没有娶到妻子。

有一天，有人给他介绍了一个当大官的有钱人家的女儿，和他约好第二天一大早在一座寺庙前见面。韦固很激动，他一夜没睡觉，早早就起身了，他匆匆忙忙地跑到寺庙前面等着见那个姑娘。可是他去得太早，天还没亮，庙门口很冷清，根本就没有他想看到的姑

娘，他只看见一个老婆婆肩上背着一个布袋子坐在台阶上。天上还有月光，老婆婆正对着月光在翻看着一本大书。

韦固觉得很奇怪，他走到老婆婆那儿想看看老人看的是什么书，可是他看到书上的字非常古怪，他不认识。他就问："老婆婆，您看的是什么书？"老婆婆说："我看的是另一个世界的书。"韦固觉得很奇怪，接着又问道："老婆婆，您是干什么的？"老人说："我是另一个世界的人，我是专门掌管整个天下人的婚姻大事的。"

韦固一听，十分激动，他高兴地说："老婆婆，我的婚姻情况一直都很不满意，今天又有人给我介绍了一个姑娘，不知道能不能成功？您能不能告诉我我的婚姻情况？"老婆婆说："小伙子，今天的姑娘不会跟你结婚。你的妻子现在才三岁，等她长到十七岁的时候才能跟你结婚哪！"韦固一听心里非常着急，也很不高兴，他问老太太："您的这个布袋里装的是什么东西呀？"老太太说："这里装的是我让男女结缘的红绳子。凡是命里注定是夫妻的男女，在他们刚出生的时候，我就在暗中用红绳子把他们的脚拴住。那么，即使后来这两家人是仇人，或者他们贫富悬殊、男女相隔千里万里，只要我用红绳子把他们拴到了一起，那他们永远也逃不脱、离不开。你和你妻子的脚已经被我的红绳子连在一起了，你再忙着找别人是不能成功的。"听到这儿，韦固问到："您能告诉我我的妻子在哪里吗？"老太太说："在你住的地方北边有一个卖菜的老女人，她的女孩就是你的妻子。"

天亮了，韦固等的那个姑娘没来。他只好跟着老太太进了菜市场。迎面正好走过来一个老女人，她只有一只眼，她的怀里抱着一个小女孩。这个女孩的衣服破破烂烂，又脏又丑。老太太指着这个女孩说："这就是你的妻子。"说完，她突然不见了。

韦固非常生气，他觉得这个老太太是在捉弄他，他恨这个老人。他想，我偏偏不信你的红绳子，我要把它扯断，让你的预言不能实现！于是他就和他的仆人想去杀那个女孩子。可是他没有杀死她，只伤了女孩的眉间。他们犯了法，只好和仆人一起逃跑，远远地离开了这个地方。

　　又过了好多年，韦固奔走了很多地方，虽然他一直想结婚，但总也找不到一个满意的妻子。后来一直到了中年，他考了科举做了大官才找到了满意的人。姑娘是他上司的<u>侄女</u>，长得如花似玉，那年十七岁。这位小姐的眉间贴着一个花钿（diàn，用金玉和珠宝制成的首饰），从来不取下来。韦固觉得很奇怪，他一再问妻子为什么不取下花钿来，妻子终于告诉了他她的故事。她说，她的父亲原来是一个大臣，她两岁时，父母亲都死了。她家的一个忠心的女仆照顾她。那时候她们穷极了，女仆靠卖菜为生养活她。她眉间的伤是她三岁时，女仆抱她上街遇到两个<u>疯子</u>拿刀刺她留下的。韦固听了她的话，深深地感到了命运和"缘"的可怕，他吓得很久说不出话来。

　　他等待了那么多年，奔走了那么多地方，离开了那个遇到月下老人的小城市千里万里，就是想逃离他不喜欢的人，没想到还是没有躲开那红绳子，没有躲开那"缘"！幸运的是，他得到的是个好姑娘。但并不是每一个人都像韦固那样幸运，而且，月下老人也常常并不是那么认真做自己的工作，有时候她会随便拴她的红绳子，所以造成了人间的一些不幸的婚姻。在过去的年代，青年人，特别是年轻的姑娘总是崇拜月下老人，向她祈祷，希望得到一个幸福美满的婚姻。

根据［唐］李复言《续玄怪录》改写

生词 VOCABULARY

1.	掌管	zhǎngguǎn	be in charge of
2.	缘	yuán	karma
3.	独特	dútè	unique; distinctive
4.	抽象	chōuxiàng	abstract
5.	冷清	lěngqīng	cold and cheerless; desolate; deserted
6.	古怪	gǔguài	eccentric; odd; strange

7. 结缘	jiéyuán	form ties（of affection/etc.）
8. 拴	shuān	fasten
9. 仇人	chóurén	personal enemy
10. 悬殊	xuánshū	greatly disparate
11. 扯断	chěduàn	pull off; break
12. 眉	méi	eyebrow
13. 侄女	zhínǚ	niece
14. 如花似玉	rúhuāsìyù	like flowers and jade; gorgeous
15. 疯子	fēngzi	lunatic; madman
16. 刺	cì	stab; prick; assassinate

Exercise One: Remembering Detials

再次细读本文并指出下列句子提供的信息是对的（*True*）还是错的（*False*）。如是错的，请改成正确的答案：

1. 这个故事发生在西方神话里。（　　）
2. "月下老人"是一个掌管生孩子的神。（　　）
3. "缘"是唐朝时候人们信仰的一种宗教。（　　）
4. 因为韦故不喜欢月下老人，所以月下老人给了他一个长得难看的妻子。（　　）
5. 因为韦固平时不好好读书，他的知识不够，所以他读不懂月下老人的书。（　　）
6. 月下老人给韦固的妻子他不喜欢，他想杀死她。（　　）
7. 韦固虽然杀死了小女孩，可是他犯了法逃跑了。（　　）
8. 韦故的妻子是月下老人送给他的。（　　）
9. 韦固刚开始不相信月下老人，后来相信了。（　　）

Exercise Two: Analyzing Ideas

选择下面提供的哪种回答最接近文章提供的事实并完成句子：

1. 中国老百姓相信月下老人的故事是因为_____。
   a. 相信古代哲学　　　　b. 相信"缘"　　　　c. 相信神话
2. 韦固总是娶不着妻子是因为他_____。
   a. 父亲去世　　　　b. 年纪太大　　　　c. 没有"缘"
3. 那天韦固到庙门去等待_____。

a. 月下老人　　　　　　b. 大官的女儿　　　　　c. 老婆婆

4. 月下老人袋子里装的是_____。

a. 一本大书　　　　　　b. 婚姻大事　　　　　　c. 红绳子

5. 这篇文章写的是要我们_____。

a. 尊敬月下老人　　　　b. 尊敬卖菜的人　　　　c. 相信"缘"

Exercise Three: Synonyms

根据上下文的意思，找出句子中的同义词：

1. 中国的神话或宗教里也有专门<u>掌管</u>男女婚姻的神，人们把这个神叫作"月下
老人"。

a. 负责　　　　　　　　b. 喜欢　　　　　　　　c. 关系

2. 他去得太早，到那儿时天还没亮，庙门口很<u>冷清</u>，根本就没有他想看到的姑
娘。

a. 寒冷　　　　　　　　b. 清楚　　　　　　　　c. 安静

3. 他看到书上的字非常<u>古怪</u>，他不认识。

a. 不好看　　　　　　　b. 古老奇怪　　　　　　c. 不清楚

4. 即使后来这两家人<u>贫富悬殊</u>、男女相隔千里万里，只要我用红绳子把他们拴
到了一起，那他们永远也逃不脱、离不开。

a. 没有差别　　　　　　b. 差别很大　　　　　　c. 互相不喜欢

5. 韦固非常生气，他觉得这个老太太一定是在<u>捉弄</u>他，他恨这个老人。

a. 欺负　　　　　　　　b. 跟……开不好的玩笑　c. 杀害

6. 他想，我<u>偏偏</u>不信你的红绳子，我要把它扯断，让你的预言不能实现！

a. 正好　　　　　　　　b. 故意　　　　　　　　c. 反正

Exercise Four: Discussion Questions

1. "月下老人"是干什么的？人们为什么相信她？
2. 韦固为什么会对月下老人的书感兴趣？
3. 月下老人是怎样解释她的工作的？
4. 听了月下老人的话以后，韦固相信不相信她的说法？
5. 韦固为什么要反抗月下老人的安排？他反抗成功了吗？
6. 到了最后韦固相信不相信月下老人的话？为什么？
7. 你相信不相信缘？为什么？

第十三课　史湘云说阴阳

[题解]　史湘云是一个美丽而有知识的贵族小姐。她小时候家里非常富有，可是后来家庭衰落了。她到一个有钱的亲戚家里去，住在那儿和一些同龄的姐妹们游玩。有一天，她带着她的丫头翠缕走过一个美丽的花园，丫头翠缕看到花园的景色，就和她从花谈起，一直谈到了阴和阳这样深刻的哲学题目。因为湘云要给没读过书、不认识字的丫头讲这样不容易懂的题目，所以她们的话题就从最通俗易懂的内容上开始了。

史湘云从外地回来，大家都非常高兴，欢欢乐乐地谈了一会儿话，让湘云先休息一下。

湘云和丫头翠缕（Cuìlǚ）一起路过美丽的花园，翠缕问道："小姐，这池子里的荷花怎么还没开？"湘云说："时候还没到呢。"翠缕说："这儿的花真好看，一层花儿上面又有一层花，真奇怪，花怎么会长得这么好。"湘云说："花草也跟人一样，如果气脉充足就会长得好。"翠缕说："我不信，要是花跟人一样，我怎么没见过一个人的头上会长出另一个头来呢？"

湘云听了笑着说："傻丫头，我不想让你说话，你偏偏要问一些稀奇古怪的问题。你知道吗，天地间所有的东西都是根据阴阳二气生出来的。或正或邪，或奇或怪，千变万化，都是阴阳的协调和变化。不管什么奇怪的东西，都不能违背这个道理。"翠缕说："这么说，从古到今，开天辟地，所有的东西都是些阴和阳了？"湘云笑着说："你真傻，不能这么简单地说。其实阴阳这两个字，说到底是一个字：阳尽了，就成了阴；阴尽了，就成了阳。阴阳互相配合，互相补充。不是阴尽了就有另一个阳生出来；阳尽了又有另一个阴生出来。所以，怎么会有两个头的人呢？"

翠缕着急地说："这可糊涂死我了！什么是阴阳，它们没影没形的，我只想问问您，这阴阳到底是个什么样儿？"湘云说："这阴阳不过是气罢了。不管什么东西，有了气，才能有它的本质。比如天是阳，地就是阴；水是阴，火就是阳；太阳是阳，月亮就是阴。"翠缕听了，笑着说："我明白了，我明白了！我现在才知道人们为什么把日头叫'太阳'呢，而且算命的人把月亮叫作什么'太阴星'，我想也是这个道理。"湘云说："阿弥陀佛！你总算明白了！"

翠缕说道："这些大东西有阴阳也就罢了，难道连蚊子、小虫子、花花草草、小石头等等都有阴阳吗？"湘云说："怎么没有呢！连一个树叶儿都分阴阳呢：向着太阳的那一面就是阳，而背着太阳的那一面就是阴。"翠缕听了点头笑着说："原来这样。我现在明白了。——可是我们手里的这把扇子，它哪儿是阳，哪儿是阴呢？"湘云说："这扇子的正面就是阳面，那反面当然就是阴面了。"

翠缕又点头笑了。她还想拿几件东西来问，可是一时想不起来，她低头忽然看见湘云身上戴着一个金麒麟的首饰，她笑了，拿着给湘云看："小姐，难道这个也有阴阳？"湘云说："飞鸟走兽，雄的是阳，雌的是阴，怎么会没有阴阳呢？"翠缕说："那么您的这个金麒麟是公的呢，还是母的呢？"湘云看她问得有些粗傻，就说："呸！什么'公'的'母'的，说得多难听呵！"这时，翠缕忽然又问道："哎！什么东西都有阴阳，咱们人有没有阴阳呵？"湘云听她刚刚问出口，脸就红了，说："你这个傻东西，什么都问！你好好走你的路吧！"翠缕这时忽然说道："这有什么不好告诉我的呢？其实我已经知道了，您别拿这个当难题难我。"湘云忽然笑出声来了："傻丫头，你知道什么？"翠缕说："小姐是阳，我就是阴。"湘云看她说得有趣，就拿手绢捂着嘴大笑了起来。翠缕说："我说得对了，您就高兴成这样？"湘云说："对，对！"翠缕说："人们说主人是阳，仆人是阴，您以为我难道连这个道理都不懂吗？"湘云仍然捂着嘴笑着说：
"说得对，对极了！"

根据曹雪芹《红楼梦》改写

生　词
VOCABULARY

1.	荷花	héhuā	lotus flower
2.	气	qì	spirit; vigor; tone; atmosphere
3.	脉	mài	pulse; arteries and veins
4.	稀奇古怪	xīqígǔguài	strange; rare
5.	邪	xié	evil; heretical; irregular
6.	协调	xiétiáo	coordinate; harmonize; bring into line
7.	违背	wéibèi	violate; go against
8.	开天辟地	kāitiānpìdì	since the beginning of the time
9.	本质	běnzhì	essence; nature; intrinsic quality
10.	算命	suànmìng	tell fortune
11.	阿弥陀佛	Ēmítuófó	Oh! my Buddha!
12.	蚊子	wénzi	mosquito
13.	麒麟	qílín	unicorn
14.	难题	nántí	difficult problem; sticker; poser
15.	捂	wǔ	cover; muffle; seal
16.	仆人	púrén	servant

Exercise One: Remembering Detials

再次细读本文并指出下列句子提供的信息是对的（*True*）还是错的（*False*）。
如是错的，请改成正确的答案：

1. 史湘云不喜欢花，喜欢稀奇古怪的问题。（　　　）

2. 丫头刚开始听不懂史湘云说的话。（　　　）

3. 史湘云只喜欢阳，不喜欢阴。（　　　）

4. 史湘云认为阴阳是气，是一种东西两个方面的对比。（　　）
5. 史湘云认为大东西有阴阳，小东西没有阴阳。（　　）
6. 丫头认为动物也有阴阳，雄的是阳，雌的是阴。（　　）
7. 史湘云认为在人里头，主人是阳，仆人是阴。（　　）

Exercise Tow: Analyzing Ideas

选择下面提供的哪种回答最接近文章提供的事实并完成句子：

1. 湘云和丫头去花园是因为_____。
　　a. 去外地　　　　　　b. 路过　　　　　　c. 看望亲戚
2. 湘云认为阴和阳这两个字是_____。
　　a. 稀奇古怪　　　　　b. 开天辟地　　　　c. 互相补充
3. 翠缕听了湘云的话以后感到很糊涂是因为阴阳_____。
　　a. 协调变化　　　　　b. 没影没形　　　　c. 不过是气
4. 翠缕觉得大东西有阴阳，小东西_____有阴阳。
　　a. 应该也　　　　　　b. 不应该　　　　　c. 当然
5. 翠缕问湘云人有没有阴阳，她脸红不回答是因为_____。
　　a. 不会回答　　　　　b. 不好意思　　　　c. 觉得有趣

Exercise Three: Synonyms

根据上下文的意思，找出句子中的同义词：

1. 湘云说："花草也跟人一样，如果气脉充足就会长得好。"
　　a. 空气　　　　　　　b. 阴阳　　　　　　c. 水
2. 天地间所有的东西都是根据阴阳二气生出来的，都是阴阳的协调和变化。
　　a. 配合　　　　　　　b. 奇怪　　　　　　c. 正邪
3. 不管什么奇怪的东西，都不能违背这个道理。
　　a. 同意　　　　　　　b. 反对　　　　　　c. 根据
4. 算命的人把月亮叫作什么'太阴星'，我想也是这个道理。
　　a. 告诉命运　　　　　b. 管理命运　　　　c. 改变命运
5. 翠缕这时忽然说道："这有什么不好告诉我的呢? 其实我已经知道了，您别
　　拿这个当难题难我。"
　　a. 不高兴的问题　　　b. 不喜欢的问题　　　c. 不好回答的问题

Exercise Four: Discussion Questions

1. 史湘云为什么说花草跟人一样呢?

2. 丫头为什么会问一些稀奇古怪的问题？

3. 阴阳是一个十分困难的抽象的问题，史湘云是怎样以非常通俗容易懂的道理来解释它的？

4. 读完这篇课文，你懂得了一些关于阴阳的道理了吗？

　　情态者，神之余，常佐神之不足。久注观人精神，乍见观人情态。大家举止，羞涩亦佳；小儿行藏，跳叫愈失。大旨亦辨清浊，细处兼论取舍。人有弱态，有狂态，有疏懒态，有周旋态。飞鸟依人，情致婉转，此弱态也；不衫不履，旁若无人，此狂态也；望止自如，问答随意，此懒态也；饰其中机，不苟言笑，察言观色，驱吉避凶，此周旋态也。皆根其情，不由矫枉。弱而不媚，狂而不哗，疏懒而真诚，周旋而健举，皆能成器；反此，败类也。

　　前者恒态，又有时态。方与对谈，神忽他往，众方称言，此独冷笑；深险难近，不足与论情；言不必当，极口称是，未交此人，故意诋毁，卑庸可耻，不足与论事；漫无可否，临事迟回，不甚关情，亦为坠泪，妇人之仁，不足与谈心。三者不必定人终身，反此以求，可以交天下士。

　　　　　　　　　　　　　　　　　　——《冰鉴》

　　血勇之人，怒而面赤；脉勇之人，怒而面青；骨勇之人，怒而面白；神勇之人，怒而色不变。

　　　　　　　　　　　　　　　　　　——《燕丹子》

预习提示:
Before You Started:

1. 你关心过中国的农民问题吗？你知道中国农民的历史和他们的生活吗？

2. 为什么说中国人的想法有很多农民意识？农民的思想是怎样影响现代中国人的生活的？

3. 你想了解中国的农民吗？应该怎样了解？

第十四课　中国的农民

美国一位著名的**汉学家** Myron Cohen 教授说过：不了解中国的农民，你就永远不理解中国。这句话可以被看成**至理名言**。

为什么呢？熟悉中国历史的人都知道，自古以来，中国就是一个农业国，中国社会结构和性质基本上就是一个农业社会。农业文化和其思想深深地**扎根**在中国普通老百姓心里。

在今天的中国，大部分的人口**无可否认**仍然是农民。在城里工作的人有的本人直接就是从农村来的，有的只是父辈才**脱离**了农村。过去，城市在中国地理上只占很小一部分**面积**，"真正的"城里人很少，绝大多数中国人都是乡下人。查一查普通中国人的**家谱**，差不多往上**追溯**三、四代每家人的祖辈都跟农民有关系。就这样，农民的思想意识、生活习惯、行为、处理

農

农

甲

民

民

民

武

民

问题的方式在今天的日常生活中的各个方面都在自觉或不自觉地影响着今天中国人的生活。要想了解今天的中国人和中国文化发展**演变**的内涵，不了解中国的农民行吗？

有人说过，中国的农民是天底下最老实**厚道**的人，历史书上说的"中国人勤劳勇敢善良"等等都是说他们的；也有人说中国的农民是缺乏教养、**桀骜不驯**的一群。读中国的历史我们得知几千年来中国的农民生活在社会的最底层，倍受种种非人的压迫和**折磨**；但是在历史书上我们也看到了农民**揭竿而起**造反，勇敢、无知而又凶猛的一面。到底哪一面是中国农民真正的性格呢？

要了解这个问题，我们最好回顾一下中华文明的历史。按照史书和文献记载，中国政府是最重视农业和最尊重农民的。远古时期的中国几乎没有城市，那时候的人几乎全部是农民。国家的首领也是农民。他们尊重农民就是尊重自己。同时他们还需要农民为他们工作，生产粮食来养活他们。那时候几乎还没有其他的社**会阶层**，所以农民不叫作农民而是简单地被称为"民"。

那时候，为了让农民努力劳动，政府表示尊重他们，政府常常说"民为重，君为轻。""以民为本"，似乎农民的地位是最高的。古代法律规定：每年年初，皇帝要第一个下田去种地，给全国的农民作个榜样；另外也借此表示，即使尊贵如皇帝也不能**忘本**，也要尊重农民。除此以外，政府还制定了一系列的政策来**确立**和保护农民的利益。比如在汉代就制定了"重农抑商"的法律，规定农业是国家最重视也是最重要的工作。

　　为什么要"重农抑商"呢？因为在地里干活当农民太劳累辛苦了，有很多人开始经商当生意人很快就富起来了。这样，人们就不愿意再继续当农民了。看到这种情况，政府怕农民们都去经商赚钱，没人种庄稼，国家没有东西吃就会天下大乱了。于是政府规定，社会应该尊重农民、不应该尊重商人，还对商人有种种限制。比如法律规定商人不能买土地，商人不能穿丝做的衣服，等等。这样做的目的其实不只是让人们**歧视**商人，而是**规劝**大家努力干**踏踏实实**的工作，不要**投机取巧**。但是，这样做的作用并不大，因为经商可以获得很大的利益，它对很多人有吸引力。**所幸**，经商也有风险，中国的农民胆很小，他们经不起失败，因此中国没有成为商业的国度。

　　法律和口头上说重农抑商，可是实际的情形怎么样呢？人们，包括制定法律的人也并不那么真诚地尊重农民。中国最有名的思想家孔子就很看不起农民。他的学生想向他学习种田和种菜的技巧，孔子对他**嗤之以鼻**，**嘲笑**他说，我不如老农民，你跟他们去学吧！孔子自己说过，采用不正当的手法去挣钱，对他就像天上的浮云一样的遥远和**不可思议**，他决不会那样去做。但是，孔子也毫不**掩饰**他渴望得到钱。他说过："富贵若可求，虽**执鞭**之士，吾亦为之。"由此可见，孔子虽然是圣人，可是他看不起农民，对商人的富贵他还是羡慕的。所以古代的劳动人民并不喜欢孔子，说他"**四体**不勤，**五谷**不分"。

　　由于孔子的思想影响了后来中国文化的发展，特别是孔子的著作成了科举考试的必读书，考中科举的人又成了统治中国的官僚，因此孔子的思想也就成了中国的统治思想。孔子所代表的文化是知识分子的文化，是中国**士大夫**文化。它决定了几千年来农民在中国社会中的地位。

　　士大夫文化和农民文化是完全不同和完全**隔阂**的两种文化。读书人看不起农民而又离不开农民。他们虽然清高，却需要农民为他们服务。而农民呢？农民则认为读书人爱指手画脚，表面上**风雅**，内心里却并不真诚，有时候喜欢卖弄，**心口不一**。就这样，读书人代表的士大夫文化和农民代表的民间文化、俗文化几乎永远有着冲突。

中国的农民有着很多优秀的品质。他们善良、肯吃苦，做事**任劳任怨**，生活节省**朴素**，胆小，有同情心。他们还有一个最大的优点是喜欢帮助人。中国的农民虽然对自己很**节俭**，但是他们非常爱面子，特别是他们在看到别人遇到困难时往往非常慷慨，有的人会冒危险甚至不怕**倾家荡产**去帮助受难的人。在这样的时候，与一个农民的友谊往往比与一个贵族或读书人的友谊更值得信赖。

但中国的农民也有另一面。他们也很会**盘算**，因为生境艰难，不仔细盘算就没法活下去。生活的磨难有时会使他们变得**麻木不仁**、**随遇而安**，有时候也会让他们变得**工于心计**和缺少自律。遇到没法处理的问题他们会**推托**、甚至**捉弄**别人。中国的农民一般情况下非常能忍受，能吃亏受气，一忍再忍。到了**忍无可忍**的时候，他们也会被逼**上梁山**、**铤而走险**。

由于农民处于社会的最底层，他们往往讲**实惠**，他们往往比其他人更明白"难得糊涂"的意义。农民的笑是默默的，他们笑在心里，也笑在最后。最后笑的差不多总是笑得最开心的。

中国农民内心里最大的痛苦和最大的矛盾是大部分农民都没有土地。靠土地为生却没有土地，这是农民生命中的大悲剧。农民没有土地，土地在不种地的地主手里。地主有了土地就抓住了农民的**命脉**，就可以在农村**横行**。他们因为有土地，在中国横行了几千年。

大部分中国人是农民，农民的意识也就成了中国人的意识。农民们跟土地最亲：土地是农民最大的梦，也是中国人最大的梦。谁给了他们土地，谁就对他们有恩。中国人自古就离不开土地。他们不愿搬家，不愿意离开生养他们的土地。他们把土地看成家乡，把离开土地说成是背井离乡。中国人孝敬父母，也孝敬土地。孔子说"父母在，不远游"，就是劝人们不要轻易离开家和土地。古代的人们即使离开家往往也带着一把家乡的土……

土地就是中国人的"家"。中国人喜欢以土地为家；而美国人则以四海为家。美国人喜欢**逐利**，中国人却喜欢**守土**，因此中国人的字典上有了"寸土必争"这样的词。如果说买房子是美国人的梦，置地则是中国人最大的梦想。也许中国人是最喜欢土地的民族。这种喜欢是与生俱来的或简直是下意识的的。瞽者不忘视，聋者不忘听。缺什么就最盼什么，因此中国人见了土地最亲。

中国人有着最强的种植意识。在美国，中国人买了房子以后会在花园里种蔬菜，把花园改成菜园，为此屡屡遭美国人的反对或嘲笑。如果一个中国人现在还没有房子没有院子，哪怕只有一点点土，他也要找个花盆在里面种上花。中国人来到美国，最看不惯的是美国人的浪费。浪费别的还在其次，最"造孽"的是浪费土地——看到那么多肥沃的土地常年闲着，"浪费"着，想到中国的农民为了每一寸土地去争，去死，在荒山上找土，在海滩上造田，在石头缝里种庄稼，想到这，真让人心里不忍。

今天，中国强调要提高农民的地位。"工农兵学商"农民的地位在第二，不算低；商人仍然排在最后，但农民仍然羡慕商人。几千年了，历史走了无数个循环，农民还是农民，商人仍然是商人。

农民即使当不了商人，他们也愿意当城里人。城市的诱惑太大了，城乡的差别也太大了：拼死进城仍然是最近这一代或两代中国农民的奋斗目标。

生 词
VOCABULARY

1. 汉学家	漢學家	hànxuéjiā	（名）	外国研究中国传统文化的学者 Sinologist; scholars who studies Chinese culture
2. 至理名言	至理名言	zhìlǐmíngyán	（成）	最正确的道理;最有价值的话 famous dictum/maxim
3. 扎根	扎根	zhāgēn	（动）	植物的根部牢固地深入到土中 take root
4. 无可否认	無可否認	wúkěfǒrèn	（习）	没有办法不承认 cannot deny
5. 脱离	脫離	tuōlí	（动）	离开,断绝关系 separateoneself from
6. 面积	面積	miànjī	（名）	表示平面或物体表面的大小的量 surface area
7. 家谱	家譜	jiāpǔ	（名）	家族中记录本族世系及重要人物事迹的书或图表 family tree; genealogy
8. 追溯	追溯	zhuīsù	（动）	1.顺着水流往上寻找 2.逆着时间顺序去查考或回忆 trace back to; date from
9. 演变	演變	yǎnbiàn	（动）	经历很久时间逐渐发生的变化 develop; evolve
10. 厚道	厚道	hòudao	（形）	宽厚、诚恳 honest and kind; sincere

11. 桀骜不驯	桀驁不馴	jiéàobúxùn	（成）	性情倔强、暴躁不听话 wild; intractable
12. 折磨	折磨	zhémó	（动/名）	让人的精神或肉体上感到痛苦 persecute; torment
13. 揭竿而起	揭竿而起	jiēgānérqǐ	（成）	揭：高举。竿：竹竿，比喻旗帜。表示武装起义。to start a revolution or an uprising
14. 阶层	階層	jiēcéng	（名）	一个阶级内的不同的层次 social stratum
15. 忘本	忘本	wàngběn	（动）	忘掉了自己的出身，不珍惜过去 forget one's origins
16. 确立	確立	quèlì	（动）	顽固、坚定地建立 establish firmly
17. 歧视	歧視	qíshì	（动）	看不起，不公正地对待 treat with bias; discrimination
18. 规劝	規勸	guīquàn	（动）	告诫劝说 admonish; advise
19. 踏踏实实	踏踏實實	tātāshíshí	（习）	实在、切合实际；安定 dependable; solid
20. 投机取巧	投機取巧	tóujīqǔqiǎo	（成）	利用时机和不正当的手法来获求私利；不付出艰苦的劳动，只凭侥幸或小聪明来取得成功 be opportunistic
21. 所幸	所幸	suǒxìng	（形）	幸运的是，……fortunately
22. 嗤之以鼻	嗤之以鼻	chīzhīyǐbí	（成）	用鼻子哼气，表示看不起 give snort of contempt

23.	嘲笑	嘲笑	cháoxiào	（动）	取笑，看不起 deride; laugh at
24.	不可思议	不可思議	bùkěsīyì	（成）	事情的发展、变化让人觉得不可理解，无法想象 inconceivable; enigma
25.	掩饰	掩飾	yǎnshì	（动）	使用手法来掩盖错误 cover up; gloss over
26.	执鞭	執鞭	zhíbiān	（动）	拿着鞭子替别人赶车。比喻做服务性的工作或做劳力 driving for sb.; offer service to
27.	四体	四體	sìtǐ	（名）	指人的四肢 limbs
28.	五谷	五谷	wǔgǔ	（名）	古代指五种粮食，一般认为是稻子、黍子、谷子、麦子和豆类 five cereals (rice, two kinds of millet, wheat, beans); food crops
29.	士大夫	士大夫	shìdàfū	（名）	指古代社会的官僚阶层和有地位的读书人 literati; functionary
30.	隔阂	隔閡	géhé	（名）	情意不通 estrangement
31.	风雅	風雅	fēngyǎ	（形）	文雅，懂礼貌，有风格 literary pursuits; elegant; refined
32.	虚伪	虛偽	xūwěi	（形）	不真诚，不实在；假的 shame; hypocritical false
33.	任劳任怨	任勞任怨	rènláorènyuàn	（成）	做事努力，经得起劳苦和别人的抱怨 work hard and endure criticism

34.	朴素	樸素	pǔsù	（形）	简单，节约的作风 plain living style
35.	节俭	節儉	jiējiǎn	（形）	用钱用物等有节制； 俭省 thrifty; frugal
36.	倾家荡产	傾家蕩產	qīngjiādàngchǎn	（习）	把全部家产都付出了 lose family fortune
37.	信赖	信賴	xìnlài	（动）	信任、依靠 trust; count on; have faith in
38.	盘算	盤算	pánsuàn	（动）	计划、估计，仔细算 计 calculate; figure; plan
39.	麻木不仁	麻木不仁	mámùbùrén	（成）	失去知觉不能活动， 比喻思想不敏锐，对 外面的事物反应慢或 不关心 numbed; para-lyzed; apathetic; insen-sitive
40.	随遇而安	隨遇而安	suíyù'ér'ān	（成）	能适应各种遭遇，在 任何环境中都能安定 下来 fit in anywhere
41.	工于心计	工於心計	gōngyúxīnjì	（成）	擅长用心思去得到好 处 be smart on planning (tricks)
42.	推托	推托	tuītuō	（动）	找理由来推辞或不愿 意负责任 give excuse (for not doing sth.)
43.	捉弄	捉弄	zhuōnòng	（动）	戏弄，让人不好意思 tease; make fun of
44.	忍无可忍	忍無可忍	rěnwúkěrěn	（习）	由于情况太险恶，被 逼迫得再也没有办法 忍受下去 more than one can bear
45.	逼上梁山	逼上梁山	bīshàngliángshān	（成）	被逼迫得去造反 be driven to revolt

46. 铤而走险	鋌而走險	tǐng'ér zǒuxiǎn	（成）	迅速地奔向危险的地方，指因为走投无路而采取冒险的行为 take desperate risk
47. 命脉	命脈	mìngmài	（名）	人的心脏和血管，比喻事物的最重要的部分 life line; life blood
48. 横行	橫行	héngxíng	（动）	做事不讲道理，毫无顾忌；仗着势力做坏事 rampage
49. 逐利	逐利	zhúlì	（动）	追求利益和利润 pursue profit; fight for interest
50. 守土	守土	shǒutǔ	（动）	守在家里，不愿意离开土地 defend homeland
51. 寸土必争	寸土必爭	cùntǔbìzhēng	（成）	连极小的土地都不愿意放弃 fight for every inch of land
52. 下意识	下意識	xiàyìshí	（名）	一种不知不觉的心理活动 subconscious
53. 瞽	瞽	gǔ	（形）	盲人，眼睛看不见（的人）blind
54. 聋	聾	lóng	（形）	耳朵听不见（的人）deaf; hard of hearing
55. 种植	種植	zhòngzhí	（动）	播种种子或栽种小苗 plant; grow
56. 屡屡	屢屢	lǚlǚ	（副）	好多次，经常 time and again; repeatedly
57. 看不惯	看不慣	kànbúguàn	（习）	看着不舒服，不满意；厌恶 can't bear sight of

58. 浪费	浪费	làngfèi	（动）	乱用人力、物力、时间；没有节制，不节约 waste；squander；（adj.）extravagant
59. 造孽	造孽	zàoniè	（动）	做坏事；可怜 do evil；endure hardship
60. 肥沃	肥沃	féiwò	（形）	有足够的养分和水分，适合庄稼生长的土地 fertile；rich
61. 荒山	荒山	huāngshān	（名）	没有开放的、不能生长东西的山 desolate mountain；lone hill
62. 海滩	海滩	hǎitān	（名）	海边的不能种庄稼的土地 beach
63. 不忍	不忍	bùrěn	（形）	感到难过，受不了 cannot bear to
64. 诱惑	诱惑	yòuhuò	（动/名）	引诱、迷惑 tempt；seduce；lure
65. 拼死	拼死	pīnsǐ	（动）	不顾自己生命地去做一件事 risk one's life；fight desperately

习惯用语和特殊表达用语

至理名言：［至］最高。最高的道理，最有名的话。表示真理。

1. 法国思想家卢梭说过："人生来就是自由的"。这句话一直被认为是至理名言。

2. 在中国古时候，孔子说的话常常被认为是至理名言。

桀骜不驯：不听话，很难教育。

1. 这个将军虽然打了很多胜仗，但他后来越来越骄傲和桀骜不驯，皇帝终于把他杀了。

2. 对不起，我不愿意跟这一群桀骜不驯的人一起工作。他们几乎从来不听别人的话，很难跟他们相处。

揭竿而起：[揭] 高举。[竿]：竹竿，比喻旗帜。表示武装起义。

1. 农民们平时非常能忍受，他们并不是动不动就揭竿而起的人。如果不把他们逼极了，他们不会造反的。

2. 在中国历史上，第一次最大的揭竿而起的农民起义是秦朝陈胜吴广领导的农民起义。

以民为本：[本] 根本，最重要的。把人民和老百姓当作最重要的人。

1. 中国古代的皇帝常常说以民为本，但他们实际上从来不关老百姓的生活。

2. 每一个国家的领导人都应该记住"以民为本"这句话。只有老百姓过上了好日子，国家才会平安。

重农抑商：[抑] 控制、克制，使它得不到发展。重视农业，控制商业的发展。

1. 中国从汉代以来，一直推行重农抑商的政策。

2. 商业在中国近十年来非常发达，中国人再也不相信重农抑商的保守观念了。

天下大乱：各个地方都发生了问题，常常指老百姓造反。

1. 中国历史上的每次农民造反都会造成天下大乱的情况，往往要好多年以后才能平静下来。

2. 文化大革命的时候，中国的情况真是天下大乱。那时不但不能上大学，连书都买不到。

踏踏实实：指工作很努力，很实在。

1. 老李平时工作总是踏踏实实的，所以大家都喜欢跟他一块儿干活。

2. 别看他平时说得很好，可是他干活儿一点也不踏实。

投机取巧：寻找机会，总是希望占便宜，得好处。

1. 我从来不愿意和投机取巧的人打交道，所以请你别向他介绍我。

2. 喜欢投机取巧的人虽然有时候能得到便宜，但是长期地看，这种人不会有真正的朋友。

嗤之以鼻：看不起，笑话。

1. 他连听都不愿意听就对这种想法嗤之以鼻，其实仔细想一想，这些观点是很有道理的。

2. 这个人非常骄傲，他永远认为只有他自己是对的，对别人的看法常常是嗤之以鼻。

指手画脚：指点、批评、不满意。自己觉得高明，对别人做的事情提批评意见。

1. 老王对别人做的事总是喜欢指手画脚的。说别人做的这也不是，那也不是。可是你如果让他做，他自己什么也做不来。

2. 你如果真的愿帮忙你就去帮着做，别总是在后面指手画脚的。

心口不一：心里想的和嘴上说的不一样。指一个人虚伪，不真诚。

1. 他虽然每次都说得很好，可是做的时候就完全是另一个样子。对这种心口不一的人我们一定要小心。

2. 没有人愿意跟心口不一的人交朋友，因为你永远不知道他们会在什么时候出卖你。

任劳任怨：[任] 甘愿。肯吃苦，能经受艰苦的劳动，而且经得起抱怨。

1. 这些年，像过去那么肯吃苦、任劳任怨工作的人越来越少了。

2. 要想当一个好的领导者，你必须不怕吃苦，任劳任怨，这样才能做好工作。

倾家荡产：[倾] 全部倒出。[荡] 尽。花费或消耗掉全部的家产。

1. 为了救自己的朋友，他奔走了十年，几乎倾家荡产，最后终于证明他朋友无罪。

2. 现在谁还肯像过去那样倾家荡产地去帮助人？

麻木不仁：对事情没有热情，没有反应。

1. 这个人的性格就是这样，平时对什么事都不关心，对一切都麻木不仁的。

2. 虽然他做事情没有热情，但也不完全是麻木不仁。

随遇而安：根据遇到的情况来适应，使自己安定下来。指没有朝气，不愿意创造条件而只是适应、混日子。

1. 你千万别希望老张来为你实行什么改革的政策。他是个随遇而安的人，不会愿意找麻烦的。

2. 不仅中国的农民有随遇而安的性格，中国的读书人也是随遇而安性格的典型代表。

工于心计：[工] 仔细，特别注重。指跟别人相处时特别喜欢用心思的人。
1. 虽然他很聪明，可是我不喜欢像他那样工于心计的人。
2. "工于心计有什么不好？我想，他只要别算计人就好。"

忍无可忍：再也没有办法忍受下去。
1. 我本来不想理他，后来看到他太不讲理了，实在忍无可忍才跟他争论了起来。
2. "即使你忍无可忍你也不应该动手打人呵！你这一动手，现在就麻烦了。"

逼上梁山：[梁山] 山东省的一个县。过去是农民起义者占据的地方，后来用它来指起义或闹事的地方。逼上梁山是指政府或某些领导人太坏，他们让人们实在无法活下去，逼着人们去造反。
1. 那时候农民造反差不多都是被逼上梁山。农民本来不敢造反，可是实在活不下去了，只好拼命。
2. 其实我根本就不会唱歌。他们硬是逼上梁山，非要让我唱不可。

铤而走险：不犹豫地走向危险的地方，比喻不顾一切地冒险。
1. 他平时是个非常胆小的人，这次居然铤而走险地干出了这样可怕的事，真让人不能相信。
2. 虽然他平常看上去不太喜欢说话，可是我相信他有一种敢于铤而走险的性格。

寸土必争：对土地非常重视，连一寸土地都不愿意放弃。
1. 他是个非常喜欢斤斤计较、寸土必争的人，大家都不喜欢跟他打交道。
2. "我认为，在原则问题上我们应该'寸土必争'，但在小事上应该'难得糊涂'。"

与生俱来：[俱] 一起。从生下来就有的，天生的。
1. 人的才能和本领不是与生俱来的，它们是通过努力学习得到的。
2. 鸟会飞，鱼会游泳这些本领都是它们与生俱来的。

句型和词汇用法

● **脱离**

1. 如果脱离了中国的现实来谈论中国的人口问题，你永远不会得出正确的结论。

2. 你要想学好中国的文化，_____

　　_____。

3. 自从离开了农村以后，他就渐渐地_____

　　_____。

● **追溯**

1. 这种思想的起源可以一直追溯到中国的汉代。

2. 要想把中国问题搞清楚，_____

　　_____。

3. 为什么要追溯这个问题的根源呢？_____

　　_____。

● **忘本**

1. 没想到，他后来竟这么快就忘本了。

2. 虽然他后来在事业上非常成功_____

　　_____。

3. 其实，他并没有忘本，_____

　　_____。

● **歧视**

1. 世界上的任何一个种族都不应该歧视别的种族。

2. 虽然现在他的英文不够好，_____

　　_____。

3. 你不能因为你的数学比别人好就歧视别人，_____

　　_____。

● **规劝**

1. 他父母规劝过他好多次，他始终不听，直到后来他终于被送进了监狱。
2. 如果他永远不想承认错误，_____
_____。
3. 我们在规劝别人时_____
_____。

● **掩饰**

1. 虽然他喜欢掩饰，可是大家都能看出他的想法来。
2. 如果一个人犯了错误，_____
_____。
3. 喜欢掩饰自己缺点的人_____
_____。

● **推托**

1. 这次我们请客不必叫他了。过去每次请他他都借故推托不来。
2. 虽然我不喜欢推托，_____
_____。
3. 如果别人是真心实意地请你，_____
_____。

● **捉弄**

1. 别跟他开玩笑了，他的脸都红了。你们干吗要捉弄一个老实人呢？
2. 谁捉弄他了？我们只是想请他唱个歌，_____
_____。
3. "你以为你捉弄了他_____
_____。

● **实惠**

1. 那个饭店的饭菜很实惠，既好吃又便宜，我们常常去那儿。
2. 这个想法虽然很实惠，_____
_____。
3. 如果一个人太讲实惠，_____
_____。

● 当心

1. 你已经感冒了，今天天气冷得很，你出门时一定要当心多穿点衣服。

2. 他平时对什么事情都不当心，_____

_____。

3. 这件事情其实不能怪我不当心，_____

_____。

● 屡屡

1. 老师屡屡告诉他要学好拼音，他总是不听，结果他现在说话的声音仍然是怪怪的。

2. 他屡屡受到批评的原因是_____

_____。

3. 他屡屡告诉我，_____

_____。

● 诱惑

1. 电脑对他的诱惑他大了，他差不多每天都要在电脑上待五、六个小时以上。

2. 除了电脑，_____

_____。

3. 他从来不受任何东西的诱惑，_____

_____。

练习

一、根据课文的内容回答下列问题：

1. 为什么汉学家说不了解中国农民就永远不理解中国？

2. 农业文化对中国的过去、现在产生过什么样的影响？它对中国的未来会产生什么样的影响？

3. 研究中国农民的思想和研究当代中国人的思想有什么关系？

4. 你是怎么看待中国农民"勤劳善良"和"桀骜不驯"的矛盾性格的？

5. 在古代，中国的政府是采取一种什么样的态度来对待农民的？

6. 谈谈农民和商人的关系问题。中国古代为什么要"重农抑商"？

7. 谈谈孔子对农民的态度。孔子的思想是怎样影响中国的统治思想的？

8. 读书人为什么看不起农民？农民又为什么看不起读书人？

9. 谈谈中国农民的优点和他们的缺点。

10. 中国农民最大的痛苦和矛盾是什么？你认为怎样才能解决这些问题？

11. 中国人的乡土观念对他们的文化产生了什么样的影响？

12. 在今天，中国农民们最大的愿望是什么？为什么？

二、用下列的词造句子：

1. 脱离：

2. 追溯：

3. 演变：

4. 厚道：

5. 阶层：

6. 忘本：

7. 歧视：

8. 掩饰：

9. 自我标榜：

10. 节俭：

11. 盘算：

12. 推托：

13. 戏弄：

14. 诱惑：

三、找出下列每组词中的近义词或同义词：

➤ 脱离	离开	解脱	分离
➤ 追溯	寻找	追求	探讨
➤ 演变	变化	进步	前进
➤ 内涵	内部	内容	里面
➤ 厚道	听话	老实	忠厚
➤ 阶层	阶级	层次	阶段
➤ 歧视	重视	看不起	不搭理
➤ 嘲笑	好笑	笑话	歧视
➤ 掩饰	遮盖	假装	重视
➤ 龌龊	不清楚	肮脏	不明白

➢ 节俭	接受	节省	节约
➢ 推托	推动	借口	托人
➢ 戏弄	嘲笑	歧视	恶作剧
➢ 诱惑	引起	吸引	引诱

四、选词填空：（随遇而安、歧视、追溯、嘲笑、捉弄、诱惑、不可思议、规劝、看不惯）

1. 中国文明发展的历史可以一直＿＿＿＿＿＿到五千年以前。

2. 我一直＿＿＿＿＿他早点复习他不听，结果大考时他考了个不及格。

3. 即使他学习不好，我们也不应该＿＿＿＿＿他，他平常是很努力的。

4. 真正有本领的人并不喜欢＿＿＿＿＿别人，倒是那些平时并没有多少才能的人却常常看不起人。

5. 他是一个大学教授，却居然连这么简单的问题都不能回答，真是叫人觉得＿＿＿＿＿＿＿。

6. 老李的脾气真好，从来没听到他抱怨过任何东西。不管在什么样的情况下，他都能＿＿＿＿＿。

7. 你如果真的＿＿＿＿＿他，你不理他就是了，何必生气呢？

8. 你为什么要＿＿＿＿＿一个老人呢？你这样做不觉得自己可耻吗？

9. 他还是没有经得住＿＿＿＿＿。最后到欧洲去了。

五、用括号里的词改写句子：

1. 不管是什么人都要尊重农民，连皇帝都尊重农民。（即使……也）

2. 学商业很容易找到工作，它对大学生们很有吸引力。可是，并不是所有的人都喜欢经商，所以还有人在研究电脑、医学、数学等重要的学科。（……，所幸……）

3. 有的人说，中国的农民老实厚道；又有的人说中国的农民粗野、不懂道理。我们到底应该听谁的呢？（一方面，……另一方面，……）

4. 政府的规定不但不尊重商人，还对他们有种种的限制。（除了……以外，还……）

六、写作练习：

1. 用一句话来总结出课文中每一段的意思。

2. 用三句话来概括（summarize）出这篇课文的主要内容和观点。

3. 请你自己寻找一些有关的材料，写一篇短文谈谈中国的农民问题以及如何解决这些问题。

4. 你是怎样看待农民问题的？写一篇读书报告谈谈你对中国农民的看法。

5. 请你利用 internet 上网以"中国农民"为题，寻找一些你认为有意义的题目带来，并写好发言提纲，大家一起参加谈论。

6. 作文：我心中的中国农民

我国的农民

美国的农业和农业工人制度

第十五课　中国历史上的
农民起义

　　几千年以来，中国一直是一个农业国。中国地方很大，人口很多，但中国的很多土地并不适合种粮食，中国有很多山区无法耕种，还有很多地方气候也不适合农业。中国的文明历史悠久，中国的农业开发也很早。那些适合农业使用的土地祖祖辈辈被人们耕种和使用着，使用了几千年，土地已经被用累了。有的学者说，中国的地力已经几乎被用尽了。

　　中国人口那么多，能耕种的土地又不够，于是就有了严重的粮食问题。早在孔夫子的时代他就说过："民以食为天"。人们首先得有饭吃才能活着，吃的问题是中国人首先要解决的一个重要问题。中国人关心吃、喜欢吃、会吃、想着法儿吃、无所不吃大概都和这有关系。直到今天，走在大街上，不管碰到认识或不认识的人，如果你问一声"吃了吗?"你总能得到一个善意的微笑。

　　正是因为中国人这么关心粮食和"吃"，中国人关心土地，中国人的生活也离不开农民的话题。

　　翻看一下中国的历史，你会大"吃"一惊：虽然中国人这么重视粮食和关心吃的问题，中国却是世界上饥荒和灾难最多的国家之一。在旧时代，中国国土那么大，受到自然灾害（灾荒）本来不奇怪，但由于政府没有认真处理，没有及时帮助和救护受灾的老百姓，这样就由自然灾害变成了国家的灾难（饥荒）。这样的灾难在中国几千年的历史上每个朝代都有。有的学者作过统计，中国的灾荒和饥荒发生的次数是世界之最。在秦汉两个朝代有 375 次，三国和南北朝时代 304 次，隋唐时代 515 次，宋朝 874 次，元朝 1011 次，清朝

1121 次。从上面的统计我们可以看出来，几乎是灾难饥荒越来越多。每次饥荒都饿死成千上万的农民，大的饥荒有时会饿死一千多万人。饿极了的人会发疯发狂，他们吃草根树皮，吃泥土，中国历史书上甚至有人吃人的可怕记录。

受了灾，老百姓只能饿死，如果不想饿死，农民们就要<u>造反</u>，要为吃，为活着而拼命。造反，在旧时代是犯罪，犯的是要被杀头的大罪。冒着这么大的危险，农民们为什么还要造反呢？差不多全世界的学者都认为，中国的农民是世界上最<u>温顺</u>、最能忍受的人。那么，这样老实可欺的人们为什么敢造反呢？对这个问题的回答是：官逼民反——在生与死的选择中，农民为了生，必须选择死的道路；而选择了死的道路，是为了要更好地活下去。

中国的历史书上还有这样令人<u>震撼</u>的记载，中国历史上几乎每一个朝代的灭亡和新朝代的建立都跟农民起义有关：

秦：亡于农民起义

西汉：亡于农民起义

东汉：亡于农民起义和<u>军阀　混战</u>

三国：亡于军阀混战、农民起义、少数民族入侵

隋：亡于农民起义和军阀混战

唐：亡于农民起义和军阀混战

五代：亡于军阀混战

宋：亡于少数民族入侵

元：亡于农民起义

明：亡于农民起义和少数民族入侵

清：亡于农民起义、帝国主义和近代革命

从上面的统计我们可以看出来，农民起义和农民运动差不多和中国历史上所有的大事件都有关系。在这种意义上，我们可以说，农民也是中国历史的创造者。

中国历史上有着那么多的农民起义，它们到底对中国文化的发展产生着什么样的影响呢？过去，由于政治宣传的原因，很多学者强调农民起义的好的一面，说农民起义对人类进步有着很伟大贡献。后来又有学者强调农民起义破坏社会秩序，给社会带来灾难的另一面，说农民起义是暴乱，是破坏社会文明，是历史的退步。

对这个问题到底应该怎么看呢？其实，作为农民，他们起义或造反时自己绝没想到后来的人和历史学家会怎样评价他们。他们造反的目的很简单，而且只有一个，那就是他们想活着，不想饿死。农民的要求就是这么可怜，就是这么一点点。

他们本来不想造反，正是因为这样，农民本身没有很大的野心。他们有了粮食以后就希望不再造反，就会停下来，老老实实地活着，过太平的日子。因为没有明确的目标，农民的造反往往容易半途而废或被别人利用。农民造反后，如果政府的力量强大，就会把他们消灭掉，杀死所有造反者。如果农民的力量强大，有时候皇帝或政府就会跟他们妥协，满足他们的一些要求，让农民暂时能够活下去，然后再慢慢地找机会杀害他们。如果农民的力量十分强大，最后打败了政府或皇帝，造反的领袖们往往也想当皇帝。农民有了钱，有了势力，有时候他们会忘记过去，他们开始学习过有钱人过的日子，或者模仿过去皇帝的政策、方法来统治别人。这样，这些农民又成了新的皇帝。这样的皇帝在刚开始时还会想到农民的利益，帮助和保护农民，但是不久，他们就忘记了农民，也忘记了自己的过去，有的甚至变成了暴君。

中国的历史就这么一代又一代地循环着。农民起义推翻了皇帝

的统治，成功的造反者成了新的皇帝，他又模仿和继承了过去皇帝的统治政策，直到下一场农民起义或暴动来推翻他们。这样循环了几千年的中国应该改变改变了。直到二十世纪，中国人开始<u>觉醒</u>，开始学习先进的科技和文明，开始实行经济、政治、科技和道德伦理的现代化，我们有理由相信，二十一世纪的中国将会奋发图强、不断前进，以全新的面貌走向世界文明的<u>前列</u>。

生　词
VOCABULARY

1.	耕种	gēngzhòng	till; cultivate
2.	饥荒	jīhuāng	famine; crop failure
3.	灾难	zāinàn	calamity; misfortune
4.	灾荒	zāihuāng	famine due to crop failures
5.	救护	jiùhù	give first-aid; rescue; relieve
6.	统计	tǒngjì	statistics; count
7.	造反	zàofǎn	rebel; revolt
8.	温顺	wēnshùn	docile; meek
9.	震撼	zhènhàn	shake; shock; vibrate
10.	军阀	jūnfá	warlord
11.	混战	hùnzhàn	tangled warfare; fierce battle
12.	帝国主义	dìguózhǔyì	imperialism
13.	宣传	xuānchuán	propagate; disseminate; give publicity to
14.	暴乱	bàoluàn	rebellion; revolt
15.	退步	tuìbù	step backward; lag/fall behind; retrogress; leeway
16.	野心	yěxīn	wild ambition; careerism
17.	太平	tàipíng	peace and tranquility
18.	半途而废	bàntúérfèi	give up halfway; leave sth. unfinished
19.	消灭	xiāomiè	perish; die out; pass away; eliminate; abolish; exterminate

20.	妥协	tuǒxié	come to terms; compromise
21.	循环	xúnhuán	circulate; cycle
22.	觉醒	juéxǐng	awaken
23.	前列	qiánliè	front row/rank; forefront van

Exercise One: Remembering Detials

再次细读本文并指出下列句子提供的信息是对的（*True*）还是错的（*False*）。
如是错的，请改成正确的答案：

1. 由于中国的农民劳动太累太苦，所以农民们常常起义。（　　）
2. 因为中国自古就缺粮食，所以老百姓喜欢关心吃的问题。（　　）
3. 中国是世界上遭受的饥荒和灾难最多的国家。（　　）
4. 中国农民并不喜欢造反，他们都是被逼迫后才去造反。（　　）
5. 农民造反是因为他们不愿意受苦，所以选择死的道路。（　　）
6. 在中国历史上朝代的灭亡很少和农民起义有关。（　　）
7. 农民造反的时候他们往往担心后人怎样评价他们。（　　）
8. 农民的造反在历史上常常被利用或者失败。（　　）
9. 农民起义成功以后，有的领袖会忘本变成暴君。（　　）

Exercise Two: Analyzing Ideas

选择下面提供的哪种回答最接近文章提供的事实并完成句子：

1. 中国历史上有严重的粮食问题是因为_____。
   a. 农民不愿意耕种　　　b. 文明历史悠久　　　c. 可耕种的土地不够
2. 中国历史上饥荒最多是因为_____造成的。
   a. 国家太大、农民多　　b. 灾害、政府不好　　c. 中国人喜欢吃
3. 中国古代农民造反的原因是为了_____。
   a. 拼命　　　　　　　　b. 活下去　　　　　　c. 忍受
4. 一般农民造反以后他们想的是_____。
   a. 过太平日子　　　　　b. 半途而废　　　　　c. 有野心
5. 中国历史上大部分朝代灭亡的原因是_____。
   a. 军阀混战　　　　　　b. 少数民族入侵　　　c. 农民起义

Exercise Three: Synonyms

根据上下文的意思，找出句子中的同义词：

1. 学者作过<u>统计</u>说，中国的灾荒和饥荒发生的次数是世界之最。
   - a. 研究
   - b. 计算
   - c. 记录

2. 学者都认为，中国的农民是世界上最<u>温顺</u>、最能忍受的人。
   - a. 听话
   - b. 拼命
   - c. 危险

3. 中国的历史书上还有这样令人<u>震撼</u>的记载，中国历史上的几乎每一个朝代的灭亡和新的朝代的建立都跟农民起义有关。
   - a. 生气
   - b. 惊奇
   - c. 高兴

4. 因为没有明确的目标，农民的造反往往容易<u>半途而废</u>或被别人利用。
   - a. 不做完
   - b. 不害怕
   - c. 不用功

5. 如果农民的力量强大，有时候皇帝或政府就会<u>妥协</u>，满足他们的一些要求。
   - a. 残酷
   - b. 退让
   - c. 讲道理

Exercise Four: Discussion Questions

1. 中国自古以来为什么有那么多的农民起义？
2. 你觉得中国的土地问题严重吗？应该怎样解决？
3. 上世纪以来，中国的土地并没有增加，人口却增加不少。中国人的"吃"的问题是怎样解决的？
4. 别的国家也有农民起义吗？它们和中国的农民起义有什么不同？
5. 古时候中国为什么有那么多的饥荒？你觉得它们的原因在哪儿？
6. 为什么对农民起义有的学者评价很高，有的学者评价很低？
7. 在古时候如果碰到了农民起义，皇帝是怎样处理的？
8. 农民起义成功后，他们做些什么？

第十六课　陈涉世家

　　秦王朝是中国历史上第一个统一了中国的朝代。除了统一了中国外，秦始皇还统一了中国的文字，统一了中国的度量衡。秦始皇还在中国兴建了一些大的工程，比如修建长城，开通道路等等。秦始皇虽然在中国历史上做了一些好事，但他也做了不少坏事。特别是他对老百姓的统治非常严厉甚至残暴，他在中国历史上被称作是一个"暴君"，也就是残酷的皇帝。秦始皇死后，他的小儿子胡亥继承了王位，胡亥比他父亲还残暴，他几乎没做过什么好事，但他对老百姓的压迫和折磨却几乎到了顶点。

　　在那个时候，由于连年的战争和自然灾害，老百姓没东西吃，没衣服穿，再加上皇帝残忍的迫害，秦朝末年出现了大规模的农民造反和暴动。由于胡亥的残酷统治使人们实在无法活下去，几乎全国的农民都加入了起义造反的队伍。这些造反和暴动的规模越来越大，最后它们联合了起来，全国到处是农民起义的队伍，天下的农民一起造反，终于推翻了秦王朝。在这些农民起义队伍中最早发起而且影响力最大的是陈胜、吴广领导的农民起义。

　　陈胜幼年时是个穷苦的农民，他没有土地，靠卖力气生活。他和很多在一起干活的穷人都是好朋友，每天在地里干活，身心都很疲劳。看到地主和富人从来不干活受苦却过着好日子，他们都对这个不平等的社会充满了怨恨。有一天干活累极了，陈胜对同伴们说，："呵！我心里真苦。如果我们中有人有一天富贵了，大家一定不要忘记在一起受苦的情谊。"他的同伴一起笑他说："你是在做梦吧！天底下没有比我们更穷的人了，我们穷得连一点土地都没有，整天靠卖力气吃饭，怎么会有一天能得到富贵？"说着大家笑得更厉害了。陈胜看到同伴们这么耻笑他，他没有生气，只是叹了口气说：

"你们像一些每天在地上抢食吃的小鸟儿，哪里能知道一只想飞到天外的鸿雁的想法呢！"

过了几年，秦始皇的儿子胡亥继位了。这一年又打仗了。皇帝派一些农民去打仗，陈胜也被派去了。由于陈胜聪明大胆，别人都很喜欢他，他被指定做了队长。这支队伍要到边境去打仗，可是路上正赶上了下暴雨。暴雨下了很多天，路断了，桥也坏了，队伍不能往前走了。按照皇帝的规定，他们必须在月底以前赶到地方。可是路坏了没法走，他们全部都耽误了日期，一定会迟到。

根据皇帝的命令，如果迟到，就是犯了大罪。所有的人都要被砍头。队伍里的人都明白这一点，他们再往前走就是去送死，所以大家都不想走了。陈胜是队长，他当然比谁都清楚这个情况。为了救自己，也救大家的命，他让所有的人集合在一起，对他们说："大家都知道了，我们往前走是一条死路。如果我们分散逃跑，一定也会被一个一个地抓回来，也要被杀头。所以，我们不管怎样都是死。伙伴们！我们都是好汉，为什么要等着被人杀死！即使死，我们也要死得有意义，死得有名。你们想想吧，那些皇帝、国王、做大官的人，难道他们一生下来就是做大官的命吗？只要我们敢干，我们也能成功，也能当大官，当皇帝！"

听了陈胜的话，人们都认为很有道理。他们觉得反正是死，应该拼一次。他们马上让陈胜和另一个队长吴广作他们的领袖，带领大家去战斗。

陈胜、吴广觉得，只凭自己讲话没有足够的号召力。他们商量了一下，觉得应该再借用一下鬼神的力量。当天晚上，他们　就分别开始作准备。陈胜买了一条大鱼，他先在一条红布上写了"陈胜是我们的大王！"然后把布放到了鱼肚子里。吴广跑到他们住的地方附近的庙里模仿着狐狸和鬼的叫声大喊："陈胜是我们的大王！陈胜是我们的大王！！"狐狸和鬼叫了一夜，所有的人都听到了，他们又惊又喜。那时的人们非常相信鬼神和狐狸，听到狐鬼也说陈胜应该当大王，这些人本来就愿意听陈胜的话，现在更愿意拥护他了。

第二天早上，有人买了一条大鱼准备吃，打开了鱼肚子，忽然看到了里面有一条红布，拿出来一看，又是写着陈胜是大王。这样人们就毫无保留地相信和拥护陈胜了。

就这样，陈胜一下子就成了这支队伍的领袖。这些人本来都已经被判了死罪，现在有人带领着他们逃命和斗争，他们打起仗来非常勇敢。没有武器，他们就拿树枝石头作武器，没有东西吃，他们宁愿饿着肚子也拼命打仗。他们不怕死，所以作战非常勇敢，很快就打败了皇帝派来打他们的军队，占领了许多城市。那时候，整个天下的人都受皇帝的折磨，都痛恨秦王朝，听说陈胜带领人们起义了，他们都跑来加入了起义的队伍。很快地，陈胜领导的军队越来越壮大，全国人都知道了他们造反成功的消息。

陈胜的起义给全国人树立了一个榜样。不久，其他地方的人们也开始学他们的样子去造反，造反的军队一下子发展到了全国，这些队伍终于打败了坏皇帝，推翻了秦王朝。

陈胜起义成功以后，渐渐有些骄傲了，他真的想当大王。他把自己住的城市当作首都，并让他的官员到别的地方去做官。虽然他反对秦朝的皇帝，他自己却又学着他们的样子，当起了大王。

陈胜当了大王的消息传到了他的家乡，过去跟他在一起干活受苦的农民都跑到他住的宫殿去看望他。他们说他们是陈胜的朋友，卫兵不相信，要把他们绑起来。后来这些人看到陈胜从宫殿里出来就拼命喊他。看到了自己过去的伙伴，陈胜刚开始很高兴，把他们请到了宫殿里。这些穷伙伴看到陈胜现在这么富有，感到惊奇极了。他们每天出入宫殿，因为从小跟陈胜是朋友，他们就没把陈胜当作大王看，后来他们的行为越来越随便，而且说出陈胜小时候贫穷的故事。陈胜身边的官员提醒他说："您不应该让这些人在你身边说你过去的那些不好的事情。别人听了这些话，会不尊重您，您就没有威信了。"陈胜听了

他身边人的话，把说他坏话的伙伴杀了。其他的人看到陈胜这样对待老朋友，就都离开了他。这样，陈胜渐渐地脱离了老百姓，也远离了爱他的人们。

后来，陈胜的权力越来越大，他身边的人也开始争权夺利，这支农民的队伍渐渐发生了变化，他们也开始慢慢失去了老百姓的支持。那时候，除了陈胜的军队以外，还有其他的军队，他们的头领都想当皇帝，当时是战争不断，天下大乱。陈胜的军队内部因为争夺权力开始越来越不团结，最后终于被别的军队打败了。就这样，这支由农民组成的军队最早是为了农民的利益而战斗，到了后来终于因为不团结和自私等原因失败了。

根据司马迁《史记·陈涉世家》改写

生 词
VOCABULARY

1.	兴建	xīngjiàn	built; construct
2.	顶点	dǐngdiǎn	acme; zenith; pinnacle
3.	残忍	cánrěn	cruel; ruthless
4.	联合	liánhé	unite; ally; alliance; union coalition
5.	疲劳	píláo	tired; weary; fatigue
6.	怨恨	yuànhèn	hate
7.	情谊	qíngyì	friendly feelings
8.	耻笑	chǐxiào	ridicule; mock
9.	鸿雁	hóngyàn	swan goose
10.	派	pài	send; give a order

11.	指定	zhǐdìng	appoint；assign
12.	边境	biānjìng	border；frontier
13.	耽误	dānwu	delay；hold up
14.	分散	fēnsàn	disperse；scatter；decentralize
15.	拼	pīn	risk life；put/piece together
16.	凭	píng	lean on/against；rely/depend on；evidence；based on
17.	毫无保留	háowúbǎoliú	without any reservations
18.	死罪	sǐzuì	capital offense/crime
19.	宁愿	níngyuàn	would rather；better
20.	富有	fùyǒu	be rich/wealthy；be rich in；be full of
21.	威信	wēixìn	prestige；popular trust

Exercise One: Remembering Detials

再次细读本文并指出下列句子提供的信息是对的（*T*rue）还是错的（*F*alse）。如是错的，请改成正确的答案：

1. 秦朝是中国历史上最黑暗的时代，它对中国历史的发展没有任何贡献。（　　）

2. 秦始皇很坏，他的儿子胡亥比他更坏。（　　）

3. 陈胜从小时候就比别人勇敢，而且他很有能力。（　　）

4. 陈胜很聪明大胆，别人都喜欢他，所以皇帝派他去打仗。（　　）

5. 如果陈胜和其他的农民不迟到，他们就不会造反。（　　）

6. 吴广学狐狸叫和鬼叫是希望当大王。（　　）

7. 人们在夜里听到狐狸和鬼叫以后很高兴，因为他们想拥护吴广当他们的大王。（　　）

8. 因为这些农民不怕死，所以他们打仗很勇敢。（　　）

9. 因为陈胜后来得不到老百姓的支持，所以他失败了。（　　）

Exercise Two: Analyzing Ideas

选择下面提供的哪种回答最接近文章提供的事实并完成句子：

1. 除了统一了中国外，秦始皇还统一了_____。

　a. 中国的工程　　　　　b. 中国的度量衡　　　　c. 万里长城

2. 秦朝的灭亡是因为_____。

a. 秦始皇是暴君　　　　b. 自然灾害　　　　c. 农民起义

3. 陈胜幼年时在地里干活，卖力气吃饭是因为_____。

a. 喜欢穷人　　　　b. 没有土地　　　　c. 充满怨恨

4. 按照皇帝的规定，如果他们不能按时赶到地方，就会被_____。

a. 杀头　　　　b. 迟到　　　　c. 逃跑

5. 陈胜起义给别人树立了一个榜样，别人也_____。

a. 造反　　　　b. 逃跑　　　　c. 犯罪

Exercise Three: Synonyms

根据上下文的意思，找出句子中的同义词：

1. 如果我们有一天富贵了，大家一定不要忘记在一起受苦的情谊。

a. 友情　　　　b. 吃苦　　　　c. 感觉

2. 按照皇帝的规定，他必须在这个月底以前赶到地方。可是路坏了没法走，他们全部都耽误了日期。

a. 迟到　　　　b. 赶上　　　　c. 指定

3. 如果我们分散逃跑，一定也会被一个一个地抓回来，也要被杀头。这样，我们不管怎样都会被杀死。

a. 造反　　　　b. 耽误　　　　c. 分开

4. 没有东西吃，他们宁愿饿着肚子也拼命打仗。

a. 可以　　　　b. 喜欢　　　　c. 愿意

5. 这样人们就毫无保留地相信和拥护陈胜了。

a. 一点都不　　　　b. 全心全意　　　　c. 没有原因

Exercise Four: Discussion Questions

1. 秦王朝在中国历史上做过一些什么重要的事情？
2. 秦朝的末年为什么出现了那么多大规模的农民起义？
3. 陈胜小时候是做什么的，他小时候和别人有什么不同？
4. 陈胜和他的伙伴们为什么要造反？
5. 你认为，如果皇帝不因为他们迟到而杀他们，他们还会造反吗？
6. 陈胜和吴广为什么要装狐狸和鬼叫？
7. 陈胜当大王以后是怎样对待过去的朋友的？你觉得他应该怎么做？
8. 谈谈陈胜领导的起义失败的原因。

第十七课　湖南的农民运动

[题解]　几千年来，农民在中国历史上一直生活在社会的最底层，他们过着悲惨的生活。农民没有社会地位，人们从来都看不起农民。可是到了近代中国，在二十世纪初，穷苦的农民开始革命、造反了。造反后的农民夺到了很大的权力，他们翻了身，开始向欺压他们的地主报复。这些农民开始使用暴力，他们打乱了社会的秩序。那时候社会上很多人都责备农民是强盗、流氓，当时的革命者有的支持农民，有的反对农民。在这种情况下，1927 年，毛泽东到农村去考察了农民的情况，写文章介绍了当时的农民运动。

　　农民问题一直是中国的一个非常重要的问题。中国的绝大部分人是农民，只有把农民的问题解决好了，中国才能有希望。我这次回到了湖南，考察了五个县，一共调查了三十二天，得到了很多有用的材料。

　　最近这几个月来，中国大部分地区的农民开始组织起来，寻求自己解放自己的道路。他们的气势如急风暴雨，非常勇猛，谁都阻挡不了这样伟大的革命力量。面对着这样强大的农民力量，很多的帝国主义、军阀、官僚和地主阶级害怕了，他们开始拼命地反对农民的斗争，而一些革命者并不了解情况，听到了别人的议论也开始批评农民。面对着眼前的农民斗争，是站在他们的前头领导他们呢？还是站在他们的后头指手画脚地批评他们呢？还是站在他们的对面反对他们呢？这是看一个人真革命、假革命还是反革命的根据。

　　跟全国相比，湖南的农民运动发展得比较迅速，也比较坚决。农民们组织起来，和地主、富农斗争，他们组成了农民协会，把几千年来的地主的特权打得落花流水，他们夺回了地主手中的权力，提出了"一切权力归农会"的口号，农民在历史上第一次真正掌握了政权，所有的问题都要通过农会来解决。农民真正当家做了主人，而地主坏人都没有了权力，他们不敢说半个"不"字。在农会的威力下，地主们都逃跑——头等的地主跑到了上海，二等的跑到了武汉，三等的跑到了长沙，四等的跑到了县城，五等以下的没地方跑，只好在乡里向农会投降。

这些地主看到了农民的力量，害怕极了，他们说："我给你十块钱，请你们让我加入农会。"农民们说："谁要你的臭钱！"过去天天欺负农民的富人，现在终于拜倒在了农民的脚下。

农民造反的情况，很快从农村传到了城里。城里的富人们马上说："乡下农民造反了。现在糟得很！"农民革命真的"糟"得很吗？这话不错，对富人和地主，确实糟得很，但是对农民和穷人来说，他们团结起来，用自己的力量让自己翻了身，他们只用了几个月的时间就干成了中国历史上几千年都没干成的大好事，这其实是好得很！

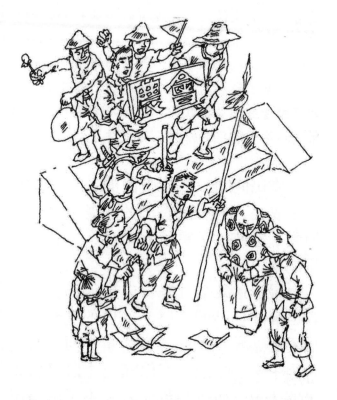

另有一种观点说，农民革命是可以的，但不能太过分。现在农民打倒了地主，抢了地主家的东西分给了自己，农民们跑到地主家里吃饭，跑到地主的太太小姐的美丽的床上踩一踩，想干什么就干什么，这样就太不像话了。上面的议论看上去好像有道理，其实他们是在替地主说话。中国历史上几千年来，地主总是欺压农民。农民有了报仇的机会，今天他们当然会报复，这没有什么奇怪的。我们可以看出，凡是农会反抗最厉害，乱子闹得最大的地方，都是过去地主欺负农民最厉害的地方。农民们不会没有道理地造反。

　　我们应该知道：革命不是请客吃饭，不是做文章，不是绘画绣花，不能那样雅致，那样从容不迫，文质彬彬，那样温良恭俭让。革命是暴动，是一个阶级推翻一个阶级的暴烈的行动。农村的反革命力量已经存在了几千年了，如果没有一些"过分"的举动，是很难打倒他们的。

　　那些反对农民运动的人说农民是一些流氓和"痞子"，说农民运动是"痞子运动"。其实这是一些痛恨农民的人在骂他们。这些过惯了好日子的富人看到过去被自己看不起的穷人现在都有了发言权，心里当然不高兴，特别是看到农民掌了权而且绑着他们游街，他们当然会骂农民是痞子。

　　看到农民的势力这样强大，有些富农和有钱人也想加入农会，农民们当然不答应。而一些比较有钱的中农们却在犹豫，他们不知道应该不应该参加农会。中农因为生活还过得不错，他们不想造反，也不太愿意参加农民运动，但是如果给他们讲明了道理，他们一般都会支持穷人的。

　　农会中奋斗最努力的是贫农，他们最听共产党的领导，是地主富农的死对头。这些穷人什么都没有，参加了运动和造反，他们有了吃穿，也有了领导权，所以他们革命和造反的态度最坚决。

　　湖南的农民运动自从开展以来，作了很多好事，它们可以证明农民的革命是有道理的，是进步的。比如农民成立了农会，把穷人团结起来，宣传革命。另外，农民推翻了地主的统治，没收了地主的家产，把一些最坏的地主关进监狱或枪毙，为民除了害。此外农民在经济上打击了地主，农会还解散了地主的军队，建立了自己的军队；农会还解放了妇女，反对坏的风俗习惯；农会还破除迷信，发展新文化运动，农民自己办学校，用新的思想来教育自己。

　　从上面的调查报告中我们可以看出，湖南的农民运动不是糟得很而是好的很！我们应该支持农民的革命，帮助他们自己解放自己。农民运动和农民革命，是中国革命和前进的努力方向。

根据毛泽东《湖南农民运动考察报告》改写

生 词
VOCABULARY

1. 议论	yìlùn	debate; discuss; discussion
2. 指手画脚	zhǐshǒuhuàjiǎo	gesticulate; make indiscreet; remarks/criticisms
3. 协会	xiéhuì	association; society
4. 特权	tèquán	privilege; prerogative
5. 投降	tóuxiáng	surrender; capitulate
6. 糟	zāo	rotten; terrible; spoiled
7. 踩	cǎi	step on; trample
8. 欺压	qīyā	ride roughshod over
9. 乱子	luànzi	disturbance; trouble; disorder
10. 雅致	yǎzhì	refined; tasteful
11. 从容不迫	cóngróngbúpò	calm and unhurried
12. 文质彬彬	wénzhìbīnbīn	gentle; suave
13. 暴烈	bàoliè	violent; fierce
14. 流氓	liúmáng	hoodlum; hooligan; gangster; hooliganism; indecency
15. 痞子	pǐzi	ruffian; riffraff; thug
16. 惯	guàn	be used to; habitual; customary
17. 发言权	fāyánquán	right to speak
18. 游街	yóujiē	parade sb. through streets
19. 富农	fùnóng	rich parent
20. 中农	zhōngnóng	middle parent
21. 犹豫	yóuyù	hesitate; be irresolute
22. 贫农	pínnóng	poor peasant
23. 死对头	sǐduìdou	sworn enemy
24. 没收	mòshōu	confiscate; expropriate
25. 解散	jiěsàn	dismiss; dissolve; disband

26．破除　　　　　pòchú　　　　　do away with

Exercise One：Remembering Detials

再次细读本文并指出下列句子提供的信息是对的（*True*）还是错的（*False*）。如是错的，请改成正确的答案：

1．农民问题是中国最大的问题，因为农民喜欢造反。（　　）

2．农民运动起来以后帝国主义和地主们害怕了，但革命者们非常高兴，他们全部支持农民。（　　）

3．农民协会是由地主、富农组成的，它们夺回了农民的权利。（　　）

4．城里的富人反对农民造反，因为农民造反他们只好投降。（　　）

5．农民的造反是有道理的，谁欺负他们他们就找谁报仇。（　　）

6．革命的时候应该勇敢，不应该像读书人那样没有勇气。（　　）

7．说农民是"痞子"的人都是有钱人。（　　）

8．中农虽然不会造反，但他们会支持革命。（　　）

9．湖南的农民运动开展以来，主要做的是好事。（　　）

Exercise Two：Analyzing Ideas

选择下面提供的哪种回答最接近文章提供的事实并完成句子：

1．如果解决了中国的农民问题_____。

　　a．中国就有希望　　　　b．就有吃的　　　　c．城里就安全

2．一个真革命的人应该_____。

　　a．指手画脚　　　　　　b．领导农民　　　　c．批评农民

3．湖南的农民运动比别的地方的农民运动_____。

　　a．发展快　　　　　　　b．发展慢　　　　　c．发展糟

4．有的人认为，农民可以革命，但不能_____。

　　a．糟得很　　　　　　　b．团结起来　　　　c．太过分

5．有的富人也想加入农会，是因为他们_____。

　　a．喜欢农民　　　　　　b．无知　　　　　　c．得到好处

Exercise Three：Synonyms

根据上下文的意思，找出句子中的同义词：

1．是站在他们的前头领导他们呢？还是站在他们的后头指手画脚地批评他们呢？

    a. 批评   b. 指导   c. 谈论

2. 城里的富人们马上说："乡下农民造反了。现在<u>糟</u>得很！"

    a. 高兴   b. 喜欢   c. 坏

3. 这些过惯了好日子的富人看到过去被自己看不起的穷人现在都有了<u>发言权</u>，心里当然不高兴。

    a. 农会   b. 说话的权力   c. 过分的行为

4. 农民推翻了地主的统治，<u>没收</u>了地主的家产，把一些最坏的地主关进监狱或枪毙，为民除了害。

    a. 拿走   b. 破坏   c. 推翻

5. 农会中奋斗最努力的是贫农，他们最听共产党的领导，是地主富农的<u>死对头</u>。

    a. 坏人   b. 造反的人   c. 敌人

Exercise Four: Discussion Questions

1. 湖南的农民为什么要造反？别人对他们造反是怎么评价的？

2. 谈谈当时人们对农民运动的态度。

3. 什么是农民协会？它是做什么的？什么样的人能够参加？

第十八课　刘姥姥和巧姐儿

　　清朝的中期，在长安城外有一个小村庄，庄里有一户人家，这家人祖辈当过官，但现在成了农民。那些年，农村的日子非常苦，他们全家每天劳累，可是仍然吃不饱，穿不暖。这家的男人因为日子过得不好，整天不高兴，常常和妻子闹气。妻子的母亲叫刘姥姥，她这年七十多岁了，看到<u>女婿</u>和女儿常常生气，心里也很着急。她年纪大，经历的事情多，有很多经验，她想出些主意帮助女儿女婿过好日子。

　　这一天，女婿和女儿又吵架了。刘姥姥劝女婿说："你别天天闹事生气，你应该想些办法多挣钱，天天闹能闹出钱来么？"女婿也不高兴地说："我当然也想去挣钱，可我一没有有钱的亲戚帮助我，二又没有什么特殊的本领，我到哪儿挣钱去？……"

　　说到有钱的亲戚，刘姥姥忽然想到："你家祖辈曾经在长安城里做过官，和城里一个最有名的贾家有很好的关系。现在贾家在皇帝跟前做大官，又有钱，又有势，你为什么不去求求他们呢？"

　　刘姥姥的女婿说，他家祖辈和贾家并不是什么真正的亲戚，只是当年看到贾家有权势，巴结人家<u>攀</u>上的亲戚。现在自己是个又穷又笨的农民，根本不敢去见那些有权有势的人。刘姥姥怎么劝他他都不敢去见贾家的人，最后刘姥姥说，反正我们现在是穷极了，我们没有什么可怕的，如果能去向别人求口饭吃，我不怕丢我的这张老脸。"

　　第二天，刘姥姥就自己到城里去求贾家去了。到了城里，看到贾家住的房子像宫殿一样，门口站着一些非常<u>威武</u>的守门人，刘姥姥早已吓得说不出话来了。她等了很久，总算想办法找到了过去她认识的一个熟人。通过这个熟人，她见到了贾家管理家务的当家人王熙（xī）凤。

王熙凤是一个有名的大官的女儿，从小就非常聪明，长得如花似玉，后来嫁进了贾家，因为她绝顶聪明又有本领，她深受贾家长辈的喜爱和信任。贾家有成千上万的金银，都由她来管理着。刘姥姥的熟人正好认识王熙凤身边的人，就想办法走后门带刘姥姥见到了王熙凤。

见到了王熙凤，刘姥姥看到她那么年轻漂亮又那么有权势，以为她是天上的神仙，吓得差一点昏了过去。王熙凤几乎从来没见过乡下人，觉得刘姥姥很粗笨，但是想到过去贾家和他们有些关系，她就给了刘姥姥二十两银子和一些礼物。刘姥姥根本就没能想到她会求到这么多钱，她高兴得快要发疯了！二十两银子！！——这差不多是他们乡下人干十年苦活儿才能挣到的钱。她一天就得到了。同时，她也看到贾家每天都要花掉几百两银子，贾家的生活简直就像在天堂一样！拿着这么多钱，她觉得自己简直就像是在做梦，不敢相信自己的好运气。

刘姥姥带着这些银子回到了乡下，她家一下子变富了。他们买了地，又雇了人帮他们种地，成了非常富有的农民。到了秋天，刘姥姥想到王熙凤帮助过她，就把收获的新鲜蔬菜水果带了一些到城里送给她。王熙凤家里非常富有，当然不稀罕刘姥姥送的土产，但她天天过富贵的日子过腻了，她希望听听不同的事情。刘姥姥来了以后，她把刘姥姥介绍给了老祖母，其他长辈也喜欢听刘姥姥讲一些农村的故事和土话，就这样，差不多和皇帝一样富贵的贾家里有了这样一个奇怪的农民"亲戚"。

刘姥姥到贾家去，每次都受到欢迎，每次都得到很多礼物。可是，刘姥姥当然知道，她是一个贫穷和没有知识的乡下人，人们愿意接见她，只是因为她可以让人们<u>取乐</u>，成为人们的笑料，这些富人内心里是看不起她的。王熙凤常常会拿她开玩笑甚至恶作剧，想到她曾经对自己有恩，刘姥姥还是尊敬她，想念她。

王熙凤有一个女儿，是个千金小姐，她是王熙凤的<u>掌上明珠</u>，但从小就身体很弱。王熙凤的女儿是七月七日生的，这天是乞巧节，是牛郎织女相会的日子，也是个很悲伤的日子，人们都觉得是因为她的生日不吉利，所以她常常生病。那时人们很迷信，认为如果小孩身体不好，起个<u>贱</u>名字或让乡下人抚养就会身体壮，因为乡下人命不好，连鬼都不愿意麻烦他们。王熙凤知道刘姥姥是个<u>粗蠢</u>的穷乡下人，她起的名字对自己的孩子一定有利，想到这些，王熙凤就让刘姥姥给自己的女儿起个名字。因她是乞巧节生的，刘姥姥就给这个小姐起名字叫"巧姐儿"。

好多年过去了，巧姐儿长成了一个美丽的大姑娘了，刘姥姥家里也成了很有钱的农民。可是这时候，贾家忽然遇到了灾难，他们得罪了皇帝，皇帝不让他家的人当官了，把他们当成<u>罪人</u>，关进了监狱，贾家被皇帝抄了家，它的财产也全部被没收了。整天过着像天堂一样的日子、像神仙一样富贵享乐的贾家一下子变成了穷人。

看到自己的家庭遭受了这样的灾难，贾家的老祖母难过得去世了，王熙凤也得了重病。贾家原来的那些朋友和亲戚都不敢来看望他们，也不跟他们说话了。就在这时候，刘姥姥到贾家来了。她来看望病重的王熙凤，王熙凤想到自己过去那么富有和<u>威风</u>，要什么有什么，现在却成了这个样子，想到自己过去常常捉弄贫穷的刘姥姥，现在自己遭了灾难，刘姥姥还来看望自己，她感动和难过地流下了眼泪。王熙凤知道自己病得很重，很难好起来了。想想过去有钱有势，现在连自己和女儿都保护不了，她痛苦极了。王熙凤最后求刘姥姥在她死后保护和帮助自己的女儿。不久，她就病死了。

王熙凤去世后，贾家的一些坏亲戚想把巧姐儿卖给外国的一个王爷当小老婆。巧姐儿没有了妈妈，爸爸又不在身边，没有人保护她。就在这个万分紧急的时候，刘姥姥来了，她没有<u>辜负</u>王熙凤的委托，费尽力量把巧姐儿救到了她乡下的家中，一直等到巧姐儿的爸爸回来保护她。最后，刘姥姥又帮助巧姐儿找到了一个好丈夫结了婚，过上了幸福平安的日子。

王熙凤过去那么有钱有势，从来没想到会有遭到灾难的一天；她家过去有那么多富贵而有知识的朋友，可是真正到了发生危难的时候，所有的人都离开了他们，只有这个贫穷没有知识的乡下农民朋友帮助她的女儿逃离了苦难。

根据曹雪芹《红楼梦》改写

生 词
VOCABULARY

1.	女婿	nǚxù	son-in-law
2.	攀	pān	climb; seek connections in high places; implicate
3.	威武	wēiwǔ	powerful; might; power
4.	绝顶	juédǐng	mountain peak; extremely; utterly
5.	粗笨	cūbèn	clumsy; unwieldy
6.	天堂	tiāntáng	paradise; heaven
7.	不稀罕	bùxīhan	not rare; not value as a rarity
8.	土产	tǔchǎn	local product
9.	过腻了	guònìle	got bored of（kind of life/style, etc.）
10.	取乐	qǔlè	seek pleasure; amuse oneself
11.	掌上明珠	zhǎngshàng míngzhū	beloved daughter
12.	贱	jiàn	low-priced; inexpensive; cheap; lowly; humble; low-down
13.	粗蠢	cūchǔn	rough and stupid
14.	罪人	zuìrén	offender; sinner

15.	威风	wēifēng	dignity; distinction; air of importance; power and prestige; imposing; impressive
16.	辜负	gūfù	let down; fail to live up to; disappoint
17.	危难	wēinàn	calamity

Exercise One: **Remembering Detials**

再次细读本文并指出下列句子提供的信息是对的（*True*）还是错的（*False*）。
如是错的，请改成正确的答案：

1. 刘姥姥的女婿不喜欢她女儿，所以经常跟她吵架。（　　）
2. 刘姥姥不喜欢女儿和女婿，所以自己去城里请人帮助。（　　）
3. 刘姥姥的女婿和贾家不是真正的亲戚，所以他不好意思去看望他们。（　　）
4. 王熙凤很喜欢刘姥姥，所以给了她很多钱。（　　）
5. 得到了王熙凤的帮助，刘姥姥变成了有钱人。（　　）
6. 刘姥姥知道贾家看不起她，可是她还是去看望他们。（　　）
7. 王熙凤不喜欢自己的女儿，所以让刘姥姥给她起名字。（　　）
8. 皇帝不喜欢王熙凤，所以后来抄了他们的家。（　　）
9. 刘姥姥虽然不喜欢巧姐儿，可是还是愿意帮助她。（　　）

Exercise Two: **Analyzing Ideas**

选择下面提供的哪种回答最接近文章提供的事实并完成句子：

1. 刘姥姥一家日子过得苦是因为_____。
   a. 工作不努力　　　　b. 女婿喜欢生气　　　　c. 农村生活不好
2. 刘姥姥的女婿不愿意出去挣钱是因为他_____。
   a. 没有有钱的亲戚　　b. 整天不高兴　　　　c. 日子过得不好
3. 刘姥姥到了城里吓得说不出话来是因为_____。
   a. 没有熟人　　　　　b. 贾家房子像宫殿　　c. 怕王熙凤
4. 刘姥姥第二次到贾家来是为了_____。
   a. 要钱　　　　　　　b. 给巧姐起名字　　　c. 答谢贾家
5. 刘姥姥救巧姐儿是因为_____。
   a. 喜欢巧姐儿漂亮　　b. 想介绍她结婚　　　c. 报答王熙凤

Exercise Three: Synonyms

根据上下文的意思，找出句子中的同义词：

1. 看到贾家住的房子像宫殿一样，门口站着一些非常<u>威武</u>的守门的人，刘姥姥早已吓得说不出话来。

    a. 害怕   b. 庄严   c. 生气

2. 因为她<u>绝顶</u>聪明又有本领，她深受贾家长辈的喜爱和信任。

    a. 最   b. 非常   c. 很

3. 她天天过富贵的日子过<u>腻</u>了，她希望听听不同的事情。

    a. 生气   b. 不好   c. 够

4. 王熙凤有一个女儿，是个千金小姐，她是王熙凤的<u>掌上明珠</u>。

    a. 非常亮   b. 非常爱   c. 非常贵

5. 就在这个万分紧急的时候，刘姥姥来了，她没有<u>辜负</u>王熙凤的委托，费尽力量把巧姐儿救到了她乡下的家。

    a. 让人失望   b. 让人高兴   c. 让人生气

Exercise Four: Discussion Questions

1. 刘姥姥为什么要去贾家？她相信贾家会帮助她吗？
2. 贾家为什么要接受刘姥姥？为什么要帮助她？
3. 你认为王熙凤是一个什么样的人？
4. 你怎样看待刘姥姥？你觉得她是一个什么样的人？
5. 贾家的人为什么喜欢听刘姥姥说的话？
6. 王熙凤为什么要让刘姥姥给自己的女儿起名字？
7. 贾家为什么遇到了灾难？
8. 刘姥姥是怎样保护和帮助巧姐儿的？

第十九课　桂　珍　姐

那是二十多年前的事了。记得那一年我还不到十八岁，就已经下放到农村了。从小到大我差不多总是在学校读书，不知道真正的农村是什么样子，也不太喜欢农村人，觉得他们比较脏，也比较<u>粗鲁</u>、没文化。

来到农村以后的感觉就大不一样了。天天跟农民在一起干活儿，发现农民很有力气，干活也很聪明，他们知道很多我们不知道的事情。那时候正是文化大革命后期，我们这些城里的学生到了农村，很多人都吃不了那种苦，天天想家，想着早一天脱离农村回城。

而我呢，当时，我父母是资产阶级知识分子，他们也被送到农村去了。我在城里没有家，没法回去了。这样，我只能在农村拼命干活儿，用身体的累的痛苦来使我忘掉想家，忘掉希望，也忘掉痛苦。

下放到农村的学生叫"知青"（知识青年）。知青们个个想回城，他们每个人都在想办法、走后门。可我，根本就没有后门可走。<u>死了这条心</u>，我倒不着急了。农民们虽然同情我的遭遇，但是没人愿意管闲事。惟有桂珍姐，时时保护着我。

桂珍姐的爷爷是个富农，在当时，也算个"有问题"的家庭。可是她家在村里<u>人缘</u>好，再加上桂珍姐干活儿很努力，特别是她对人很好，所以大家都喜欢她。桂珍姐和我一起干活儿的时候，她总是抢着干重活，或帮我，或让我干轻一点的活儿。我当时总是觉得不好意思：我是一个大小伙子，怎么能让一个姑娘照顾我！可是后来发现，她的力气比我大得多，当然，她干农活的技术也比我好得多，没有她的帮助，有时候我真的干不完活儿。

桂珍姐发现我虽然力气不够大，但从不<u>偷懒</u>，而且干起活儿来从不停下。看到别的知青都不好好干活儿，我这样努力，她有时非常生气，常常大声地责备我，觉得我只知道傻干，这样不公平。她就这样保护着我，怕我累坏了。

夏天，有一次我们去树林里干活儿。天气热极了，热得身上的衣服都被汗湿透了，汗水顺着衣服往下流。我的同伴们都不愿意干活，脱了衣服到河里洗澡去了。桂珍姐看到只有我一个人干活儿，她在远处向我挥手让我歇一歇，可是我不听，我周围是一些没穿衣服的男孩子，她不能过来帮助我，也不能过来制止我，她很着急。

可是过了一会儿，我遭到了不幸。我的头撞上了一个大马蜂窝。几百只马蜂蜇到了我的头上，我只觉得就像是一头撞进了火炉，一下子痛得昏过去了。等到我醒来时，我看到桂珍姐哭得满脸是泪，她跑着替我找药，请医生，我的头肿了好几天。医生说，如果不是桂珍姐及时找药，我可能会得一场大病。

冬天到了，我们去远处的地里干活儿，天气虽然冷，可是干力气活容易出汗。出了汗就暖和了。冬天活儿少，干一会儿就休息。有太阳的天，在太阳下暖洋洋的，可以使人忘掉眼前的痛苦。那时候，我找到一些书休息时看，桂珍姐总是怕我看书累，无情地当面批评我："干了一天活儿了，还不够累么，为什么不休息一会儿？还看什么书！"桂珍姐虽然只比我大几岁，可是她总是像个妈妈，处处管着我，护着我。后来她看到她阻拦不了我看书，就偷偷地把我的书藏起来或埋起来，直到她有一次埋丢了我一本书后，才不再阻拦我。

桂珍姐的性格很正直，她不允许别人干坏事。记得有一年，她，我，还有一个本村的痞子一起去城里卖桃子。那个痞子想偷一些桃送人，正直的桂珍姐不同意，受到了痞子的辱骂。我第一次看到刚强的桂珍姐流泪了。

当时我愤怒极了，桂珍姐虽然力量强大而且又有理，可是当时农村风气很保守，男人可以随便欺负女人，可女人不能和男人讲理。桂珍姐是女人，可我是男人呵，我应该站出来保护她！我连想都没顾上想就一下子抓住了他的领子。这个痞子个子很大、力气也很大，可是这时忽然有着一种巨大的力量支持着我，我制服了这个痞子，使他低头向桂珍姐认了错。

我看到桂珍姐的眼睛又一次潮湿了。桂珍姐，您总是帮助我，保护我，我终于有一次机会可以回报您，为您主持了正义。

又过了一年，到了1976年，文化大革命要结束了，我开始准备考大学，想回到我朝思暮想的校园里去学习。1977年，我考上了大学，回到了城里。上大学之前，我又回到了农村，这次我没见到桂珍姐。据说她结婚了，嫁到了更远更穷的另一个村子里。

我大学毕业又好多年了，我不能忘记年轻时候在那儿流过很多血汗的那个村子，不能忘记帮助过我，保护过我的桂珍姐。我常常想念着那个遥远的、贫穷的村子。

后来我来到了美国。在美国的很多年里，我仍然想着那个小村子。1998年，二十多年后，我从美国又一次回到那个地方。没想到，那儿完全变了，过去的农村、小山、河流、树木甚至小桥，村边的那口井都没有了。那儿成了一片楼群，成了城市的一个部分。过去在那个村里的时候，我们做梦都想着要回家，要回城市，但怎么也不会想到，过了二十年，这儿也会变成城市。

当年的影子都找不出来，过去的一切都看不见了。桂珍姐，您在哪里？我希望您现在能过上好日子，祝您一切都好。我想，也许您就住在这儿的某一座楼里，回忆过去的时候，会把当年"知青"

的故事讲给您的孩子们听……

生 词
VOCABULARY

1.	粗鲁	cūlǔ	rough; rude; blunt
2.	死心	sǐxīn	give up hope/idea/etc.; do sth. with all one's heart and soul
3.	人缘	rényuán	relations with other people
4.	偷懒	tōulǎn	goldbrick
5.	制止	zhìzhǐ	curb; prevent; stop
6.	蜇	zhē	sting; bite
7.	肿	zhǒng	swell; swelling; swollen
8.	阻拦	zǔlán	stop; obstruct
9.	埋	mái	bury
10.	辱骂	rǔmà	insult; humiliate
11.	保守	bǎoshǒu	conservative
12.	讲理	jiǎnglǐ	reason with sb.; argue; listen to reason; be seasonable
13.	潮湿	cháoshī	moist; damp
14.	回报	huíbào	repay; reciprocate
15.	朝思暮想	zhāosīmùxiǎng	yearn day and night

Exercise One: Remembering Detials

再次细读本文并指出下列句子提供的信息是对的（*True*）还是错的（*False*）。如是错的，请改成正确的答案：

1. 我因为不喜欢读书，所以被送到了农村。（   ）
2. 农村人虽然没有力气，但是很聪明，他们想着脱离农村。（   ）
3. "我"下放到农村后，农民们都很同情和关心我。（   ）
4. 因为桂珍姐长得漂亮，所以大家都很喜欢她。（   ）
5. 因为我没听桂珍姐的话，所以遭到了马蜂的伤害。（   ）

6. 桂珍姐不喜欢读书人，所以她不让我读书。(　　)

7. 因为二流子不会卖桃子，所以桂珍姐不喜欢他。(　　)

8. 我不喜欢二流子，所以打了他一顿。(　　)

9. 很多年以后，我又见到了桂珍姐，听她讲故事。(　　)

Exercise Two：Analyzing Ideas

选择下面提供的哪种回答最接近文章提供的事实并完成句子：

1. 来到农村以后，我发现农民们_____。
　　a．聪明有力气　　　　　b．粗鲁没文化　　　　c．比较脏

2. 在当时，知青要想回城就必须_____。
　　a．忘掉痛苦　　　　　　b．走后门　　　　　　c．努力干活

3. 桂珍姐不想让我看书是因为_____。
　　a．她自己想读　　　　　b．天气太冷　　　　　c．怕我太累

4. 桂珍姐不敢跟二流子吵架是因为_____。
　　a．农村风气保守　　　　b．二流子力气大　　　c．桂珍姐正直

5. "我"1998年找不到桂珍姐是因为_____。
　　a．桂珍姐到了美国　　　b．忘记了桂珍姐　　　c．村子没有了

Exercise Three：Synonyms

根据上下文的意思，找出句子中的同义词：

1. 我不太喜欢农村人，觉得他们比较<u>脏</u>，也比较粗鲁、没文化。
　　a．有力气　　　　　　　b．不干净　　　　　　c．不懂礼貌

2. 我根本就没有后门可走。<u>死了这条心</u>，我倒不着急了。
　　a．生了病　　　　　　　b．生了气　　　　　　c．没了希望

3. 可是她家在村里<u>人缘</u>好，再加上桂珍姐干活儿很努力，她对人也很好，所以大家都喜欢她。
　　a．和别人的关系　　　　b．跟……结婚　　　　c．说好话或讨好

4. 桂珍姐发现我虽然力气不够大，但从不<u>偷懒</u>，而且干起活儿来从不停下。
　　a．偷东西　　　　　　　b．努力干活　　　　　c．躲避干活

5. 到了1976年，文化大革命要结束了，我开始准备考大学，想回到我<u>朝思暮想</u>的校园里去学习。
　　a．非常想念　　　　　　b．非常高兴　　　　　c．非常喜欢

Exercise Four：Discussion Questions

1. "我"为什么要到农村去？"我"到农村后的生活怎么样？

2. 我为什么刚开始不喜欢农民，后来又喜欢农民了？

3. 桂珍姐是一个什么样的人？她为什么要帮助"我"？

4. 桂珍姐为什么不让我看书？

5. 桂珍姐做人正直，但是为什么二流子欺负她她只能流泪？

6. "我"为什么敢和二流子讲理，让他低头？

7. 二十年后"我"为什么找不到"我"当年下放的地方了？作者对过去的农村作这样的描写说明了什么？

8. 根据你理解的中国近年来的变化，想想桂珍姐现在的命运。

中国有关农民的古诗欣赏

野老歌

[唐] 张　籍

老农家贫在山住，耕种山田三四亩。
苗疏税多不得食，输入官仓化为土。
岁暮锄犁傍空室，呼儿登山收橡实。
西江贾客珠百斛，船中养犬长食肉。

古风二首

[唐] 李 绅

春种一粒粟，秋成万颗子。
四海无闲田，农夫犹饿死。

锄禾日当午，汗滴禾下土。
谁知盘中餐，粒粒皆辛苦。

观刈麦

[唐] 白居易

田家少闲月，五月人倍忙。
夜来南风起，小麦覆陇黄。
妇姑荷箪食，童稚携壶浆。
相随饷田去，丁壮在南冈。
足蒸暑土气，背灼炎天光。
力尽不知热，但惜夏日长。
复有贫妇人，抱子在其旁。
右手秉遗穗，左臂悬敝筐。
听其相顾言，闻者为悲伤。
家田输税尽，拾此充饥肠。
今我何功德，曾不事农桑。
吏禄三百石，岁晏有余粮。
念此私自愧，尽日不能忘。

农家望晴

[唐] 雍裕之

尝闻秦地西风雨，为问西风早晚回？
白发老农如鹤立，麦场高处望云开。

苦辛吟

［唐］于 濆

垅上扶犁儿，手种腹长饥。
窗下抛梭女，手织身无衣。
我愿燕赵姝，化为嫫母姿。
一笑不值钱，自然家国肥。

咏田家

［唐］聂夷中

二月卖新丝，五月粜新谷。
医得眼前疮，剜却心头肉。
我愿君王心，化作光明烛。
不照绮罗筵，只照逃亡屋。

山中寡妇

〔唐〕杜荀鹤

夫因兵死守蓬茅，麻苎衣衫鬓发焦。
桑柘废来犹纳税，田园荒后尚征苗。
时挑野菜和根煮，旋斫生柴带叶烧。
任是深山更深处，也应无计避征徭。

畲田词

〔宋〕王禹偁

北山种了种南山，相助刀耕岂有偏？
愿得人间皆似我，也应四海少荒田。

田家语

〔宋〕梅尧臣

谁道田家乐？春税秋未足。
里胥扣我门，日夕苦煎促。
盛夏流潦多，白水高于屋。
水既害我菽，蝗又食我粟。
前月诏书来，生齿复板录。
三丁籍一壮，恶使操弓韣。
州符今又严，老吏持鞭朴。
搜索稚与艾，唯存跛无目。
田间敢怨嗟，父子各悲哭。
南亩焉可事？买箭卖牛犊。
愁气变久雨，铛缶空无粥。
盲跛不能耕，死亡在迟速。
我闻诚所惭，徒尔叨君禄。
却咏归去来，刈薪向深谷。

田　家

[宋] 陈师道

鸡鸣人当行，犬鸣人当归。

秋来公事急，出处不待时。

昨夜三尺雨，灶下已生泥。

人言田家乐，尔苦人得知。

打　麦

[宋] 张舜民

打麦打麦，彭彭魄魄，声在山南应山北。

四月太阳出东北，才离海峤麦尚青，转到天心麦已熟。

鹖旦催人夜不眠，竹鸡叫雨云如墨。

大妇腰镰出，小妇具筐逐。

上垅先捋青，下垅已成束。

田家以苦乃为乐，敢惮头枯面焦黑！
贵人荐庙已尝新，酒醴雍容会所亲。
曲终厌饫劳童仆，岂信田家未入唇！
尽将精好输公赋，次把升斗求市人。
麦秋正急又秧禾，丰岁自少凶岁多，田家辛苦可奈何！
将此打麦词，兼作插禾歌。

田家谣

［宋］陈 造

麦上场，蚕出筐，此时只有田家忙。
半月天晴一夜雨，前日麦地皆青秧。

阴晴随意古难得，妇后夫先各努力。

倏凉骤暖茧易蛾，大妇络丝中妇织。

中妇辍闲事铅华，不比大妇能忧家。

饭熟何曾趁时吃，辛苦仅得蚕事毕。

小妇初嫁当少宽，令伴阿姑顽过日。

明年愿得如今年，剩贮二麦饶丝绵。

小妇莫辞担上肩，却放大妇当姑前。

预习提示:
Before You Started:

1. 中国的现代史和中国人现代化的理想有什么关系？中国人为什么那么渴望现代化？
2. 谈谈中国人这一百年来走向现代化的努力和他们奋斗的历程。
3. 谈谈改革开放和中国现代化的关系。

第二十课　中国的现代化

现代化是中国人的百年强国梦。

中国人为什么那么渴望现代化呢？熟悉中国历史的人都知道，中华帝国曾经有过极为**辉煌**的历史；但是到了近代，中国却**蒙受了史无前例** 的耻辱。中国的文明发达得比较早，在人类文明的**黎明**时期，中华文化曾经是最**耀眼**的一颗**启明星**。在汉代和唐代，西方文明还处于萌芽阶段时中国已经创造了人类文明史上的一个**高峰**。宋元时代，中华文明的名声仍然**远播**世界，那时候西方还仍然处在中世纪的黑暗时期。明朝和清朝中国依然很强大，但是它们不知道，西方已经不是过去的西方了。

经历了**文艺复兴**和工业革命，欧洲的文明已经获得了**飞速**的发展，西方依靠着工业和科技的帮助已经很快地赶上和超过了当时世界的先进水平。而当时的中国还是坚持着几千年老祖宗传下来的模式。中国传统文化推崇儒家思想，不注重工业和商业，也不关心科技的发展。中国的人口越来越多，**国计民生**成了一个很大的问题。社会发展了，西方进步了，可是中国还是几千年不变的老样子。这样，和不断前进的西方相比，中国**显然落后**了，可是骄傲的中国统治者并没有意识到这一点。

进步了的西方开始想扩大它的市场和影响范围，它们想和东方最大的国家中华帝国打交道，利用它们的先进的工商业能力来打开中国的市场，获得**利润**。在清朝中期，西方国家开始不断地同中国政府**接触**，并希望同中国建立**商贸**关系。

中国文化**向来**认为自己是最优秀的，它有一种看不起外来文化的传统。比如古时候中国人常常用含有**贬义**的词来称呼别的文化，把它们称作"胡"、"番"、"蛮"、"夷"等等。西方想打开中国的市场、在中国**兜售**它们的产品的想法当然受到了中国统治者的反对。西方人在中国受到了**挫折**，可是他们没有**死心**。到了十九世纪，西方国家开始越来越强大，中国开始越来越**衰弱**，特别是这时候西方**在航海**和**军事**上发展得很快，有了**称霸**的力量。用**谈判**的方式没法打开中国的市场，以英国为首的西方国家就开始用军事力量来打开中国市场。在十九世纪中后期，英国和中国进行了两次**鸦片战争**，中国都失败了。英国和其他西方国家开始打进中国，用武力使中国人屈服，**占领**了中国的一些市场，而且**强行**占领了香港，把它变成了英国的**殖民地**。

中国人在历史上第一次真正**惨痛**地失败了。这是一个**奇耻大辱**，从皇帝到一般老百姓都感到**痛心疾首**，中国人要**雪耻**，要报仇。可是当时的中国**积贫积弱**，报仇谈何容易？看到了中国的落后，其他国家也都来侵略，日本跟中国进行了**甲午战争**，中国又失败了，俄国也开始占领中国的土地。在清朝末年，中国开始节节败退，中华文化面临着被毁灭的危险。

在这样危机的情况下，中国的知识分子开始寻求救国救民的道路。有的人认为中国之所以 失败是因为中国文化传统有问题，他们开始怀疑儒家的传统，批判历史，主张应该一切都学习西方，从头建设自己的国家。这样的观点被认为是"全盘西化"的观点。有的人认为全盘西化的观点太**激进**，不应该全部**抛弃**中国的传统文化，中国传统文化是伟大的，但它太古老，已经不能够适应现代社会遇到的一切问题，我们应该**革新**和**改造**它。比如说，现在西方人的工业和科技比较发达，我们就可以学习西方的科技，但不必学习西方人的理念。我们应该"中学为体，西学为用"，师夷制夷，学会了洋人的办法，用来对付洋人。另外，也有一些极端保守的人认为中国不应该改革，应该以<u>不变应万变</u>。在清朝的末期，一切进步的知识分子都看到了改革的必要，他们开始发动群众，号召老百姓关心国家大事，宣传"国家兴亡，**匹夫有责**"的口号。

这个时期，整个民族都开始关心中国的命运。当时的爱国知识分子提出了中国需要**"德先生"**和**"赛先生"**的口号。开始引进西方的先进的民主与科学的思想，最终推翻了清朝封建的皇帝统治，建立了**中华民国**。中国人本来希望用新的民主政治的方式来重建自己的国家，可是中华民国建立起来后，中国并没有得到真正的统一。那时候中国有很多**军阀**，他们整天打仗。当时中国的首要任务应该是要使国家**安定**下来，然后才能谈**建设**，谈改革和现代化。中国的混乱局面还没有结束，日本人就开始侵略中国，后来第二次世界大战爆发，日本人占领了中国，中华民族到了<u>生死存亡</u>的时期。经过了八年的<u>浴血奋战</u>，中国人终于打败了日本侵略者，1949年，共产党建立了中华人民共和国。

新中国建立后，<u>百废待兴</u>。当然，最主要的一个任务是**拯救**灾难的中国，恢复中国人的民族**自信心**、实现现代化和中国人的强国梦。一百年来，中国人受尽了外国强权的**凌辱**，毛泽东在天安门上宣布："中国人民从此站起来了!"人们相信中国将不再受外国霸权的欺侮，毛泽东是中国人民的大**救星**。

但是，中国在改革、追求现代化和强国的梦想方面也走了很多的弯路。新中国成立后，中国人民开始增强了建设祖国、尽快实现现代化的信心。但是由于缺乏经验、自然灾害和政治运动的影响，在走向现代化的道路上中国人民遭受了一次又一次的挫折，后来爆发了文化大革命，这十年文革使中国和世界先进科技水平之间的距离越来越大了。

文革结束后，中国政府发现了中国的根本问题，开始实行对外开放政策。中国人开始学习和引进西方的现代科技，同时接受西方的先进的思想理念。中国政府提出了实行"四个现代化"的口号。哪四个现代化呢？那就是农业现代化、工业现代化、**国防**现代化和科学技术现代化。实现了这些现代化，中国就会真正富强起来，中国人也就真正会实现他们的强国梦，扬眉吐气 起来。

中国历史年代简表
A Brief Chinese Chronology

夏 Xia Dynasty		约前21世纪— 约前16世纪		北齐 Northern Qi	550—577	
商 Shang Dynasty		约前16世纪— 约前11世纪		西魏 Western Wei	535—556	
周 Zhou Dynasty	西周 Western Zhou Dynasty	约前11世纪 —前771		北周 Northern Zhou	557—581	
	东周 Eastern Zhou Dynasty	前770—前256		隋 Sui Dynasty	581—618	
	春秋 Spring and Autumn Period	前770—前476		唐 Tang Dynasty	618—907	
	战国 Warring States	前475—前221	五代 Five Dynasties	后梁 Later Liang	907—923	
秦 Qin Dynasty		前221—前207		后唐 Later Tang	923—936	
汉 Han Dynasty	西汉 Western Han	前206—公元24		后晋 Later Jin	936—946	
	东汉 Eastern Han	25—200		后汉 Later Han	947—950	
三国 Three Kingdoms	魏 Wei	220—265		后周 Later Zhou	951—960	
	蜀汉 Shu Han	221—263	宋 Song Dynasty	北宋 Northern Song Dynasty	950—1127	
	吴 Wu	222—280		南宋 Southern Song Dynasty	1127—1279	
西晋 Western Jin Dynasty		265—316		辽 Liao Dynasty	916—1125	
东晋 Eastern Jin Dynasty		317—420		金 Jin Dynasty	1115—1234	
南北朝 Northern and Southern Dynasties	南朝 Southern Dynasties	宋 Song	420—479	元 Yuan Dynasty	1271—1368	
		齐 Qi	479—502	明 Ming Dynasty	1368—1644	
		梁 Liang	502—557	清 Qing Dynasty	1644—1911	
		陈 Chen	557—589	中华民国 Republic of China	1912—1949	
	北朝 Northern Dynasties	北魏 Northern Wei	386—534	中华人民共和国 People's Republic of China	1949 成立	
		东魏 Eastern Wei	534—550			

改革开放以后的中国有了很大的进步。中国提出了"让中国走向世界，让世界走向中国"的口号。中国人怀着极大的热情拥抱新的科技和文明，同时也拥抱新的思想理念。现代化已经不再仅仅是一个口号而是体现在中国走向世界的每一个步伐中，也体现在每一个中国人的实践和行为上。中国的现代化和强大已经是一个指日可待的事实了，强大的中国应该是**维护**世界和平的一个重要的力量。中国人曾经说过，"我们的朋友遍天下"，这是中国人的一个美好的梦想。我们有理由相信，中国应该对世界，对人类文明作出更多的贡献，而实现现代化是中国走向未来的最**关键**的一步。中国人应该把这一步走好。

生 词
VOCABULARY

1. 辉煌	輝煌	huīhuáng	（形）	非常亮，光彩夺目 brilliant; splendid; glorious
2. 蒙受	蒙受	méngshòu	（动）	遭受；受到 suffer; sustain
3. 黎明	黎明	límíng	（名）	天刚开始发亮的时候 dawn; daybreak
4. 耀眼	耀眼	yàoyǎn	（形）	光线强烈，使人不敢看 dazzling; bright
5. 启明星	啓明星	qǐmíngxīng	（名）	太阳还没出来以前，出现在东方天空的金星 Venus
6. 高峰	高峰	gāofēng	（名）	高的山峰；比喻事物发展的最高点或最高阶段 peak; summit; height
7. 远播	遠播	yuǎnbō	（动）	传播的很远 spread to far distance; have a big influence/fame
8. 文艺复兴	文藝復興	Wényìfùxīng	（名）	欧洲十四至十六世纪发生的文化革新运动。它开辟了西方文明史的一个新的时代 Renaissance

9.	飞速	飛速	fēisù	(形/副)	速度极快；十分迅速 at full speed
10.	国计民生	國計民生	guójìmínshēng	(名)	国家的经济和人民的生活 the fiscal administration and people's livelihood of nation
11.	显然	顯然	xiǎnrán	(副)	明摆着，很清楚；容易看成或觉察出来的 obvious; evident; clear
12.	利润	利潤	lìrùn	(名)	指赢利，获得经济上的利益 profit
13.	接触	接觸	jiēchù	(动/名)	接近并进行交往 come into contact with; get in touch with
14.	商贸	商貿	shāngmào	(名)	商业和贸易 commercial and trade
15.	向来	向來	xiànglái	(副)	一直，总是 always, all along
16.	贬义	貶義	biǎnyì	(名)	字词中含有厌恶或否定的意思 derogatory sense
17.	番	番	fān	(形)	指外国或外族 barbarians (as opposed to native Chinese); foreign; uncivilized
18.	蛮	蠻	mán	(形)	粗野、强横；中国古代对外来文化或种族的的贬义的称呼 rough; fierce; reckless; unreasoning
19.	夷	夷	yí	(形)	中国古代对异族的称呼；旧时泛指外国或外国人 foreign country; foreigner
20.	兜售	兜售	dōushòu	(动)	想方设法推销自己的货物（常用于贬义）peddle; hawk
21.	挫折	挫折	cuòzhé	(名/动)	压制；失利；阻碍 inhibit; suppress; frustrate

22.	死心	死心	sǐxīn	（动）	断了念头；不再寄托希望 drop the idea forever; have no more illusions about the matter
23.	衰弱	衰弱	shuāiruò	（形）	不强健；事物不兴盛 weak; feeble
24.	航海	航海	hánghǎi	（名）	驾驶船只在海洋上航行 navigation
25.	军事	軍事	jūnshì	（名）	军队中的事务或与军队有关的事情 military affairs
26.	称霸	稱霸	chēngbà	（动）	仪仗权势和实力，欺凌他国或他人 seek hegemony; dominate
27.	谈判	談判	tánpàn	（动/名）	认真慎重地讨论一些重大的问题 negotiations; talks
28.	鸦片战争	鴉片戰争	yāpiànzhànzhēng	（名）	因为中国政府禁止英国向中国贩卖鸦片，1840 到 1842 年间英国向中国发动的侵略战争 the Opium War（Britain's invasion of China, 1840–1842）
29.	占领	占領	zhànlǐng	（动）	用武力取得或占有 capture; occupy; seize
30.	强行	强行	qiángxíng	（副）	施加压力强迫或强制进行 force
31.	殖民地	殖民地	zhímíndì	（名）	一个国家在国外侵占并大批移民居住的地区；被一个国家剥夺了政治、经济的独立权，并且受这个国家控制或掠夺的弱国或地区 colony
32.	惨痛	慘痛	cǎntòng	（形）	悲伤痛苦 deeply grieved; painful; bitter

33.	奇耻大辱	奇耻大辱	qíchǐdàrǔ	（成）	[奇] 少有的，不寻常的。极大的耻辱 galling sham and humiliation；deep disgrace
34.	痛心疾首	痛心疾首	tòngxīnjíshǒu	（成）	心伤而头痛；形容伤心、痛恨到了极点 with bitter hatred
35.	雪耻	雪耻	xuěchǐ	（动）	洗除耻辱 to clean the shame
36.	积贫积弱	積貧積弱	jīpínjīruò	（成）	因长期的贫穷造成了衰弱 amass/accumulate the poor and weakness
37.	甲午战争	甲午戰爭	jiǎwǔzhànzhēng	（名）	1894 到 1895 年间由日本发动的一场侵略战争。起因是日本想吞并朝鲜，后来中国牵入，在这场战争中中国失败。Sino-Japanese War of 1894–1895（launched by Japanese imperialism to annex Korea and invade China）
38.	激进	激進	jījìn	（形）	急进 radical
39.	抛弃	抛弃	pāoqì	（动）	扔掉不要 abandon；forsake；cast aside
40.	革新	革新	géxīn	（动）	除旧创新 innovation
41.	改造	改造	gǎizào	（动）	进行修改和变更；除旧立新，使适应新的情况和需要 transform；reform；remould；remake
42.	匹夫	匹夫	pǐfū	（名）	普通老百姓；指无知识、无智谋和本领的人 ordinaryman

43.	德先生	德先生	déxiānsheng	（名）	中国人希望得到民主，从西方请来"民主先生" Mr. Democracy
44.	赛先生	賽先生	sàixiānsheng	（名）	中国人希望得到科学，从西方请来"科学先生" Mr. Science
45.	中华民国	中華民國	Zhōnghuá mín'guó	（名）	推翻清朝以后建立的中国新政府 Republic of China
46.	军阀	軍閥	jūnfá	（名）	旧时拥有武装，掌握政权，自己成立派系并且占据一方的军人头领 warlord
47.	安定	安定	āndìng	（形）	平静稳定 stable; quite; settled
48.	建设	建設	jiànshè	（动）	创立新事业，增加新设备 build; construct
49.	拯救	拯救	zhěngjiù	（动）	援救，救助 save; rescue; deliver
50.	自信心	自信心	zìxìnxīn	（名）	相信自己，对自己的信心 self-confident
51.	凌辱	凌辱	língrǔ	（动）	欺负、侮辱 insult; humiliate
52.	救星	救星	jiùxīng	（名）	救助遭受苦难的人 liberator; emancipator
53.	国防	國防	guófáng	（名）	国家为防备外来侵略、保卫主权和领土而准备的军队、设备等 national defense
54.	维护	維護	wéihù	（动）	保护，使不受伤害 safeguard; defend; uphold
55.	关键	關鍵	guānjiàn	（名）	锁门的工具，比喻紧要的部分或起决定作用的因素 hinge; key; crux

习惯用语和特殊表达用语

史无前例：历史上从来没有过的。

1. 文化大革命是中国的一场史无前例的浩劫。

2. 明年要在这儿开一个世界知名的国际大会，对这个小城市来说，真是一件史无前例的大事。

痛心疾首：非常难过，使人头痛。

1. 鸦片战争虽然过去了一百多年了，但是现在提起来，中国人仍然感到痛心疾首。

2. 他最感到痛心疾首的是他小时候不好好读书，现在他的同学都成了名人，而他却找不到工作。

谈何容易：说得何等容易（做起来就非常难了）。

1. 这学期你选了五门课，还都想得"A"，谈何容易！

2. 虽然他一直说想当一个医生，可是做一个医生谈何容易？

之所以……是因为……：造成这种结果的原因是由于……

1. 他之所以喜欢看电影是因为他有一个想当演员的梦。

2. 请你别逼他吃，他之所以不吃牛肉是因为宗教的原因。

以不变应万变：用保持不变化的态度来应付过多的变化。

1. "不管你怎么劝我，我还是以不变应万变，先看看别人怎么反应再说吧。"

2. 在这种情况下，最好是以不变应万变，看看敌人怎么做，再决定我们下一步的行动。

生死存亡：或生或死或存在或灭亡，指一个重大的时期。

1. 日本人侵入了中国并想把中国变成他们的殖民地，中华民族到了生死存亡的重要时刻。

2. 就在这个关系到生死存亡的时候，美国的各个州都发生了起义，反对英国的殖民统治。

浴血奋战：在血的风雨战斗，比喻情况的危急和悲壮。

1. 经过了八年的浴血奋战，中国人民终于战胜了侵略者，解放了自己的祖国。

2. 在第二次世界大战期间，欧洲各国的人民团结起来，浴血奋战，终于打败了德国法西斯侵略者。

百废待兴：很多的残败局面等待收拾和修建。

1. 文革以后中国面临着百废待兴的危机局面，中国政府开始制定了一系列的政策来改造中国。

2. 战争以后，这儿到处都是一片混乱，百废待兴，经过了十年的努力，终于建成了现在这样的局面。

扬眉吐气：形容被压抑的心情得到舒展而快活满意的样子。

1. 终于考上了他一直梦想的大学，他觉得他可以扬眉吐气了。

2. 他说过，等到自己的国家真正获得独立自由的那一天，就是他的人民感到扬眉吐气的一天。

句型和词汇用法

● **显然**

1. 他从来没问过任何人就做出了这样的决定，这件事显然是他做错了。

2. 我认为这件事显然不是他的错，因为＿＿＿＿＿＿＿＿＿＿＿＿＿＿＿

＿＿＿＿＿＿＿＿＿＿＿＿＿＿＿＿＿＿＿＿＿＿＿＿＿＿＿＿＿＿。

3. 他的话显然不能让人相信，因为＿＿＿＿＿＿＿＿＿＿＿＿＿＿＿＿

＿＿＿＿＿＿＿＿＿＿＿＿＿＿＿＿＿＿＿＿＿＿＿＿＿＿＿＿＿＿。

● **向来**

1. 我向来认为他是个聪明人，没想到他会干出这样的傻事。

2. 虽然他向来表现不错，＿＿＿＿＿＿＿＿＿＿＿＿＿＿＿＿＿＿＿＿＿

＿＿＿＿＿＿＿＿＿＿＿＿＿＿＿＿＿＿＿＿＿＿＿＿＿＿＿＿＿＿。

3. 虽然他向来主张团结的重要，＿＿＿＿＿＿＿＿＿＿＿＿＿＿＿＿＿＿

＿＿＿＿＿＿＿＿＿＿＿＿＿＿＿＿＿＿＿＿＿＿＿＿＿＿＿＿＿＿。

● **激进**

1. 我一直认为他比较保守，没想到这次他的观点竟这么激进。

2. 他虽然说起话来很激进，＿＿＿＿＿＿＿＿＿＿＿＿＿＿＿＿＿＿＿＿

＿＿＿＿＿＿＿＿＿＿＿＿＿＿＿＿＿＿＿＿＿＿＿＿＿＿＿＿＿＿＿。

3. 他一直说他不太喜欢激进的观点，可是＿＿＿＿＿＿＿＿＿＿＿＿＿＿

＿＿＿＿＿＿＿＿＿＿＿＿＿＿＿＿＿＿＿＿＿＿＿＿＿＿＿＿＿＿＿

＿＿＿＿＿＿＿＿＿＿＿＿＿＿＿＿＿＿＿＿＿＿＿＿＿＿＿＿＿＿＿。

● **拯救**

1. 我认为你这样做并不是拯救他，而是害他。

2. A："你真的认为宗教能拯救一个人的灵魂吗？"

　 B：＿＿＿＿＿＿＿＿＿＿＿＿＿＿＿＿＿＿＿＿＿＿＿＿＿＿＿＿＿＿

＿＿＿＿＿＿＿＿＿＿＿＿＿＿＿＿＿＿＿＿＿＿＿＿＿＿＿＿＿＿＿。

3. 不但我拯救不了他，＿＿＿＿＿＿＿＿＿＿＿＿＿＿＿＿＿＿＿＿＿＿

＿＿＿＿＿＿＿＿＿＿＿＿＿＿＿＿＿＿＿＿＿＿＿＿＿＿＿＿＿＿＿。

● **维护**

1. 我这样做其实是为了维护你的利益。你难道看不出来这一点吗？

2. 为了维护自己的利益不被侵犯，＿＿＿＿＿＿＿＿＿＿＿＿＿＿＿＿＿

＿＿＿＿＿＿＿＿＿＿＿＿＿＿＿＿＿＿＿＿＿＿＿＿＿＿＿＿＿＿＿。

3. 他不仅维护自己的利益，＿＿＿＿＿＿＿＿＿＿＿＿＿＿＿＿＿＿＿＿

＿＿＿＿＿＿＿＿＿＿＿＿＿＿＿＿＿＿＿＿＿＿＿＿＿＿＿＿＿＿＿。

● **关键**

1. 现在最关键的问题是你必须先学会使用电脑。

2. 问题的关键到底是在哪儿呢？＿＿＿＿＿＿＿＿＿＿＿＿＿＿＿＿＿＿

＿＿＿＿＿＿＿＿＿＿＿＿＿＿＿＿＿＿＿＿＿＿＿＿＿＿＿＿＿＿＿。

3. 就在这个最关键的时候，＿＿＿＿＿＿＿＿＿＿＿＿＿＿＿＿＿＿＿＿

＿＿＿＿＿＿＿＿＿＿＿＿＿＿＿＿＿＿＿＿＿＿＿＿＿＿＿＿＿＿＿。

一、根据课文的内容回答下列问题：

1. 为什么说"现代化是中国人的百年强国梦"？

2. 中国古代辉煌的文明对中国人的心理有什么样的影响？

3. 古代的中华文明持有者是怎么看待西方文化的？他们为什么那样看？

4. 谈谈近现代以来中国文化落后的原因。

5. 什么是"中学为体，西学为用"？当时的中国人为什么提出了这样的见解？

6. 中国人为什么要引进"德先生"和"赛先生"？

7. 谈谈新中国成立后中国社会发展情况和中国追求现代化的情况。

8. 谈谈改革开放对当代中国人的现代化理想有什么影响？

二、用下列的词造句子：

1. 史无前例：

2. 蒙受：

3. 显然：

4. 向来：

5. 挫折：

6. 痛心疾首：

7. 之所以……是因为……：

8. 抛弃：

9. 生死存亡：

10. 刮目相看：

11. 扬眉吐气：

12. 维护：

三、找出下列每组词中的近义词或同义词：

➢ 辉煌	明亮	鲜明	光辉
➢ 蒙受	接受	遭受	忍受
➢ 飞速	快速	速度	飞快
➢ 显然	然而	然后	明显
➢ 向来	以来	一直	从来

➤ 接触	接近	联系	结合
➤ 挫折	折磨	失败	损失
➤ 占领	霸占	占据	强制
➤ 激进	接近	进步	急进
➤ 革新	重新	改革	革命
➤ 安定	安全	决定	平安
➤ 崩溃	破灭	爆炸	失望
➤ 维护	照顾	保护	维持
➤ 关键	关系	决定	重要

四、选词填空：（辉煌、领域、关键、飞速、接触、向来、蒙受、挫折、衰弱、激进、刮目相看、强行、显然）

1. 鸦片战争使中国人_____了史无前例的巨大耻辱。

2. 虽然这个国家有过_____的历史，但是现在它的确太落后了。

3. 这几年中国不但工业发展很快，它的农业也在_____发展。

4. 除了在科学_____外，在其他方面这个国家也代表着世界先进水平。

5. 我们_____应该不重视这个问题，要不然我们就会犯错误。

6. 我虽然不反对你跟他_____，但我并不喜欢他。

7. 我虽然_____就不喜欢他，但我并不否认他非常聪明。

8. 虽然他遭受了很多_____，但他最后还是把任务顺利完成了。

9. 我认为你应该跟他讲道理说服他，而不能_____逼他听你的。

10. 虽然他的身体很_____，可是他还是坚持要跟大家一起去。

11. 虽然他的观点有些_____，可是我觉得很有道理。

12. 没想到他居然考上了 Harvard 大学！这真让人不得不对他_____。

13. 要想做好这个菜，最_____的问题是要有耐心。

五、用括号里的词改写句子：

1. 文艺复兴以后，西方一方面注重发展科学，另一方面又注重发展民主政治，渐渐形成了一种新的文明方式。(除了……也……)

2. 社会发展了，西方进步了，中国还是几千年不变的老样子。（虽然 ……但是……)

3. 有很多人认为因为中国的文化太古老，太没有生命力，所以它慢慢衰落了。（之所以……是因为）

4. 中国文化向来认为自己是最优秀的。它不但看不起外来的文化，而且古时候还用贬义的词来称呼外来的文化。（除了……以外……）

六、写作练习：

1. 用一句话来总结出课文中每一段的意思。

2. 用三句话来概括（summarize）出这篇课文的主要内容和观点。

3. 研究一下中国人关于历史上对于科学和技术的看法，写一篇短文谈谈你对此的见解。

4. 阅读和了解一下"鸦片战争""甲午战争"的资料，写一篇对这些战争的介绍文章。

5. 你认为中国传统文化的根本问题在哪里？中国古代文明很发达，为什么到了近代以后会这么落后？

6. 新中国建立以后，和过去相比，它有哪些特点？中国的现代化为什么经历了那么多的曲折？

7. 作文：美国与现代化
　　　　我心中的中华文明
　　　　中国现代化的远景

第二十一课　马可·波罗

　　马可·波罗是意大利的一个著名的探险家和商人，他在世界上出了名是因为他写了一部有名的《东方闻见录》。马可·波罗 1254 年诞生于意大利的威尼斯公国。他家是一个有名的商人家庭。他的父亲和叔父都曾经远涉重洋到遥远的东方去做过生意。

　　1269 年这一年，马可·波罗刚刚十五岁，他的爸爸和叔父又经商回来了。这一次他们是从中国回来的。在当时的欧洲，很少有人听说过这个遥远和神秘的国度，更谈不上有人去过那儿了。可是每次马可·波罗的爸爸和叔父回来都会带回来很多的金子、成筐成袋的宝石和珍珠，真让人不能相信世界上竟然有拥有这么多财富的一块宝地。

　　这次马可·波罗的爸爸告诉他，他已经长大了，如果他愿意，他可以跟爸爸和叔叔去中国。

　　去中国!! 马可·波罗简直不相信自己的耳朵了——那是个他连做梦都想去的地方啊！特别是这次爸爸告诉他，中国的皇帝忽必烈（Kublai Khan）盛情邀请他们，如果他们愿意，可以带一些意大利人的老师或教士随他们一起去中国，可以在那儿向中国人介绍意大利人的文化。马可·波罗一家人简直高兴极了。

就这样，他们一家人，带着招募来的几个教士和教师向着中国出发了。这次他们走的路很远，旅程也很艰难。他们要从意大利乘船到巴勒斯坦，然后越过阿拉伯大沙漠，通过气候非常恶劣的阿富汗和"世界屋脊"西藏，最后通过中国的戈壁大沙漠去中国。走到半路，那些随行的教士和教师害怕了，他们死也不肯往前走，马可·波罗一家人只好送走了他们，自己冒死往前走。走啊走，走了多少个日日夜夜，他们终于在 1275 年春天走到北京，来到了中国皇帝忽必烈的皇宫！这条艰难的路他们整整走了六年，这时候，马可·波罗已经是一个二十一岁的青年人了。

马可·波罗英俊好学，他很快学会了汉语，也很快博得了中国皇帝忽必烈的喜爱。忽必烈皇帝派他到当时中国最繁华的城市扬州去当行政长官，那时那儿的人口有二十五万，不仅是中国的大都市，也是整个东方有名的大都市。马可·波罗在那儿待了三年，后来皇帝又任命他代表皇帝到印度支那、云南、西藏、缅甸等地 视察。马可·波罗带来了很多各地的故事和风土人情，皇帝越来越喜欢他了。

马可·波罗一家在中国越来越富裕，他们赚了很多金子和珠宝，当然，他们也受到了别人的嫉妒。马可·波罗一家怕忽必烈死了以后宫廷里的人会迫害他们，就请求皇帝允许他们回家，回到日夜想念的威尼斯，可是皇帝拒绝了他们的要求。这时候波斯（Persia）国王派来了一个使者，他代表波斯王子向忽必烈的女儿求婚，忽必烈答应把公主嫁给他们。这样，中国皇帝需要一些有身份又有经验的高级官员护送公主到万里之外去结婚。忽必烈皇帝此时决定派马可·波罗一家人去完成这个重要的任务，并同意他们在任务顺利完成以后可以回威尼斯老家去看看。

这趟旅行相当艰险。一路上到处是土匪 出没，而且还有忽必烈的敌人的打劫。他们决定建造一些大船从海上航行，1292 年这一年，他们终于启程了。这支队伍很 庞大，有马可·波罗一家，公主，六百位随行的贵族和大量的佣人。他们从印度支那海上航行，经历了数不清的困难，后来终于到达了东非的海岸。路上死了很多人，这时候随行的六百位贵族只有十八个人活了下来。幸运的是，马可·波罗一家和公主安全地到达了波斯。完成了任务，他们终于回到了威尼斯。这时，他们离开家乡已经二十四年了。他们带回去的珠宝震惊了整个威尼斯城。

后来，马可·波罗在一条船上当船长，这条船被他们的敌人热那亚（Genoa）的军队捕获，马可·波罗成了俘虏，被送进了监狱。在监狱里，在一个狱友的帮助下，他开始写自己这一生充满传奇色彩的回忆录。1299 年，马可·波罗被释放了，他又回到了威尼斯从事贸易活动。他后来结了婚，有了三个女儿。马可·波罗死于 1323 年。

在 1298 年，马可·波罗完成了他的回忆录，他给它起名叫《东方闻见录》。这本书述说了他在中国、日本和东印度的经历，它一下子轰动了整个西方。在马可·波罗还活着的时候这本书就被译成了各种语言在欧洲发行。1440 年前后印刷术传到欧洲以后，这本书更是风靡整个欧洲。人们后来认为这本书似乎像是一部童话书或有太多夸张的地方，当时的读书人很少会真正相信马可·波罗的话，但是他们仍然把他的故事越传越远。据说，在两百年以后，哥伦布就是受到了马可·波罗书的鼓舞和激励去寻求新大陆的。在他寻找新大陆的航行中，他还带着《东方闻见录》，时时从里面找到咨询的材料。

据今天的地理学家的研究，马可·波罗的著作绝不是像他那个时代的人说得那么荒诞不经，他叙述的地理情况十分真实，它们有着令人非常惊奇的准确性。

生 词
VOCABULARY

1. 探险家	tànxiǎnjiā	explorer
2. 闻见录	wénjiànlù	records of what one sees and hears
3. 远涉重洋	yuǎnshèchóngyáng	come from far away/many oceans
4. 国度	guódù	country
5. 筐	kuāng	basket
6. 盛情	shèngqíng	great kindness; boundless hospitality
7. 招募	zhāomù	recruit; enlist
8. 沙漠	shāmò	desert
9. 恶劣	èliè	bad; evil; disgusting
10. 半路	bànlù	halfway; midway; on the way
11. 冒死	màosǐ	take the risk/chances of death
12. 英俊	yīngjùn	eminent man; handsome man
13. 博得	bódé	win; gain
14. 印度支那	Yìndùzhīnà	Indo-china
15. 缅甸	Miǎndiàn	Burma
16. 视察	shìchá	inspect
17. 风土人情	fēngtǔrénqíng	local conditions and customs
18. 富裕	fùyù	well-to-do; well-off
19. 迫害	pòhài	persecute
20. 使者	shǐzhě	emissary; envoy; messenger
21. 求婚	qiúhūn	propose marriage（by man）
22. 护送	hùsòng	escort; convoy
23. 土匪	tǔfěi	bandit; brigand
24. 出没	chūmò	appear and disappear; come and go
25. 打劫	dǎjié	rob; loot; plunder

26.	庞大	pángdà	huge; immense
27.	回忆录	huíyìlù	reminiscences; memoirs; recollections
28.	述说	shùshuō	state; recount; narrate
29.	轰动	hōngdòng	cause a sensation; make a stir
30.	风靡	fēngmí	fashionable
31.	童话	tónghuà	children's stores; fairy tales
32.	夸张	kuāzhāng	exaggerate; overstate; hyperbole
33.	鼓舞	gǔwǔ	inspire; hearten; dance for joy; rejoice
34.	激励	jīlì	encourage; impel; urge; drive; excitation
35.	咨询	zīxún	seek counsel of
36.	荒诞不经	huāngdànbùjīng	preposterous; fantastic

Exercise One: Remembering Detials

再次细读本文并指出下列句子提供的信息是对的（*T*rue）还是错的（*F*alse）。如是错的，请改成正确的答案：

1. 这个故事发生中国的唐朝。（　　）
2. 马可·波罗是个读书人，他父亲和叔父是商人。（　　）
3. 马可·波罗一家带了很多教士和教师到中国。（　　）
4. 中国皇帝派马可·波罗的父亲到扬州去当了行政长官。（　　）
5. 马可·波罗在宫廷里受到了迫害，他要求回威尼斯。（　　）
6. 马可·波罗爱上了忽必烈的女儿，向她求婚。（　　）
7. 马可·波罗回到家乡以后被送进了监狱。（　　）
8. 因为马可·波罗写了回忆录，他被释放了。（　　）
9.《东方闻见录》非常有名，它对西方文化影响很大。（　　）

Exercise Two: Analyzing Ideas

选择下面提供的哪种回答最接近文章提供的事实并完成句子：

1. 马可·波罗的父亲和叔父到中国去是为了＿＿＿＿＿＿。
　　a. 见中国皇帝　　　　b. 做生意　　　　　　c. 写有名的书
2. 马可·波罗想去中国的原因是＿＿＿＿＿＿。
　　a. 为了出名　　　　　b. 那儿有金子　　　　c. 刚十五岁

3. 中国皇帝邀请意大利人去中国是想让他们_____。

    a. 做生意   b. 当官   c. 传播文化

4. 教师和教士们不肯去中国是因为_____。

    a. 怕中国皇帝   b. 怕马可·波罗父亲   c. 怕吃苦

5. 忽必烈让马可·波罗一家护送公主是为了_____。

    a. 让他们回家   b. 代表皇帝   c. 避免吃苦

Exercise Three：Synonyms

根据上下文的意思，找出句子中的同义词：

1. 他们一家人，带着<u>招募</u>来的几个教士和教师向着中国出发了。

    a. 强迫   b. 招呼   c. 招收

2. 中国的皇帝忽必烈（Kublai Khan）<u>盛情</u>邀请他们。

    a. 非常喜欢   b. 非常热情   c. 非常高兴

3. 马可·波罗<u>英俊</u>好学，他很快学会了汉语。

    a. 努力   b. 聪明   c. 漂亮

4. 马可·波罗带来了很多各地的故事和<u>风土人情</u>，皇帝越来越喜欢他了。

    a. 老百姓的情况   b. 土地的情况   c. 风景的情况

5. 马可·波罗的《东方闻见录》介绍了他在中国、日本和东印度等的经历，一下子<u>轰动</u>了整个西方。

    a. 影响   b. 受…注意   c. 爆炸

6. 在他寻找新大陆的航行中，他还带着《东方闻见录》，时时从里面找到<u>咨询</u>的材料。

    a. 参考   b. 重要   c. 研究

Exercise Four：Discussion Questions

1. 你听说过马可·波罗的故事吗？马可·波罗为什么那么有名？
2. 马可·波罗的父亲为什么喜欢远涉重洋去做生意？
3. 马可·波罗的父亲为什么要带他去中国？
4. 谈谈马可·波罗在中国的经历。中国皇帝为什么那么喜欢他？
5. 马可·波罗一家为什么要到波斯去？他们这次的经历如何？
6. 马可·波罗晚年的情况怎么样？他是在哪儿写《东方闻见录》的？他为什么要写《东方闻见录》？

第二十二课　巴黎的"中国公主"故事

　　1629 年，在法国的首都巴黎发生了一件轰动朝野的大事：有人发现了一位流亡的中国公主，并且把她送到了首都国王的宫廷里。法国是当时最令人瞩目的欧洲文明中心，在那个地方出现这样一个奇事，当然影响力更大，传播得也更远。不久，几乎全国的老百姓都知道了这桩令人感到振奋和奇异的怪事。

　　当时的法国人已经知道遥远的中国很多年了。他们早就从马可·波罗的充满着梦幻和神秘色彩的《东方闻见录》里知道了那个"绚丽辉煌，黄金铺地"的富庶的梦一般的地方。法国人都知道中国富极了，中国人也成了他们心里的富人，他们知道中国的文明远远地高于他们的文明，可惜山高路远，他们不能亲自去中国看看那神奇的地方。但是，当时大家都有着一个中国梦，法国从文艺复兴以后，就开始有一种"中国风"（Le Chinoiserie），中国成了人民心中的一个乌托邦。法国人认为中国人是富人，那皇帝当然是最富的富人，皇帝的女儿公主一定是个充满神奇色彩的人物。既然去不成中国，能见见中国人也是好的呵，特别是，现在有一个中国的公主就在眼前，为什么不寻找机会去看看这位来自另一个世界的神奇的人儿，听一听她神奇的故事呢！当时的整个巴黎轰动了，法国也轰动了。

　　这个中国公主是怎么来到法国巴黎的呢？她又是个什么样的中国公主呢？人们一时充满了好奇心。可惜，中国公主不会说法语，他们一时很难知道她的底细。过了很久，这个中国公主开始说话了。用的是一种夹杂着各种怪里怪气的口气说法语，说得很不流利，但是，从她的叙述中，人们还是大致弄明白了她的来历。

　　这个女人说她是中国康熙（Kāngxī）皇帝的女儿，她的父亲把她嫁给了日本的王子。日本在海的那一边，必须乘船越过大洋。这样，她的爸爸康熙皇帝决定让她的母亲陪她飘洋过海送她<u>成亲</u>。可是那片<u>海域</u>很不安全，经常有<u>海盗</u>出没。不幸地，她们在海上遇到了<u>荷兰</u>海盗，被<u>俘虏</u>了。她母亲受不了折磨后来死在了海上，她则被海盗们带往欧洲。在中途，这些海盗遇到了法国的船队，海盗吓跑了，法国人救了中国公主。这样，这个女人最后被迫来到了法国。当时法国和荷兰正在打仗，人们很难证实这个中国公主说的话对不对。但是，又有什么必要去证实呢？盼了那么多年，好不容易见到了一个中国人，而且，更幸运的是，见到了一个中国公主！谁又愿意说她不是公主呢？！

　　可是，<u>事与愿违</u>，这时候，偏偏出现了一个奇怪的人和一桩奇怪的事—有个人偏偏要把中国公主的事情弄个<u>水落石出</u>。

　　这个可怜的中国公主遇难的事轰动了法国后，马上就有很多的皇家亲戚、<u>达官贵人</u>来关心这个女人。他们给了她很多钱，很多珠宝和漂亮的衣服，按照<u>皇家</u>的礼节对待她，非常小心地照顾她。有的贵夫人还想收养她作养女，给她最高贵的教育，穿最美的服装，吃最华贵的美食，

中国公主一时变成了法国最高贵的人，成了法国人<u>注目</u>的中心。甚至国王和王后都接见她，以宫廷的礼节来对待她。

　　这时恰巧有一位在中国多年的法国<u>传教士</u>刚从中国回到法国。听说有一位中国公主居然来到了法国，他非常惊讶，也感到非常奇怪。这是一个非常难得的机会，他想去见见这位中国公主。可是当时这位中国公主这么华贵，一个小小的传教士哪有机会去接近她

呢？功夫<u>不负</u>有心人，他到处求人，终于有这样一个机会，他找到了一位贵族夫人愿意给他联系去见见这位尊贵的中国公主。

这一天终于来到了，这位教士非常兴奋。可是，见到了这位中国公主后，他有一种奇怪的感觉：这位中国公主长得怎么完全不像中国人呵！在当时的欧洲，老百姓几乎从来没见过东方人或中国人，他们根本不知道中国人长得啥模样，所以这个女人说她是中国人，人们全信了。"中国公主"没想到她会遇到一位真正从中国回来，每天在中国人中间生活过的传教士！

传教士的惊奇显然<u>震动</u>了中国公主，她心里有了准备。传教士开始用汉语跟中国公主说话，没想到，中国公主好像一点都听不懂他的话。有趣的是，虽然听不懂，中国公主却非常<u>坦然</u>，她用一种非常奇怪的语言和声调来回答他的话。就这样，像是鸡同鸭讲，对话进行不下去了。不止他们两人，连旁边的人都看出来了他们没法用语言互相交流，也就是说，他们中间一定有一个人不会说中国话。人们当然不会怀疑中国公主不会说中国话，那么不会说中国话的只能是那位传教士。传教士在中国生活多年，经常讲中国话，他明明知道眼前的女人不会讲中国话，可是所有的人都<u>指责</u>他不会说中国话。他<u>委屈</u>极了。

可怜的传教士最后终于又想出了一个办法，他家里有一些中文书，他想：这个"中国公主"不会说中国话，那她一定读不懂中文书。如果能证明她不能读中文书，传教士也许会<u>挽回</u>一些脸面。于是他带了一些中文书，<u>兴冲冲</u>地又到了中国公主那儿，请她念。没想到，中国公主一点也不害怕，连犹豫都没犹豫拿起书来就读，读得又快又响，但是，她读得又完全不是中文！

传教士当然又失败了。可是他也知道，他遇到了<u>狡猾</u>的对手。因为当时没有人懂中文，也没有人见过真正的中国人，更没人有资格证明他是对的。这个女人只凭她是"中国公主"这个招牌就足以打败所有的人。他无法不败。

又是好多年过去了，虽然这个女人仍然<u>坚称</u>她是中国人，可是人们渐渐开始不太相信她的话了。法国后来开始有越来越多的传教士从中国回来，也有商人去中国，他们见过真正的中国人了。

那么这个法国女人为什么要<u>冒充</u>中国女人呢？在她的晚年，人们问她的时候，她给予了非常<u>哀切</u>的回答。她说她是一个十分贫穷的法国女人。如果她是一个法国人，没有一个人会关心她。可是她一旦变成了中国人，她的好运气就一下子全来了。她为什么不应该是一个中国人呢？

这个故事我们今天看来虽然觉得有<u>些</u>好笑，但是它给了我们一个<u>信息</u>，那就是当时在欧洲，人们眼里的中国是什么样的。中国像是一个<u>传奇</u>，更像是一个梦境，只要<u>沾</u>带上它的，都会得到好运气。就像今天中国人崇拜西方那样，西方人曾经是非常崇拜中国的，那时候<u>盲目</u>崇拜中国的在西方大有人在。甚至很多西方著名的思想家、学者都赞美中国，希望向中国学习。中国公主的故事看上去像是一场<u>闹剧</u>，其实正是当时这种心理的一个真实的反映。

根据 Jonathan Spence "To Change Europe" 改写

生 词
VOCABULARY

1.	朝野	cháoyě	court and commonality; governmentand public
2.	流亡	liúwáng	go into exile
3.	瞩目	zhǔmù	fix eyes on
4.	振奋	zhènfèn	inspire; stimulate
5.	富庶	fùshù	rich and populous
6.	底细	dǐxì	unapparent details (of a matter); unknown background
7.	夹杂	jiāzá	be mixed up or mingled with
8.	大致	dàzhì	roughly
9.	成亲	chéngqīn	get married

10.	海域	hǎiyù	sea area; maritime peace
11.	海盗	hǎidào	pirate
12.	荷兰	Hélán	The Netherlands; Holland
13.	俘虏	fúlǔ	capture; take prisoner; captive; P.O.W.
14.	事与愿违	shìyǔyuànwéi	Things go contrary to one's wishes
15.	水落石出	shuǐluòshíchū	everythingcomes to light
16.	达官贵人	dáguānguìrén	high officialsand notables; VIPs
17.	皇家	huángjiā	royal family
18.	注目	zhùmù	fix eyes on
19.	传教士	chuánjiàoshì	missionary
20.	不负	búfù	not let sb. down
21.	啥	shá	what; what kind
22.	震动	zhèndòng	shake; shock; vibrate
23.	坦然	tǎnrán	calm; unperturbed; frank; open
24.	指责	zhǐzé	censure; criticize
25.	委屈	wěiqu	feel wronged; be obstructed（in career）
26.	挽回	wǎnhuí	retrieve; redeem
27.	兴冲冲	xìngchōngchōng	animatedly
28.	狡猾	jiǎohuá	sly; cunning
29.	坚称	jiānchēng	assert positively; insist
30.	冒充	màochōng	pass sb./sth. off as
31.	哀切	āiqiè	grieved; sad; distressed
32.	信息	xìnxī	information; news; message
33.	传奇	chuánqí	legend; romance
34.	沾	zhān	moisten; soak; be stained with; touch
35.	盲目崇拜	mángmùchóngbài	blindly worship
36.	闹剧	nàojù	farce; slapstick comedy

Exercise One：Remembering Detials

再次细读本文并指出下列句子提供的信息是对的（*True*）还是错的（*False*）。如是错的，请改成正确的答案：

1. 这个故事发生在法国的首都。（　　）

2. 那时候，法国人虽然没去过中国，但对中国很感兴趣。（　　）

3. 因为法国人非常关心中国的气候，所以有"中国风"。（　　）

4. 法国人不相信中国公主会到法国去。（　　）

5. 传教士嫉妒中国公主，所以他想让人知道她不是中国人。（　　）

6. 人们相信中国公主，不相信法国传教士。（　　）

7. 传教士会读中文书，中国公主不会读中文书。（　　）

8. 法国人永远相信中国公主的故事。（　　）

9. 这个故事告诉我们西方人曾经盲目崇拜过中国。（　　）

Exercise Two：Analyzing Ideas

选择下面提供的哪种回答最接近文章提供的事实并完成句子：

1. 1629 年，法国首都发生轰动是因为_____。
   a. 是欧洲文明中心　　　b. 出现中国公主　　　c. 令人瞩目

2. 当时的法国认为遥远的中国是_____。
   a. 中国风　　　　　　　b. 富人　　　　　　　c. 乌托邦

3. 人们都想见见中国公主是因为_____。
   a. 好奇心　　　　　　　b. 怪里怪气　　　　　c. 绚丽辉煌

4. 中国公主说她是被_____海盗抢走的。
   a. 日本　　　　　　　　b. 法国　　　　　　　c. 荷兰

5. 这个法国女人说她是中国公主的原因是_____。
   a. 想得到好运气　　　　b. 想震动传教士　　　c. 喜欢中国

Exercise Three：Synonyms

根据上下文的意思，找出句子中的同义词：

1. 1629 年，在法国的首都巴黎发生了一件轰动<u>朝野</u>的大事。
   a. 野蛮的　　　　　　　b. 社会　　　　　　　c. 宫廷

2. 法国是当时最令人<u>瞩目</u>的欧洲文明中心，在那个地方出现这样一个奇事，当然影响力更大。
   a. 注意　　　　　　　　b. 热闹　　　　　　　c. 目前

3. 可惜，中国公主不会说法语，他们一时很难知道她的<u>底细</u>。

    a. 身体情况　　　　　　b. 仔细的情况　　　　　c. 长相

4. 从她的叙述中，人们还是<u>大致</u>弄明白了她的来历。

    a. 基本上　　　　　　　b. 从头到尾　　　　　　c. 完全

5. 这样，她的爸爸康熙皇帝决定让她的母亲陪她飘洋过海送她<u>成亲</u>。

    a. 变成亲戚　　　　　　b. 交朋友　　　　　　　c. 结婚

6. 如果能证明她不能读中文书，传教士也许会<u>挽回</u>一些脸面。

    a. 拿回　　　　　　　　b. 救回　　　　　　　　c. 回到

Exercise Four: Discussion Quesions

1. 法国为什么会有"中国风"？法国人为什么会对中国文化那么感兴趣？

2. "中国公主"的骗术并不十分高明，她为什么会成功？

3. 法国的宫廷贵族为什么关心中国公主？法国皇帝为什么接见她？

4. 传教士为什么要证明她不是中国公主？他为什么一再失败？

5. "中国公主"是怎么逃过传教士给她的麻烦危险，最后成功的？

6. 人们最后是怎么识破"中国公主"的？你觉得她可笑吗？

7. 有一部电影"Princess Caraboo"，它的故事和"中国公主"的故事相似。你看过这部电影吗？请比较一下这两个故事的不同。

第二十三课　中国人与世界大事

记得 1999 年美国人曾经作过一次时事调查。题目很简单，就是问<u>路人</u>当时的美国总统是谁。出乎人们预料之外的是，竟有 20％多的美国人回答不出来。我相信，如果用同样的题目去调查远在地球另一边的中国人，能正确回答出这个问题来的人一定比美国人多些，甚至连中国的老农民都不会<u>怵</u>这一类的问题的。

无论你问现在发生在世界上哪个角落的事，中国人<u>鲜</u>有不知道的。从纽约世界贸易大厦的爆炸到宇宙飞船的上天，从非洲人的挨饿到世界杯足球赛哪个国家排名第几，如果你想知道<u>眼下</u>发生的事又一时找不到书籍和报纸<u>查证</u>，那你就去问中国人好了。不管你找到的是一个街头市民老太太，是一个上小学的孩子，还是一个刚进城没几天的小保姆，甚至是来自远郊的老农民，你大概都能得到一个较为满意的回答。

中国人为什么那么关心世界大事呢？其一，我们的关心世事是有传统的。中华文明<u>洋洋洒洒</u>了五千年，渐渐养成了一种君临天下的<u>王者之风</u>。虽然到了近代一再受挫，可是挫败的是<u>锐气</u>，并没挫伤<u>底气</u>。中国人还是喜欢对天下大事发表意见。

其二，中国人的关心时事是让时势逼的。过去中国是<u>泱泱大国</u>，后来不断被打败。到了上个世纪初，中国人差一点让世界上的<u>列强</u>给瓜<u>分</u>了。外国人在中国建立了很多殖民地，中国人在自己的土地上都难免受凌辱。上海外滩的公园外国人挂上了"华人与狗，不准入内"的牌子，中国人被和狗一样看待，这成了中国人永远不能忘怀的耻辱。中国人知道他们再也不能<u>固步自封</u>了。他们不再是老大，不再是天下第一。他们开始觉得他们应该睁开眼、睁大眼，认真地看世界，评估和找准自己的位置，奋发图强，他们尝够了"落后就会挨打"的苦头。

其三，中国人的兴趣比较广泛。天地之间，你几乎找不到中国人不感兴趣的题目，小自邻<u>里</u> <u>纠纷</u>，芝麻西瓜，大至宇宙<u>洪荒</u>，国际战争，他们无不尽收眼底。而且，他们消息来源的<u>渠道</u>也多极了：听广播，看电视，读书看报上网。从干部到老百姓都能自觉地关心国家大事和国际大事。如果说，中国现在真有有别于其他文化的"中国特色"的话，这一定是不容忽视的"中国特色"。

其四，中国人做人谨慎，需要眼观六路，耳听八方。现代的中国人经历了七灾八难，把他们锻炼得<u>机灵</u>了。国计民生，国内外政策，这些题目有时看起来主题重大、内容严肃，似乎和老百姓无关，但细想起来，它们无不和老百姓的切身利益、日常生活有关。就连中国边远的农村个体户都会<u>订阅</u>国内的一些主要的报纸，他们每天不管多忙，都要仔细地读读报纸，他们认为这些严肃的题目其实和他们的生活有直接的关系。

归根结底，中国人喜欢关心世界大事是有原因，有理由的。那么，美国人又为什么那么不关心世界大事呢？我以为，这里面也是不无原因的。

首先这得归咎于美国人的慵懒。说起来这真是个可笑的原因，但据我的观察，这真可以说是个千真万确的原因。美国向来提倡个人主义，每个人管好自己那一摊就得了，他们懒得去管别人的闲事。在大城市里，一群美国人往往住在一个楼里住了半辈子谁也不知道邻居姓啥名谁，干什么活计谋生，结没结过婚，有没有孩子等等，其他更免谈了。

其次，这也是因为美国人的过于自信、甚至自大。美国从古没遭过什么灾难，天也没塌下来过。即使天真塌下来了也有大个子撑着呢！他们有很自负的安全感。有了安全感你就不必时时操心，当然也不必瞪着眼天天担心别人做什么了。美国人常常有一句很牛气的口头语"Who cares！"那意思是我哪有心思去管那些闲事？

第三，我想是与美国人缺少政治热情有关。因为和税收、经济利益挂钩的关系，一般的美国人都有着很强的地方主义思想，而对于更大范围的问题如全国性或国际性的问题，他们则有很强的依赖性。依赖谁呢？当然依赖国家和政府来管了。而且他们振振有辞：我们一年交了那么多的税，国家政府不管谁来管？！说得看似真有理。那么，大事已经有人管了，又何必我操心？这样算下来，我要关心的就只剩下我自己周围的小环境了。所以，一般的美国人有很强的地方主义色彩。像中国人在《新闻联播》时间全国十亿人一起观看国际新闻关心世界大事的情况在美国永远不会发生。而且，中国有老百姓这么关心时政，即使你说给美国人听，他们也不会相信的。

生 词
VOCABULARY

1.	路人	lùrén	passerby; stranger
2.	怯	qiè	be afraid of...
3.	鲜	xiān	very few; rare
4.	眼下	yǎnxià	at present; now
5.	查证	cházhèng	check and verify
6.	洋洋洒洒	yángyángsǎsǎ	voluminous and fluent
7.	君临	jūnlín	arrival as emperor's troop
8.	王者	wángzhě	king; emperor
9.	锐气	ruìqì	drive; aggressiveness
10.	底气	dǐqì	self-confident; stamina
11.	泱泱大国	yāngyāngdàguó	great and impressive country
12.	列强	lièqiáng	great powers
13.	瓜分	guāfēn	carve/divide up; partition; dismember
14.	固步自封	gùbùzìfēng	complacent and conservative
15.	邻里	línlǐ	neighborhood; neighbors
16.	纠纷	jiūfēn	dispute; issue
17.	洪荒	hónghuāng	primordial times
18.	渠道	qúdào	medium/channel of communication
19.	机灵	jīling	clever; intelligent
20.	订阅	dìngyuè	subscribe（to publication）
21.	慵懒	yōnglǎn	lazy; laziness
22.	千真万确	qiānzhēnwànquè	be absolutely true
23.	免谈	miǎntán	do not deserve an interview ora talk
24.	塌	tā	collapse; fall down
25.	税收	shuìshōu	tax revenue

26.	挂钩	guàgōu	link up with; establish contact with
27.	地方主义	dìfāngzhǔyì	regional protectionism
28.	依赖性	yīlàixìng	the habit of rely/depend on others
29.	振振有辞	zhènzhènyǒucí	speak plausibly and volubly

Exercise One: Remembering Detials

再次细读本文并指出下列句子提供的信息是对的（*True*）还是错的（*False*）。
如是错的，请改成正确的答案：

1. 中国人喜欢关心世界大事是因为他们没事做。（　　）
2. 中国人关心世界大事与中国的文化传统有关系。（　　）
3. 中国人关心世界大事是与中国受到的耻辱有关。（　　）
4. 中国人喜欢关心大事有时候与他们的生活有直接关系。（　　）
5. 因为美国人不聪明，所以他们不关心世界大事。（　　）
6. 美国人因为比较自信，所以他们很少关心别人的事。（　　）
7. 因为美国人没有安全感，所以他们不关心国家大事。（　　）
8. 美国人对他们不关心政治不觉得惭愧，反而觉得骄傲。（　　）

Exercise Two: Analyzing Ideas

选择下面提供的哪种回答最接近文章提供的事实并完成句子：

1. 美国人作了一次时事调查，想知道_____。
   a. 谁是中国总统　　b. 美国总统是谁　　c. 谁关心政治
2. 因为中华文明_____，所以中国人关心世界大事。
   a. 古老伟大　　　　b. 有锐气　　　　　c. 有底气
3. 中国个体户订阅报纸是因为他们想_____。
   a. 考研究生　　　　b. 不栽跟头　　　　c. 闲情逸致
4. 美国人不关心世界大事是因为_____。
   a. 振振有辞　　　　b. 且煽动性　　　　c. 缺少政治热情
5. 中国老百姓喜欢看《新闻联播》是因为_____。
   a. 关心时政　　　　b. 有娱乐性　　　　c. 有依赖性

Exercise Three: Synonyms

根据上下文的意思，找出句子中的同义词：

1. 甚至连中国的老农民都不会怵这一类的问题的。

    a. 害怕   b. 喜欢   c. 调查

2. 无论你问发生在世界上哪个角落的事，中国人鲜有不知道的。

    a. 很少   b. 很多   c. 新鲜

3. 中国人知道他们再也不能固步自封了。他们不再是老大，不再是老子天下第一。

    a. 激进   b. 保守   c. 紧张

4. 现代的中国人经历了七灾八难，把他们锻炼得机灵了。

    a. 切身利益   b. 聪明灵活   c. 聪明严肃

Exercise Four: Discussion Questions

1. 你认为老百姓应该不应该关心世界大事？

2. 文章介绍了中国老百姓和美国老百姓对世界大事的态度，你觉得哪种态度更好？为什么？

3. 为什么因为中华文明古老，老百姓就爱关心世界大事？

4. 中国人关心世界大事和中国近代史上中国人的失败有什么关系？

5. 中国人为什么爱管闲事？作者为什么说这是"中国特色"？

6. 中国的读书人为什么喜欢空谈和议政？这对老百姓的生活有什么样的影响？

7. 你觉得美国人对时事、政治的无知正常吗？他们为什么会对此不以为耻，反以为荣？

第二十四课　香港回归那一天

香港<u>回归</u>的那一天，中国哭了。

中国人盼这一天盼了一百年了。整个中国哭了。哭得是那么全心全意，那么<u>淋漓尽致</u>，以至于世界上很难有一种语言能够确切地描写这种感情。有多少人生里死里睡里梦里盼着这一天呵！

一代代人，一声声呼唤，盼累了，不肯休息；盼失望了，互相鼓励；盼<u>绝望</u>了，<u>以死相许</u>。有多少人<u>死不瞑目</u>，多少人<u>前赴后继</u>，多少人<u>血溅疆场</u>，多少人<u>号呼转徙</u>！一代又一代，不到黄河心不死，不信春风唤不回。泪流尽了，眼睛盼出了血，我们就是不肯相信，香港，祖国的土地，你没有回到祖国怀抱来的那一天！

你是祖国母亲的心病，你是中华民族永远的<u>疤痕</u>。

谁能想像，一个还在<u>襁褓</u>中的婴儿被人生生从母亲怀里抢走时，母亲是什么样的心情。你只是祖国母亲最小的儿女，正因为你小，你总是显得那么<u>羸弱</u>，那么孤零零，那更<u>牵扯</u>母亲和兄弟姐妹的情怀。后来，你长大了，由着外人任着性儿打扮你。虽然把你打扮得洋里洋气、<u>花里胡哨</u>，你还是个孩子，你无能为力，只能任人装饰。<u>咫尺天涯</u>，你是母亲的不<u>瞑</u>的双睛，她眼巴巴地望着你，就是不能把你领回来。

不管有多少儿女，个个都是母亲的骨肉；不管到了什么年月，母亲那双眼睛都是噙着血泪在等着你。香港，你是那让母亲双眼望穿，喉咙哭哑的一块心头肉哟，一个离家未归的娇儿，一个孤苦无告的游子。最不幸的是，你是被抢夺去的，被拐骗去的，被无理地霸占去了的。这样，难道母亲能不为你哭断心肠？难道在成千上万的暗夜里，母亲能不刻骨铭心的思念你？难道在所有的日子，哪怕是在最最欢乐的日子里，想到了你，母亲还能笑得出来?!

从你被抢走的那天起，祖国母亲就没忘记以死相拼去夺回你。可是，可怜的母亲太弱了，她也是沉疴久患，纵是拼死，她也救不了你。如果母亲的死能救回她被抢夺走的儿女，就是死上一百次，母亲也是不会犹豫的。穷人没处讲理，弱国无外交，我们只能任人宰割。堂堂中国，有着世界上最多的人口，最古老的文明，巨大面积的土地。她是弱国！

中国宋代有个弱女子叫李清照，她写过一首诗："生当作人杰，死亦为鬼雄。至今思项羽，不肯过江东。"为什么不肯过江东？只是因为没有胜利，没有脸面见到母亲，见到江东的父老乡亲。古人有卧薪尝胆的遭遇，有"楚虽三户能亡秦"的决心。当代的中国人为什么不能替屈辱的祖国母亲讨回公道！公道，不是靠有理就能讨回的，如果你没有讲理的实力，你的"理"就不是理。

中国人深深领受了这一点，是因为跟人讲理而被人无理地欺负、辱骂和蹂躏以后才知道的。那么，我们的理也只能暂时收起来，等到我们有能力去讲的那一天，我们再拿出来。等啊等，这一天很漫长，漫长得我们久已不耐烦了；等啊等，等得热血沸腾，等得忍无可忍。在中华民族灾难深重的时候，中国有位现代诗人闻一多写过一首这样的诗："有一句话说出就是祸/有一句话能点得着火/别看五千年没有说破/你猜得透火山的缄默？/说不定是突然着了魔/突然青天里一个霹雳/爆一声：/ "咱们的中国!" 是，咱们的中国。中国，你经历了那么多的灾难，你有那么众多的儿女，谁能效法古时候的龙城飞将，谁能饮马长江边，一圆祖国母亲的团圆梦。中国，你何时能崛起，中华儿女，你何时能替母亲雪洗横亘在心头的耻辱？

经历了风风雨雨，我们站起来了，我们强大了。于是，我们讲理了，我们谈判了，因为我们有了讲理谈判的资格和本钱。站起来了的中国是东方巨人，是不可小觑的正义的力量。

那么，就有了香港回归的那一幕。

终于等来了啊，这一天，我们没有用血与火，而是用道义、用宽恕感化敌手，迎来了久别的骨肉。胜者不武，我们用我们的高贵和大度给世人一个光辉的范例。让世人知道，如何去用爱来处理复杂的历史和国际纠纷，让世人知道，什么样的人是中国人，什么样的胸怀是中国人的胸怀。

香港回归的那一天，中国哭了。整个中国哭了。

这是悲伤的泪，这是欢乐的泪。我们紧紧地拥抱你，把你拥抱得透不过气来，让你融化在我们的爱里。你看见了吗，前面有挥手如林，前面有红旗招展，前面有雀跃的兄弟姐妹，前面有依稀的灯光在闪烁。

那是祖国母亲的泪眼。

我们开始奔向前方。

生 词
VOCABULARY

1.	回归	huíguī	regress; return
2.	淋漓尽致	línlíjìnzhì	incisively and vividly; thoroughly
3.	绝望	juéwàng	give up all hope; despair
4.	以死相许	yǐsǐxiāngxǔ	promise to fight to death for sb./sth.

5. 死不瞑目	sǐbùmíngmù	die with injustice unredressed
6. 前赴后继	qiánfùhòujì	advance wave upon wave
7. 溅	jiàn	splash; spatter
8. 号呼转徙	hàohūzhuǎnxǐ	cry loudly for unjust treatments
9. 疤痕	bāhén	scar
10. 襁褓	qiángbǎo	swaddling clothes; be in one's infancy
11. 羸弱	léiruò	thin and weak; frail
12. 牵扯	qiānchě	involve; implicate; drag in
13. 花里胡哨	huālihúshào	gaudy; garish; showy; without solid worth
14. 咫尺	zhǐchǐ	very close
15. 瞑	míng	close eyes
16. 噙	qín	hold/have in mouth/eyes
17. 游子	yóuzǐ	traveling/residing away from home
18. 拐骗	guǎipiàn	abduct; swindle
19. 霸占	bàzhàn	forcibly occupy; seize
20. 刻骨铭心	kègǔmínxīn	deep-felt gratitude
21. 以死相拼	yǐsǐxiāngpīn	fight to death
22. 沉疴久患	chénkējiǔhuàn	to be sick for a long time
23. 宰割	zǎigē	cut up; dismember; destroy
24. 项羽	Xiàngyǔ	Xiang Yu, a famous ancient Chinese general and hero
25. 公道	gōngdào	fair; just
26. 实力	shílì	actual strength
27. 漫长	màncháng	very long; endless
28. 祸	huò	misfortune; ; disaster; calamity; bring disaster to; ruin
29. 缄默	jiānmò	keep silent; be reticent
30. 效法	xiàofǎ	follow example of
31. 崛起	juéqǐ	rise abruptly; suddenly appear on horizon; rise (as a political force)
32. 横亘	hénggèn	lie across; span

33.	本钱	běnqián	capital
34.	觑	qù	look; gaze; squint
35.	感化	gǎnhuà	help to change by persuasion/example/etc.
36.	武	wǔ	military; martial; valiant
37.	大度	dàdù	magnanimity; open-mindedness
38.	纠纷	jiūfēn	dispute; issue
39.	融化	rónghuà	melt（of snow/ice/etc.）
40.	雀跃	quèyuè	jump for joy
41.	依稀	yīxī	vague; dim

Exercise One：Remembering Detials

再次细读本文并指出下列句子提供的信息是对的（*True*）还是错的（*False*）。
如是错的，请改成正确的答案：

1. 香港回归那天，中国人太高兴了，他们哭了。（　　　）
2. 香港不回到中国的怀抱，中国人永远不会忘记国耻。（　　　）
3. 香港被抢走的时候中国政府太忙，没有时间保护它。（　　　）
4. 李清照听说香港被抢走了，她非常生气，写诗鼓励人们。（　　　）
5. 中国只有在富有和强大以后，才能有讲理的权力。（　　　）
6. 中国人不是用战争，而是用高贵和大度来处理香港问题。（　　　）

Exercise Two：Analyzing Ideas

选择下面提供的哪种回答最接近文章提供的事实并完成句子：

1. 香港回归，中国哭了是因为_____。
　　a. 太激动　　　　　　b. 太难过　　　　　　c. 太晚了
2. 说香港是中华民族永远的疤痕的意思是它是_____。
　　a. 坏的传统　　　　　b. 中国人的耻辱　　　c. 心情不好
3. 在香港被抢走的时候中国不能把它夺回来是因为_____。
　　a. 中国太弱　　　　　b. 中国人口太多　　　c. 中国不会讲理
4. 中国用道义和宽恕解决香港问题是因为_____。
　　a. 热爱和平　　　　　b. 害怕打仗　　　　　c. 没有本钱
5. 这篇文章作者认为香港回归是_____。
　　a. 中国的悲伤　　　　b. 正义的胜利　　　　c. 中国的强大

Exercise Three: Synonyms

根据上下文的意思，找出句子中的同义词：

1. 当代的中国人为什么不能替屈辱的祖国母亲讨回<u>公道</u>！

    a. 道路   b. 道理   c. 正义

2. 如果你没有讲理的<u>实力</u>，你的"理"就不是理。

    a. 力量   b. 才能   c. 本领

3. 谁能<u>效法</u>古时候的龙城飞将，谁能饮马长江边，一圆祖国母亲的团圆梦。

    a. 帮助   b. 回忆   c. 学习

4. 我们没有用血与火，而是用道义、用宽恕<u>感化</u>敌手。

    a. 感动和教育   b. 消化和激动   c. 鼓励和帮助

5. 站起来了的中国是东方巨人，是不可<u>小觑</u>的正义的力量。

    a. 欺负   b. 支持   c. 看

6. 前面有红旗招展，前面有<u>依稀</u>的灯光在闪烁。

    a. 清楚的   b. 不清楚   c. 很多的

Exercise Four: Discussion Questions

1. 香港回归的那一天，中国为什么哭了？

2. 为什么说香港是中华民族永远的疤痕？

3. 这篇文章的作者说"弱国无外交"，你是怎样理解这句话的？

4. 作者为什么说讲理或谈判应该有资格和"本钱"？什么是这种资格和"本钱"？

5. 你了解香港的历史吗？你了解在香港回归问题上产生的一系列问题和矛盾吗？

6. 中国人用了什么样的方式来收回香港的？为什么要采用这样的方式？

7. 请你寻找一些有关香港的材料，列一个表格，谈谈最近一百五十年发生在香港的大事。

8. 请你写一篇短文，介绍一下香港的历史、现在和将来。

第二十五课　当美国人认为世界上只需要一种语言时

美国人被认为是世界上学外语最缺乏动力的一族。他们认为英语是一种世界性语言，只要会说英语就走遍天下都不怕，为什么还要花时间、花力气去学那些乱七八糟的外语呢？

多年来因为美国综合国力的强大，美国在世界事务中有着决定性意义的影响力。随着美国势力的强大，美国人使用的英语也成了世界上最有威力的语言。熟悉英语历史的人都知道，在美国建立以前英语就已经是一种强有力的国际性语言了。自工业革命后，英国人科技进步飞快，很快成为了世界强国。它马上开始侵略和扩张，把很多国家变成它的殖民地。从亚洲、非洲到美洲到处都是它的殖民地，以至于英国人敢于夸口说它的国度太大了，太阳早上出来时就照耀着它的国土，到了晚上照着的还是它的国土；太阳在英国殖民地的这边落山了，却从另一边出来还照耀着英国势力统治的地方。

英国因为它的殖民统治势力的强大而把英语的使用范围传播到

了全世界。后来，再加上美国，英语的使用范围更扩大了。难怪美国人认为只要会英语就不用愁——全世界不会说英语国家的人都要努力学英语来迎合英美国家的需要，英美国家的人得天独厚。在相当长的一段时间内，情况的确是这样。

可是情况渐渐发生了变化。除了又有了其他的超级霸权竞争者来抢占政治经济势力范围以外，很多中小国家的民族主义思想现在也日益觉醒。此外，一些国家由于历史和文化、政治的种种原因并不流行英文。而随着国际上各种交流活动的日益增多，整个世界正在逐渐变成了一个"地球村"。在很多情况下，英美人痛苦地发现他们只说英语不灵，他们必须学会别人的语言并用它们来和当地人交流。学习外语不止损伤了美国人的自尊心，而且让他们着实吃了苦头。无奈的是，虽然苦不堪言，可是他们不学不行。

这样，很多美国人只好忍气吞声地牙牙学语，内心里觉得既屈辱又无奈。虽然近年来美国人学语言的热情高起来了，可是他们学语言的目的是很明确而实惠的，那就是为用而学，活学活用，急用先学，争取立竿见影。

据统计，美国人学外语有明显的兴趣潮流。在第二次世界大战结束，冷战开始时，很多人为了政治和经济的原因而开始学习俄语和东欧国家的语言。在朝鲜战争和越南战争期间，学汉语、朝鲜语、越南语和其他东南亚国家语言的人也一下子多了起来。而在苏联解体后，学俄语的人显然少了。近年来，学汉语、阿拉伯语及其他语言的人开始逐渐多了起来。美国人学外语的这种趋势变化除了政治经济等原因外，社会的需求是一个直接的动力。比如，学会了一种合适的外语，对大学生找工作有着很大的帮助。有的公司宣布它希望它的新成员会汉语或至少一种别的东亚语言，这样会帮助它们在亚洲业务的开展。而美国国家和政府部门在招收一些专业工作人员时，会某种特殊语言的人总会受到青睐或优先得到工作机会。这种情况对大学生们学外语当然是一个动力和刺激。

据美国联邦调查局的消息说，在 1993 年一伙恐怖分子在阴谋炸毁世界贸易大厦时，他们已经掌握了恐怖分子的材料。他们得到了一些恐怖分子有关制造炸弹的录像带、手册和笔记本。这些东西是从一个正在监狱里服刑的巴勒斯坦犯人那里缴获的。官员们还录下了他和其他人电话通话的内容，在通话时他在指导另一名恐怖分子如何制造炸弹。

这些对话都是用阿拉伯语进行的，可是直到那次爆炸事件发生时，情报机关都居然没能找到一个懂阿拉伯语的人来翻译和解释它们。如果他们能及时翻译出来，或许能避免这场灾难。

现在美国的政府和老百姓都认识到了学习外语的重要性了。他们开始明确地认识到，会说英语就

KEEPING TRACK

Popular Tongues

Foreign language enrollments in fall 1990 and 1995, from a survey of 2,772 two- and four-year colleges in the United States.

	1990	1995	Percent change
Chinese	19,490	26,471	+36
Arabic	3,475	4,444	+28
Spanish	533,944	606,286	+14
Portuguese	6,211	6,531	+5
Hebrew	12,995	13,127	+1
Ancient Greek	16,401	16,272	-1
Japanese	45,717	44,723	-2
Latin	28,178	25,897	-8
Italian	49,699	43,760	-12
French	272,472	205,351	-25
German	133,348	96,263	-28
Russian	44,626	24,729	-45
Other languages	17,544	24,918	+42

Source: Modern Language Association of America

可以走遍天下都不怕的局面现在已经行不通了。但是学习外语不是一想到马上就能够做到的一件容易事，它需要很多的努力和投入，也需要长期的资料和人才的积累培养。根据美国政府的统计数字，去年美国各学院和大学只有9名阿拉伯语专业的毕业生和140名获得汉语学位的毕业生，而朝鲜语专业的毕业生更是屈指可数。

美国现代语协会主任菲莉丝·富兰克林说，如今，只有8.2%的美国大学生注册学习外语课程，而且几乎全部是西班牙语、法语和德语课程。她说，这一数字自1976年以来一直没有发生大的变化，然而，美国对外语人才的需求却大大增加了。

根据《参考消息》2001.6.8改写

生 词
VOCABULARY

1.	动力	dònglì	(motive) power/force; impetus
2.	综合国力	zōnghéguólì	national power/strengthin general
3.	扩张	kuòzhāng	expend; enlarge; extend; dilate; dilation
4.	以至于	yǐzhìyú	to such an extent as to …; so…that…
5.	夸口	kuākǒu	brag; talk big
6.	难怪	nánguài	no wonder; understandable; pardonable
7.	得天独厚	détiāndúhòu	be particularly favoredby nature
8.	超级霸权	chāojíbàquán	superpower; super hegemony; supremacy
9.	抢占	qiǎngzhàn	race to control/seize
10.	日益	rìyì	increasingly
11.	地球村	dìqiúcūn	global village
12.	不灵	bùlíng	doesn'twork
13.	损伤	sǔnshāng	harm; damage; injure; loss
14.	无奈	wúnài	helpless; without choice; unfortunately
15.	苦不堪言	kǔbùkānyán	suffer unspeakable misery
16.	忍气吞声	rěnqìtūnshēng	swallow anger
17.	牙牙学语	yáyáxuéyǔ	babble out one's first words
18.	立竿见影	lìgānjiànyǐng	get instantresult
19.	潮流	cháoliú	tide; tidal current; trend
20.	冷战	lěngzhàn	cold war
21.	解体	jiětǐ	disintegrate
22.	趋势	qūshì	trend; tendency; follow trend
23.	招收	zhāoshōu	recruit; take in
24.	青睐	qīnglài	favor; good graces
25.	优先	yōuxiān	have priority; preferential; preferred
26.	刺激	cìjī	stimulate; provoke; irritate; stimulation

27.	联邦调查局	liánbāngdiàochájú	F. B. I.（U.S.）
28.	恐怖分子	kǒngbùfènzǐ	terrorist
29.	录像带	lùxiàngdài	video tape
30.	服刑	fúxíng	serve a sentence
31.	缴获	jiǎohuò	capture; seize
32.	指导	zhǐdǎo	guide; direct
33.	情报机关	qíngbàojīguān	intelligenceagency
34.	及时	jíshí	timely; in time; promptly
35.	局面	júmiàn	aspect; phase; situation
36.	投入	tóurù	throw/put into
37.	屈指可数	qūzhǐkěshǔ	very few

Exercise One: Remembering Detials

再次细读本文并指出下列句子提供的信息是对的（*True*）还是错的（*False*）。
如是错的，请改成正确的答案：

1. 美国人不喜欢学外语是因为他们没有时间和力气。（　　）
2. 英语原来不太强大，美国人把它传播到了全世界。（　　）
3. 因为使用英语的人多，它成了一种国际性的语言。（　　）
4. 因为世界在变成"地球村"，用英语的人越来越少。（　　）
5. 美国人学外语的动力跟国家和个人的利益有关。（　　）
6. 如果美国人会更多的外语，对美国的国家安全有好处。（　　）
7. 如果美国人懂阿拉伯语，他们可以学会造炸弹。（　　）
8. 现在美国人越来越重视学外语了。（　　）
9. 现在美国人越来越喜欢学阿拉伯语。（　　）

Exercise Two: Analyzing Ideas

选择下面提供的哪种回答最接近文章提供的事实并完成句子：

1. 美国人缺乏学外语的动力是因为_____。
   a. 英语是世界性语言　　b. 熟悉英语历史　　　c. 喜欢英国人
2. 英语成为了国际性的语言是因为_____。
   a. 工业革命　　　　　b. 英国美国强大　　　c. 很容易学

3. 美国人开始学外语的原因是因为_____。

    a. 他们有自尊心了   b. 他们日益觉醒了   c. 只说英语不灵

4. 虽然美国人学外语，可是他们觉得_____。

    a. 忍气吞声   b. 牙牙学语   c. 屈辱无奈

5. 现在的大学生觉得学会一种外语对_____有帮助。

    a. 政治经济   b. 冷战结束   c. 找工作

Exercise Three: Synonyms

根据上下文的意思，找出句子中的同义词：

1. 全世界不会说英语国家的人都要努力学英语来<u>迎合</u>英美国家的需要，英美国家的人得天独厚。

    a. 欢迎   b. 配合   c. 合作

2. 很多中小国家的民族主义思想现在也<u>日益</u>觉醒。

    a. 很快   b. 每天   c. 好处

3. 他们学语言的目的是很明确而实惠的，那就是为用而学，活学活用，急用先学，争取<u>立竿见影</u>。

    a. 非常漂亮   b. 非常有用   c. 马上见效

4. 会某种特殊语言的人总会受到<u>青睐</u>或优先得到工作机会。

    a. 希望   b. 重视   c. 鼓励

5. 如果他们能<u>及时</u>翻译出来，或许能避免这场灾难。

    a. 有意   b. 正好   c. 很快

6. 去年美国各学院和大学学朝鲜语专业毕业生是<u>屈指可数</u>。

    a. 很少   b. 很多   c. 水平不高

Exercise Four: Discussion Questions

1. 英语是怎么成为世界性的语言的？

2. 为什么全世界的人都学英语，而说英语的人不喜欢学外语？

3. 近年来为什么英美国家的人开始认真学外语了？

4. 美国人对学外语抱着一种什么样的态度？他们为什么要抱这样的态度？

5. 除了实用的目的外，学外语还有什么好处？

6. 通过美国人改变了对学外语的态度这一点来看，现在的世界在发生着什么样的变化？

What's Great About This Country

What's great about this country is that America started the tradition where the richest consumers buy essentially the same things as the poorest. You can be watching TV and see Coca-Cola, and you can know that the President drinks Coke, Liz Taylor drinks Coke, and just think, you can drink Coke, too. A Coke is a Coke and no amount of money can get you a better Coke than the one the bum on the corner is drinking. All the Cokes are the same and all the Cokes are good. Liz Taylor knows it, the President knows it, the bum knows it, and you know it.

In Europe the royalty and the aristocracy used to eat a lot better than the peasants - they weren't eating the same things at all. It was either partridge or porridge, and each class stuck to its own food. But when Queen Elizabeth came here and President Eisenhower bought her a hot dog I'm sure he felt confident that she couldn't have had delivered to Buchingham Palace a better hot dog than that one he bought her for maybe twenty cents at the ballpark. Because there is no better hot dog than a ballpark hot dog. Not for a dollar, not for ten dollars, not for a hundred thousand dollars could she get a better hot dog. She could get one for twenty cents and so could anybody else.

Sometimes you fantasize that people who are really up-there and rich and living it up have something you don't have, that their things must be better than your things because they have more money than you. But they drink the same Cokes and eat the same hot dogs and were the same ILGWU clothes and see the same TV shows and the same movies. Rich people can't see a sillier version of *Truth or Consequences*, or a scarier version of *The Exorcist*. You can get just as revolted as they can - you can have the same nightmares. All of this is really American.

The idea of America is so wonderful because the more equal something is, the more American it is. For instance, a lot of places give you special treatment when you're famous, but that's not really American. The other day something very American happened to me. I was going into an auction at Parke-Bernet and they wouldn't let me in because I had my dog with me, so I had to wait in the lobby for the friend I was meeting there to tell him I'd been turned away. And while I was waiting in the lobby I signed autographs. It was a really American situation to be in.

（Also, by the way, the "special treatment" sometimes works in reverse when you're famous. Sometimes people are mean to me because I'm Andy Warhol.）

The Philosophy of Andy Warhol: From A to Z and Back Again

思考和回答下列问题：

1. 在这篇文章中作者是怎样评价美国的穷人与富人的不同的？

2. 作者用了些什么样的例子来表达自己的观点？

3. 你认为在美国一切都是平等的吗？你认为作者说的美国人在物质上的平等是事实吗？

4. 作者对欧洲文明的看法和对美国的看法一样吗？你同意作者的看法吗？

5. 你怎么评价作者对美国的特殊化的理解？

6. 你认为作者笔下的美国像现实的美国吗？作者为什么要这样写？

生词索引
INDEX

A

B

19. 本钱	běnqián	capital	24
20. 本土	bēntǔ	原来的生长地 one's native country	7
21. 本质	běnzhì	essence；nature；intrinsic quality	13
22. 边境	biānjìng	border；frontier	16
23. 变迁	biànqiān	变化和移动 vicissitudes；changes	1
24. 贬义	biǎnyì	字词中含有厌恶或否定的意思 derogatory sense	20
25. 标志	biāozhì	sign；mark；symbol	8
26. 避讳	bìhuì	taboo on using personal names of emperors, one's elders, etc.	9
27. 逼上梁山	bīshàngliángshān	被逼迫得去造反 be driven to revolt	14
28. 避邪	bìxié	躲开邪恶的、不好的精神或力量。ward off evil/influences；talisman；charm	1
29. 博得	bódé	win；gain	21
30. 不负	búfù	not let sb. down	22
31. 不解之缘	bùjiězhīyuán	indissoluble bond	10
32. 不可思议	bùkěsīyì	事情的发展、变化让人觉得不可理解，无法想象 inconceivable；enigma	14
33. 不灵	bùlíng	doesn't work	25
34. 部落	bùluò	tribe	3
35. 不忍	bùrěn	感到难过，受不了 cannot bear to	14
36. 不稀罕	bùxīhan	not rare；not value as a rarity	18
37. 不约而同	bùyuēértóng	happen to coincide；coincidentally do sth.	3

C

38. 踩	cǎi	step on；trample	17
39. 踩踏	cǎità	step on；walk on	2
40. 残缺	cánquē	incomplete；fragmentary	9

41. 残忍	cánrěn	cruel; ruthless	16
42. 惨痛	cǎntòng	悲伤痛苦 deeply grieved; painful; bitter	20
43. 参与	cānyǔ	参加活动、会议等 participate in	1
44. 缠	chán	twine; wind; tangle; tie up; deal with; handle	2
45. 超乎	chāohū	beyond	10
46. 超级霸权	chāojíbàquán	superpower; super hegemony; supremacy	25
47. 潮流	cháoliú	tide; tidal current; trend	25
48. 潮湿	cháoshī	moist; damp	19
49. 嘲笑	cháoxiào	取笑，看不起 deride; laugh at	14
50. 嘲笑	cháoxiào	deride; laugh at	11
51. 朝野	cháoyě	court and commonality; government and public	22
52. 查证	cházhèng	check and verify	23
53. 扯断	chěduàn	pull off; break	12
54. 称霸	chēngbà	仪仗权势和实力，欺凌他国或他人 seek hegemony; dominate	20
55. 惩罚	chěngfá	punish; penalize	9
56. 成亲	chéngqīn	get married	22
57. 程序	chéngxù	事情进行的规则次序 procedure; course; sequence; program	7
58. 沉疴久患	chénkējiǔhuàn	to be sick for a long time	24
59. 撤职	chèzhí	取消职务 dismiss sb. from post	1
60. 赤脚	chìjiǎo	barefooted	6
61. 耻笑	chǐxiào	ridicule; mock	16
62. 嗤之以鼻	chīzhīyǐbí	用鼻子哼气，表示看不起 give snort of contempt	14
63. 冲突	chōngtū	发生争斗或争执；互相矛盾 conflict; clash	7

64.	重阳节	Chóngyángjié	农历九月九日，民间风俗这一天登高赏菊，饮酒，佩戴香草避邪；又叫登高节 Double ninth Festival	1
65.	崇洋媚外	chóngyángmèiwài	崇拜外国的东西，巴结外国人 worship foreigner/exotics and fawn on foreign powers	1
66.	丑陋	chǒulòu	ugly	4
67.	仇人	chóurén	personal enemy	12
68.	抽象	chōuxiàng	abstract	12
69.	传播	chuánbō	广泛散布、宣扬 disseminate; propagate; spread; propagation	7
70.	创业	chàngyè	开创事业 start undertaking; do pioneering work	1
71.	传教士	chuánjiàoshì	missionary	22
72.	串门	chuànmén	drop in on sb.; visit; pay call	4
73.	传奇	chuánqí	legend; romance	22
74.	触犯	chùfàn	offend; violate; go against	9
75.	厨房	chúfáng	做饭的屋子 kitchen; cooking house	1
76.	出没	chūmò	appear and disappear; come and go	21
77.	春联	chūnlián	春节时贴在门上或门两旁的对联 Spring Festival couplets; New Year scrolls	1
78.	戳	chuō	jab; poke; stab; sprain; blunt	5
79.	除夕	chúxī	农历一年中最后的一天晚上 New Year's Eve	1
80.	出于	chūyú	start/proceed/stem from	9
81.	刺	cì	stab; prick; assassinate	12
82.	刺激	cìjī	stimulate; provoke; irritate; stimulation	25
83.	慈祥	cíxiáng	kind	6
84.	从容不迫	cóngróngbúpò	calm and unhurried	17
85.	粗笨	cūbèn	clumsy; unwieldy	18
86.	粗蠢	cūchǔn	rough and stupid	18

87.	粗鲁	cūlǔ	指人的行为性格和行为粗野鲁莽 rough; rude; blunt	19
88.	寸土必争	cùntǔbìzhēng	连极小的土地都不愿意放弃 fight for every inch of land	14
89.	搓	cuō	rub with hand	5
90.	挫折	cuòzhé	压制；失利；阻碍 inhibit; suppress; frustrate	20

D

91.	大度	dàdù	magnanimity; open – mindedness	24
92.	打盹	dǎdǔn	doze; take a nap	4
93.	达官贵人	dáguānguìrén	high officials and notables; VIPs	22
94.	戴孝	dàixiào	be in mourning	2
95.	打劫	dǎjié	rob; loot; plunder	21
96.	淡化	dànhuà	使淡薄，逐渐淡薄 desalinate	7
97.	大年夜	dàniányè	New Year's Eve	6
98.	耽误	dānwu	delay; hold up	16
99.	祷告	dǎogào	pray	5
100.	大致	dàzhì	roughly	22
101.	得道	dédào	学到了方法和思想 have got knack of doing sth.	1
102.	德高望重	dégāowàngzhòng	be of noble character and high prestige	3
103.	得天独厚	détiāndúhòu	be particularly favored by nature	25
104.	德先生	déxiānsheng	中国人希望得到民主，从西方请来 "民主先生" Mr. Democracy	20
105.	调查	diàochá	investigate; look into; survey	10
106.	地方主义	dìfāngzhǔyì	regional protectionism	23
107.	帝国主义	dìguózhǔyì	imperialism	15
108.	顶点	dǐngdiǎn	acme; zenith; pinnacle	16

109.	定期	dìngqī	约定的日期；有一定期限的 fix a date; fixed (of time); periodical; regular	7
110.	订阅	dìngyuè	subscribe (to publication)	23
111.	底气	dǐqì	self – confident; stamina	23
112.	地球村	dìqiúcūn	global village	25
113.	底细	dǐxì	unapparent details (of a matter); unknown background	22
114.	地狱	Dìyù	宗教指人死后灵魂受苦的地方 hell; inferno	7
115.	地狱	dìyù	hell; inferno	2
116.	洞察	dòngchá	see clearly; have insight into	10
117.	冻饿交加	dòng'èjiāojiā	be both cold and hungry	6
118.	动力	dònglì	(motive) power/force; impetus	25
119.	兜	dōu	pocket; bag	6
120.	兜售	dōushòu	想方设法推销自己的货物（常用于贬义）peddle; hawk	20
121.	冻僵	dòngjiāng	be stiff with cold	6
122.	毒箭	dújiàn	poisoned arrow	10
123.	哆哆嗦嗦	duōduōsuōsuō	tremble; shiver	5
124.	独特	dútè	unique; distinctive	12

E

125.	恶	è	evil; bad	11
126.	俄国	É'guó	Russia	5
127.	阿弥陀佛	Ēmítuófó	Oh! my Buddha!	13
128.	恶劣	èliè	bad; evil; disgusting	21
129.	恩赐	ēncì	旧时皇帝给官员或百姓礼物或奖励；身份高的人给身份低的人礼物 bestow; favor; charity	7

| 130. | 厄运 | èyùn | bad luck; misfortune | 2 |

F

131.	发抖	fādǒu	shiver; shake; quiver; tremble	6
132.	发狂	fākuáng	go mad	11
133.	番	fān	指外国或外族 barbarians (as opposed to native Chinese); foreign; uncivilized	20
134.	反倒	fǎndào	on the contrary; instead	11
135.	仿佛	fǎngfú	seem; as if; be more or less the same; be like	5
136.	反抗	fǎnkàng	revolt; resist	2
137.	反思	fǎnsī	rethink; rethinking; introspection	10
138.	反映	fǎnyìng	反照，比喻把事物的实质显示出来。reflect; mirror; report; make known	1
139.	法器	fǎqì	Buddhist/Taoist (musical) instruments	3
140.	发言权	fāyánquán	right to speak	17
141.	飞速	fēisù	速度极快；十分迅速 at full speed	20
142.	肥沃	féiwò	有足够的养分和水分，适合庄稼生长的土地 fertile; rich	14
143.	分布	fēnbù	be distributed (over an area); be scattered; distribution	3
144.	疯	fēng	mad; insane	11
145.	丰富	fēngfù	（使）充足，种类多，数量大 enrich; rich; abundant; plentiful;	7
146.	封号	fēnghào	emperors or kings give a special favor on promising sb. a title or land	9
147.	风靡	fēngmí	fashionable	21
148.	缝纫	féngrèn	剪裁、制作衣服 sew; tailor	1
149.	风俗画卷	fēngsúhuàjuàn	表现社会风俗的图像和内容的记录如图画或书籍等 genre painting; genre	1
150.	风土人情	fēngtǔrénqíng	local conditions and customs	21

151. 风雅	fēngyǎ	文雅，懂礼貌，有风格 literary pursuits; elegant; refined	14
152. 疯子	fēngzi	lunatic; madman	12
153. 分散	fēnsàn	disperse; scatter; decentralize	16
154. 焚香	fénxiāng	burn joss sticks	3
155. 佛陀	fótuó	Buddha	10
156. 符合	fúhé	没有不同，完全相合 accord/tally with; conform; coincidence	7
157. 复活节	Fùhuójié	春天基督徒纪念基督复活的节日 Easter	1
158. 俘虏	fúlǔ	capture; take prisoner; captive; P. O. W.	22
159. 富农	fùnóng	rich parent	17
160. 富人	fùrén	rich people	6
161. 富庶	fùshù	rich and populous	22
162. 服刑	fúxíng	serve a sentence	25
163. 富有	fùyǒu	be rich/wealthy; be rich in; be full of	16
164. 富裕	fùyù	well – to – do; well – off	21
165. 富足	fùzú	丰富充足 plentiful; abundant; rich	1

G

166. 盖	gài	cover	11
167. 改造	gǎizào	进行修改和变更；除旧立新，使适应新的情况和需要 transform; reform; remould; remake	20
168. 杆	gān	pole; staff	6
169. 感化	gǎnhuà	help to change by persuasion/example/ etc.	24
170. 感伤	gǎnshāng	be sad; be sentimental; grief; sorrow	10
171. 赶时髦	gǎnshímáo	学流行的东西；常指学别人的新想法或紧随流行的服装式样；有时有贬义 follow fashion（neg.）	1

196.	跪	guì	kneel (on both knees)	5
197.	规劝	guīquàn	告诫劝说 admonish; advise	14
198.	皈依	guīyī	be converted to religion	10
199.	国度	guódù	country	21
200.	国防	guófáng	国家为防备外来侵略、保卫主权和领土而准备的军队、设备等 national defense	20
201.	国计民生	guójìmínshēng	国家的经济和人民的生活 the fiscal administration and people's livelihood of nation	20
202.	国际通行	guójìtōngxíng	在各个国家都能够适用或流行的规则、标准等 international standardized	1
203.	过腻了	guònìle	got bored of (kind of life/style, etc.)	18
204.	国庆	guóqìng	庆祝国家建立的重要纪念日 National Day	1
205.	鼓舞	gǔwǔ	inspire; hearten; dance for joy; rejoice	21

H

206.	海盗	hǎidào	pirate	22
207.	海滩	hǎitān	海边的不能种庄稼的土地 beach	14
208.	海域	hǎiyù	sea area; maritime peace	22
209.	航海	hánghǎi	驾驶船只在海洋上航行 navigation	20
210.	汉学家	hànxuéjiā	外国研究中国传统文化的学者 Sinologist; scholars who studies Chinese culture	14
211.	号呼转徙	hàohūzhuǎnxǐ	cry loudly for unjust treatments	24
212.	号令	hàolìng	verbal commend; order	3
213.	好奇	hàoqí	对不懂的事情有强烈的兴趣，喜欢问问题 curious; full of curiosity	1
214.	好闻	hǎowén	good smell	6
215.	毫无保留	háowúbǎoliú	without any reservations	16

241. 浑浊	húnzhuó	muddy; turbid	5
242. 祸	huò	misfortune; ; disaster; calamity; bring disaster to; ruin	24
243. 伙计	huǒjì	shop assistant; fellow	5
244. 火炬	hǒujù	torch	6
245. 火神	huǒshén	god of fire	3
246. 火灾	huǒzāi	fire disaster; conflagration	3
247. 护送	hùsòng	escort; convoy	21
248. 胡桃	hútáo	walnut	5

J

249. 贱	jiàn	low – priced; inexpensive; cheap; low-ly; humble; low – down	18
250. 溅	jiàn	splash; spatter	24
251. 坚称	jiānchēng	assert positively; insist	22
252. 讲理	jiǎnglǐ	reason with sb.; argue; listen to reason; be seasonable	19
253. 缄默	jiānmò	keep silent; be reticent	24
254. 建设	jiànshè	创立新事业，增加新设备 build; construct	20
255. 健壮	jiànzhuàng	healthy and strong; robust	2
256. 狡猾	jiǎohuá	sly; cunning	22
257. 缴获	jiǎohuò	capture; seize	25
258. 教训	jiàoxun	chide; lecture sb.; lesson; moral	10
259. 家谱	jiāpǔ	家族中记录本族世系及重要人物事迹的书或图表 family tree; genealogy	14
260. 甲午战争	jiǎwǔzhànzhēng	1894 到 1895 年间由日本发动的一场侵略战争。起因是日本想吞并朝鲜，后来中国牵入，在这场战争中中国失败。Sino – Japanese War of 1894 – 1895 (launched by Japanese imperialism to annex Korea and invade China)	20

280. 惊慌	jīnghuāng	alarmed; scared	10
281. 井井有条	jǐngjǐngyǒutiáo	shipshape; methodical	2
282. 井然	jǐngrán	tidy; methodical	4
283. 经文	jīngwén	classical text	3
284. 景象	jǐngxiàng	scene; sight; picture; prospect	11
285. 惊讶	jīngyà	amazed; astounded	3
286. 镜子	jìngzi	用铜和玻璃制的能照见形象的平面器具 mirror; glass	1
287. 进化	jìnhuà	事物向好的方面不断地转化 evolve; evolution	7
288. 积贫积弱	jīpínjīruò	因长期的贫穷造成了衰弱 amass/accumulate the poor and weakness	20
289. 汲取	jíqǔ	吸取 draw; derive	7
290. 及时	jíshí	timely; in time; promptly	25
291. 祭祀	jìsì	在一定的时节向神佛或祖先奉献祭品并举行致敬的仪式以求保佑 offer sacrifices to gods/ancestors	1
292. 寄托	jìtuō	把希望和理想放在某人身上或某种事物上 entrust to care of; place（hope/etc.）on	1
293. 揪	jiū	hold tight; seize; pull; tug; drag	5
294. 纠纷	jiūfēn	dispute; issue	23
295. 救护	jiùhù	give first - aid; rescue; relieve	15
296. 救星	jiùxīng	救助遭受苦难的人 liberator; emancipator	20
297. 祭灶节	jìzàojié	祭祀灶神的节日 the festival of worshipping Kitchen god	1
298. 锯	jù	saw	2
299. 聚	jù	together	11
300. 捐献	juānxiàn	contribute（to organization）	2
301. 绝顶	juédǐng	mountain peak; extremely; utterly	18

302. 崛起	juéqǐ	rise abruptly; suddenly appear on horizon; rise (as a political force	24
303. 绝望	juéwàng	give up all hope; despair	24
304. 觉醒	juéxǐng	awaken	15
305. 局面	júmiàn	aspect; phase; situation	25
306. 军阀	jūnfá	旧时拥有武装，掌握政权，自己成立派系并且占据一方的军人头领 warlord	20
307. 军阀	jūnfá	warlord	15
308. 君临	jūnlín	arrival as emperor's troop	23
309. 军事	jūnshì	军队中的事务或与军队有关的事情 military affairs	20
310. 居然	jūrán	unexpectedly; to one's surprise; going so far as to	11

K

311. 开天辟地	kāitiānpìdì	since the beginning of the time	13
312. 看不惯	kànbúguàn	看着不舒服，不满意；厌恶 can't bear sight of	14
313. 看穿	kànchuān	see through	10
314. 慷慨	kǎngkài	1. 大方；2. 情绪激动 vehement; fervent; be generous/ liberal/unselfish	1
315. 烤鹅	kǎoé	roasted goose	6
316. 克服	kèfú	战胜、制服；克制、忍受 surmount; conquer; put up with (hardship/etc.)	7
317. 刻骨铭心	kègǔmínxīn	deep‑felt gratitude	24
318. 磕头	kētóu	一种行礼的办法：先跪下，两手扶地，前额着地 kowtow	7
319. 克制	kèzhì	用理智抑制感情 restrain; exercise restraint	7
320. 恐怖	kǒngbù	fearful; horrible; terror	4

321.	恐怖分子	kǒngbùfènzǐ	terrorist	25
322.	夸口	kuākǒu	brag; talk big	25
323.	狂	kuáng	crazy; mad; violent; wild	11
324.	筐	kuāng	basket	21
325.	狂欢	kuánghuān	纵情欢乐 revel; orgy	1
326.	夸张	kuāzhāng	exaggerate; overstate; hyperbole	21
327.	苦不堪言	kǔbùkānyán	suffer unspeakable misery	25
328.	骷髅	kūlóu	human skeleton; human skull	4
329.	阔别	kuòbié	long separated; long parted	2
330.	扩张	kuòzhāng	expend; enlarge; extend; dilate; dilation	25

L

331.	腊八节	làbājié	农历十二月八日，传说这天是佛祖得道的日子。人们在这一天用米、豆、枣、花生和干果等煮腊八粥纪念。1. the festival in 8th of lunar December, in sriving out evil spirits; 2. a holiday to celebriting Buddha had the inspiration to vreate his way	1
332.	浪费	làngfèi	乱用人力、物力、时间；没有节制，不节约 waste; squander;（adj.）extravagant	14
333.	浪漫	làngmàn	富有诗意和充满幻想 romantic; dissolute; debauched	1
334.	老态龙钟	lǎotàilóngzhōng	senile; doddering	3
335.	雷击	léijī	be struck by lighting	2
336.	羸弱	léiruò	thin and weak; frail	24
337.	冷静	lěngjìng	sober; calm	11
338.	冷清	lěngqīng	cold and cheerless; desolate; deserted	12

364. 聋	lóng	耳朵听不见（的人）deaf; hard of hearing	14
365. 拢	lǒng	hold/gather together; approach; reach	6
366. 龙腾虎跃	lóngténghǔyuè	scene of bustling activity	4
367. 隆重	lóngzhòng	grand; solemn; ceremonious	3
368. 搂	lǒu	hug; embrace; hold	6
369. 漏风	lòufēng	leak air	6
370. 乱子	luànzi	disturbance; trouble; disorder	17
371. 屡屡	lǚlǚ	好多次，经常 time and again; repeatedly	14
372. 路人	lùrén	passerby; stranger	23
373. 芦笙	lúshēng	reed – pipe wind instrument	3
374. 录像带	lùxiàngdài	video tape	25

M

375. 脉	mài	pulse; arteries and veins	13
376. 埋	mái	bury	19
377. 蛮	mán	粗野、强横；中国古代对外来文化或种族的的贬义的称呼 rough; fierce; reckless; unreasoning	20
378. 麻木不仁	mámùbùrén	失去知觉不能活动，比喻思想不敏锐，对外面的事物反应慢或不关心 numbed; paralyzed; apathetic; insensitive	14
379. 漫长	màncháng	very long; endless	24
380. 盲目崇拜	mángmùchóngbài	blindly worship	22
381. 满足	mǎnzú	感到满意；感到已经够了 be satisfied/ contented; satisfy; meet	7
382. 冒充	màochōng	pass sb. /sth. off as	22
383. 冒死	màosǐ	take the risk/chances of death	21
384. 眉	méi	eyebrow	12

385. 蒙受	méngshòu	遭受；受到 suffer; sustain	20
386. 萌芽	méngyá	发新芽；比喻新生的事物 sprout	7
387. 门槛	ménkǎn	threshold	2
388. 缅怀	miǎnhuái	追想；怀念已往的人和事. cherish memory of	1
389. 面积	miànjī	表示平面或物体表面的大小的量 surface area	14
390. 免谈	miǎntán	do not deserve an interview or a talk	23
391. 瞑	míng	close eyes	24
392. 缅甸	miǎndiàn	Burma	21
393. 命脉	mìngmài	人的心脏和血管，比喻事物的最重要的部分 life line; life blood	14
394. 密切	mìqiè	亲密的 close; intimate; carefully; intently; closely	1
395. 模仿	mófǎng	照着样子做 imitate; copy	1
396. 蘑菇	mógu	mushroom	5
397. 没收	mòshōu	confiscate; expropriate	17
398. 墨水	mòshuǐ	prepared Ch. ink; ink	5
399. 莫斯科	MòSīKē	Moscow	5
400. 幕	mù	curtain; screen; tent	2
401. 穆斯林	Mùsīlín	伊斯兰教信徒的通称。根据阿拉伯语音译，意思是顺从者，指顺从真主的人 Moslem	7
402. 母系	mǔxì	maternal side; matriarchal	8

N

403. 难怪	nánguài	no wonder; understandable; pardonable	25
404. 难题	nántí	difficult problem; sticker; poser	13
405. 闹剧	nàojù	farce; slapstick comedy	22
406. 内涵	nèihán	包含的内容 intention; connotation	1

407.	黏	nián	把一个东西附在另一个东西上 sticky; glutinous; adhere; stick	1
408.	宁愿	níngyuàn	would rather; better	16
409.	扭曲	niǔqū	distort	10
410.	农历	nónglì	也叫旧历。传说起源于夏代，也叫夏历 lunar calendar	1
411.	浓郁	nóngyù	strong; rich	3
412.	浓妆艳抹	nóngzhuāngyànmǒ	heavily made up and overdressed	4
413.	暖烘烘	nuǎnhōnghōng	nice and warm	6
414.	奴隶	núlì	slave	5
415.	女婿	nǚxù	son – in – law	18

P

416.	派	pài	send; give an order	16
417.	排除	páichú	除掉；去掉 get rid; remove; eliminate	7
418.	拍马	pāimǎ	flatter; fawn on	9
419.	排他	páitā	强调独立，不愿意和其他的事物共同存在 exclusive – ness	7
420.	攀	pān	climb; seek connections in high places; implicate	18
421.	庞大	pángdà	huge; immense	21
422.	盘算	pánsuàn	计划、估计，仔细算计 calculate; figure; plan	14
423.	刨根问底	páog4nwèndǐ	get to bottom of sth.	10
424.	抛弃	pāoqì	扔掉不要 abandon; forsake; cast aside	20
425.	喷嚏	pēntì	sneeze	5
426.	偏僻	piānpì	remote; out – of – way; rare	3
427.	偏偏	piānpiān	just; but; only	2
428.	翩然起舞	piānránqǐwǔ	dance trippingly	3

429.	偏执	piānzhí	片面而固执；不听别人意见 bigoted	7
430.	匹夫	pǐfū	普通老百姓；指无知识、无智谋和本领的人 ordinary man	20
431.	疲劳	píláo	tired; weary; fatigue	16
432.	拼	pīn	risk life; put/piece together	16
433.	频繁	pínfán	次数很多；经常的 frequent; often	7
434.	凭	píng	lean on/against; rely/depend on; evidence; based on	16
435.	贫农	pínnóng	poor peasant	17
436.	拼死	pīnsǐ	不顾自己生命地去做一件事 risk one's life; fight desperately	14
437.	痞子	pǐzi	ruffian; riffraff; thug	17
438.	破除	pòchú	do away with	17
439.	迫害	pòhài	persecute	21
440.	仆人	púrén	servant	13
441.	朴素	pǔsù	简单，节约的作风 plain living style	14

Q

442.	其	qí	他的；她的；它的 his/ her/ its	7
443.	气	qì	spirit; vigor; tone; atmosphere	13
444.	牵扯	qiānchě	involve; implicate; drag in	24
445.	前赴后继	qiánfùhòujì	advance wave upon wave	24
446.	襁褓	qiángbǎo	swaddling clothes; be in one's infancy	24
447.	强行	qiángxíng	施加压力强迫或强制进行 force	20
448.	强行	qiángxíng	force	4
449.	抢占	qiǎngzhàn	race to control/seize	26
450.	前列	qiánliè	front row/rank; forefront van	15
451.	千真万确	qiānzhēnwànquè	be absolutely true	23
452.	奇耻大辱	qíchǐdàrǔ	奇少有的，不寻常的；极大的耻辱 galling sham and humiliation; deep disgrace	20

453.	期待	qīdài	expect; wait; look forward to	2
454.	怯	qiè	be afraid of...	23
455.	启发	qǐfā	不直接说道理，用劝说、引导提示的方法让别人明白 enlighten; stimulate; entightment; inspiration	7
456.	麒麟	qílín	unicorn	13
457.	启明星	qǐmíngxīng	太阳还没出来以前，出现在东方天空的金星 Venus	20
458.	噙	qín	hold/have in mouth/eyes	24
459.	情报机关	qíngbàojīguān	intelligence agency	25
460.	庆贺	qìnghè	向别人表示祝贺和道喜 celebrate; rejoice over	1
461.	倾家荡产	qīngjiādàngchǎn	把全部家产都付出了 lose family fortune	14
462.	青睐	qīnglài	favor; good graces	25
463.	情人节	Qíngrénjié	情人们互相赠送鲜花和礼物的纪念性节日 Valentine's Day	1
464.	庆幸	qìngxìng	rejoice at a good outcome	5
465.	情谊	qíngyì	friendly feelings	16
466.	勤快	qínkuài	diligent; hardworking	2
467.	乞巧节	qǐqiǎojié	传说农历七月七日晚上，天上牛郎织女相会，妇女总这个晚上在院子里摆上供品向织女乞求缝纫的技艺。又称女儿节 pray for divine instruction on seventh night of July	1
468.	祈求	qǐqiú	supplicate	10
469.	歧视	qíshì	看不起，不公正地对待 treat with bias; discrimination	14
470.	秋高气爽	qiūgāoqìshuǎng	形容秋季天空明净晴朗，气候凉爽 clear and crisp autumn weather	1
471.	求婚	qiúhūn	propose marriage（by man）	21
472.	欺压	qīyā	ride roughshod over	17

495.	如花似玉	rúhuāsìyù	like flowers and jade; gorgeous	12
496.	锐气	ruìqì	drive; aggressiveness	23
497.	儒家	Rǔjiā	孔子的思想或学说 Confucianism	7
498.	辱骂	rǔmà	insult; humiliate	19

S

499.	腮	sāi	cheek	6
500.	赛先生	sàixiānsheng	中国人希望得到科学，从西方请来"科学先生" Mr. Science	20
501.	纱	shā	yarn; gauze	6
502.	啥	shá	what; what kind	22
503.	沙漠	shāmò	desert	21
504.	上供	shànggòng	摆上供品祭祖或敬神 offer sacrifice; grease sb's palm	7
505.	商贸	shāngmào	商业和贸易 commercial and trade	20
506.	稍微	shāowēi	slightly; a bit	11
507.	烧香	shāoxiāng	拜神佛或祭祀祖宗时点燃香火 burn joss sticks	7
508.	社交	shèjiāo	社会上人们之间的交往 social contact/interaction	1
509.	圣诞节	Shèngdànjié	每年十二月底基督徒纪念基督诞生的日子 Christmas	1
510.	圣诞树	shèngdànshù	Christmas tree	6
511.	盛情	shèngqíng	great kindness; boundless hospitality	21
512.	圣人	shèngrén	sage; wise man	9
513.	神经质	shénjīngzhì	nervousness; paranoid	2
514.	神秘	shénmì	不容易了解或难以猜测的 mysterious; mystical	7
515.	视察	shìchá	inspect	21
516.	士大夫	shìdàfū	指古代社会的官僚阶层和有地位的读书人 literati; functionary	14

517. 施法	shīfǎ	conjure; execute law	4
518. 实惠	shíhuì	实在的好处和利益 real/tangible benefit; substantial; solid	7
519. 事迹	shìjì	个人或集体做过的有意义的或重大的事情 deed; achievement	1
520. 释迦牟尼	Shìjiāmóuní	佛教的创始人 Sakyamuni (c. 563 – c. 483 B. C. founder of Buddhism)	7
521. 时节	shíjié	1. 季节 2. 时候 season; time	1
522. 实力	shílì	actual strength	24
523. 时髦	shímáo	符合时节的，新的 fashionable; in vogue	1
524. 施舍	shīshě	把财物送给穷人等 give alms; give in charity	1
525. 失神	shīshén	be inattentive/absent – minded; be in low spirits	2
526. 世系	shìxì	pedigree; genealogy	8
527. 实用主义	shíyòngzhǔyì	认为什么对自己有用就怎么做的一种观念 pragmatism	7
528. 事与愿违	shìyǔyuànwéi	Things go contrary to one's wishes	22
529. 使者	shǐzhě	emissary; envoy; messenger	21
530. 氏族	shìzú	clan	8
531. 收获	shōuhuò	收取劳动成果 bring in crop/harvest; gins; result	1
532. 瘦弱	shòuruò	thin and weak; emaciated	2
533. 守岁	shǒusuì	农历除夕晚上全家人不睡觉，一起送旧岁、迎新岁直至新年第一天天明 stay up all night on New Year's Eve	1
534. 守土	shǒutǔ	守在家里，不愿意离开土地 defend homeland	14
535. 竖	shù	vertical; upright; set upright; erect; stand	4
536. 衰弱	shuāiruò	不强健；事物不兴盛 weak; feeble	20
537. 拴	shuān	fasten	12

538. 水产	shuǐchǎn	水里出产的动植物 aquatic product	1
539. 水落石出	shuǐluòshíchū	everything comes to light	22
540. 税收	shuìshōu	tax revenue	23
541. 顺应	shùnyìng	顺从适应 comply with；conform to	7
542. 述说	shùshuō	state；recount；narrate	21
543. 树桩	shùzhuāng	stake；pile	2
544. 赎罪	shúzuì	atone for one's crime	2
545. 死不瞑目	sǐbùmíngmù	die with injustice unredressed	24
546. 死对头	sǐduìdou	sworn enemy	17
547. 寺庙	sìmiào	temple	10
548. 四体	sìtǐ	指人的四肢 limbs	14
549. 死心	sǐxīn	断了念头；不再寄托希望 drop the idea forever；have no more illusions about the matter	20
550. 死心	sǐxīn	give up hope/idea/etc.；do sth. with all one's heart and soul	19
551. 死罪	sǐzuì	capital offense/crime	16
552. 算命	suànmìng	tell fortune	13
553. 随遇而安	suíyù´ěr´ān	能适应各种遭遇，在任何环境中都能安定下来 fit in anywhere	14
554. 损伤	sǔnshāng	harm；damage；injure；loss	25
555. 琐碎	suǒsuì	trifling；trivial	10
556. 所幸	suǒxìng	幸运的是，…… fortunately	14
557. 索要	suǒyào	ask for	4

T

558.	塌	tā	collapse; fall down	23
559.	太平	tàipíng	peace and tranquility	15
560.	谈判	tánpàn	认真慎重地讨论一些重大的问题 ne-gotiations; talks	20
561.	坦然	tǎnrán	calm; unperturbed; frank; open	22
562.	探险家	tànxiǎnjiā	explorer	21
563.	讨好	tǎohǎo	toady to; have one's labor rewarded	4
564.	踏踏实实	tàtàshíshí	实在、切合实际；安定 dependable; solid	14
565.	特权	tèquán	privilege; prerogative	17
566.	特征	tèzhēng	人或事物所特有的内容 characteristic; feature; trait	1
567.	天使	tiānshǐ	angel	6
568.	天堂	tiāntáng	paradise; heaven	18
569.	天文	tiānwén	研究日月星辰和宇宙变化的学问 astronomy	7
570.	体罚	tǐfá	corporal punishment	9
571.	铤而走险	tǐng'érzǒuxiǎn	迅速地奔向危险的地方，指因为走投无路而采取冒险的行为 take desperate risk	14
572.	痛打	tòngdǎ	beat soundly; belabor	5
573.	童话	tónghuà	children's stores; fairy tales	21
574.	统计	tǒngjì	statistics; count	15
575.	同情	tóngqíng	sympathize with	2
576.	童心	tóngxīn	childish heart	4
577.	痛心疾首	tòngxīnjíshǒu	心伤而头痛；形容伤心、痛恨到了极点 with bitter hatred	20
578.	投机取巧	tóujīqǔqiǎo	利用时机和不正当的手法来获求私利；不付出艰苦的劳动，只凭侥幸或小聪明来取得成功 be opportunistic	14

579. 偷懒	tōulǎn	goldbrick	19
580. 透明	tòumíng	transparent	6
581. 投入	tóurù	throw/put into	25
582. 偷偷	tōutōu	stealthily; secretly	5
583. 投降	tóuxiáng	surrender; capitulate	17
584. 投信	tóuxìn	put letter to the postbox	5
585. 土产	tǔchǎn	local product	18
586. 土匪	tǔfěi	bandit; brigand	21
587. 退步	tuìbù	step backward; lag/fall behind; retrogress; leeway	15
588. 推托	tuītuō	找理由来推辞或不愿意负责任 give excuse (for not doing sth.)	14
589. 涂抹	túmuǒ	daub; smear; paint; scribble; scrawl	11
590. 脱离	tuōlí	离开，断绝关系 separate oneself from	14
591. 拖鞋	tuōxié	slippers; sandals; flip–flops	6
592. 妥协	tuǒxié	come to terms; compromise	15
593. 图腾	túténg	totem	8

W

594. 忘本	wàngběn	忘掉了自己的出身，不珍惜过去 forget one's origins	14
595. 旺旺	wàngwàng	flourishing; vigorous	6
596. 王者	wángzhě	king; emperor	23
597. 挽回	wǎnhuí	retrieve; redeem	22
598. 万圣节	Wànshèngjié	Halloween	4
599. 畏	wèi	fear; dread; respect	4
600. 违背	wéibèi	violate; go against	13
601. 威风	wēifēng	dignity; distinction; air of importance; power and prestige; imposing; impressive	18

602.	维护	wéihù	保护，使不受伤害 safeguard；de-fend；uphold	20
603.	慰劳	wèiláo	用话语和物品安慰 requite with gifts/thanks/etc.	1
604.	危难	wēinàn	calamity	18
605.	委屈	wěiqu	feel wronged；be obstructed（in career）	22
606.	围裙	wéiqún	apron	6
607.	威武	wēiwǔ	powerful；might；power	18
608.	威信	wēixìn	prestige；popular trust	16
609.	瘟	wēn	人或动物生的急性传染病 epidemic；plague	1
610.	闻见录	wénjiànlù	records of what one sees and hears	21
611.	温顺	wēnshùn	docile；meek	15
612.	文献	wénxiàn	有历史价值或重大政治意义的图书、文件等 date/documents relatedto a country's history/culture/etc.	1
613.	文艺复兴	Wényìfùxīng	欧洲十四至十六世纪发生的文化革新运动。它开辟了西方文明史的一个新的时代 Renaissance	20
614.	文质彬彬	wénzhìbīnbīn	gentle；suave	17
615.	蚊子	wénzi	mosquito	13
616.	捂	wǔ	cover；muffle；seal	13
617.	武	wǔ	military；martial；valiant	24
618.	五谷	wǔgǔ	古代指五种粮食，一般认为是稻子、黍子、谷子、麦子和豆类 five cereals（rice，two kinds of millet，wheat，beans）；food crops	14
619.	五花八门	wǔhuābāmén	各种各样，种类很多 multifarious（neg.）	1
620.	误会	wùhuì	misunderstand；mistake；misunderstanding	10
621.	无可否认	wúkěfǒrèn	没有办法不承认 cannot deny	14

622. 无可替代	wúkětìdài	不能被别的东西替换或代替 cannot be replace; unreplacable	7
623. 无奈	wúnài	helpless; without choice; unfortunately	25
624. 巫术	wūshù	以敬鬼神和灵魂来祈求的一种方法 witchcraft; sorcery	7
625. 五行	wǔxíng	指金、木、水、火、土五种物质。中国古代思想家认为这五种物质是构成万物的元素 five elements（metal, wood, water, fire, earth）	7
626. 无忧无虑	wúyōuwúlù	totally without worries	2

X

627. 吓唬	xiàhu	threaten; frighten	4
628. 咸	xián	all	4
629. 鲜	xiān	very few; rare	23
630. 相近	xiāngjìn	be close/near; be similar to	9
631. 向来	xiànglái	一直，总是 always; all along	20
632. 相似	xiāngsì	resemble; be similar/alike	10
633. 项羽	Xiàngyǔ	Xiang Yu, a famous ancient Chinese general and hero	24
634. 显然	xiǎnrán	明摆着，很清楚；容易看成或觉察出来的 obvious; evident; clear	20
635. 仙术	xiānshù	通过修炼变成神仙的法术以及道教的其他法术 magical power	7
636. 效法	xiàofǎ	follow example of	24
637. 消灭	xiāomiè	perish; die out; pass away; eliminate; abolish; exterminate	15
638. 下意识	xiàyìshí	一种不知不觉的心理活动 subconscious	14
639. 匣子	xiázi	small box/case; casket	5
640. 邪	xié	evil; heretical; irregular	13

Y

663. 炎　　　Yán　　　　　中国最早的一个皇帝，后来被人们　7
　　　　　　　　　　　　　　当作中国人的祖先 The Emperor of
　　　　　　　　　　　　　　Yan

664. 焉　　　yān　　　　　怎么能…… how to; how comes...?　7

665. 演变　　yǎnbiàn　　　经历很久时间逐渐发生的变化 devel-　14
　　　　　　　　　　　　　　op; evolve

666. 阳历　　yánglì　　　　西方的以地球围太阳转一圈为一年　1
　　　　　　　　　　　　　　的历法。阳历是国际通行的历法 so-
　　　　　　　　　　　　　　lar calendar

667. 洋气　　yángqì　　　　外国的风格 foreign flavor; Western　1
　　　　　　　　　　　　　　style; outlandish ways

668. 泱泱大国　yāngyāngdàguó　great and impressive country　23

669. 洋洋洒洒　yángyángsǎsǎ　voluminous and fluent　23

670. 养殖　　yǎngzhí　　　饲养和繁殖水产动植物 breed; culti-　1
　　　　　　　　　　　　　　vate

671. 艳丽　　yànlì　　　　gorgeous; resplendent　3

672. 严令　　yánlìng　　　strict order; order strictly　4

673. 严密　　yánmì　　　　结合得很紧；周到，没有考虑不到　7
　　　　　　　　　　　　　　的地方 tight; close; considerate

674. 掩饰　　yǎnshì　　　　使用手法来掩盖错误 cover up; gloss　14
　　　　　　　　　　　　　　over

675. 阎王　　yánwang　　　Yama; King of Hell; tyrant　2

676. 沿袭　　yánxí　　　　carry on as before　3

677. 眼下　　yǎnxià　　　at present; now　23

678. 延续　　yánxù　　　　持续，延长 continue; go on; last　1

679. 烟叶　　yānyè　　　　tobacco leaf　5

680. 妖邪　　yāoxié　　　evil spirit; monster　4

681. 耀眼　　yàoyǎn　　　光线强烈，使人不敢看 dazzling;　20
　　　　　　　　　　　　　　bright

682.	鸦片战争	yāpiànzhànzhēng	因为中国政府禁止英国向中国贩卖鸦片，1840到1842年间英国向中国发动的侵略战争 the Opium War (Britain's invasion of China, 1840 – 1842)	20
683.	牙牙学语	yáyáxuéyǔ	babble out one's first words	25
684.	雅致	yǎzhì	refined; tasteful	17
685.	野味	yěwèi	game (food)	3
686.	野心	yěxīn	wild ambition; careerism	15
587.	夷	yí	中国古代对异族的称呼；旧时泛指外国或外国人 foreign country; foreigner	20
688.	一番	yìfān	once; a while	2
689.	疑惑	yíhuò	feel uncertain; not be convinced; feel puzzled	2
690.	依赖性	yīlàixìng	the habit of rely/depend on others	23
691.	议论	yìlùn	debate; discuss; discussion	17
692.	印度支那	Yìndùzhīnà	Indo – china	21
693.	迎合	yínghé	为了讨好，故意使自己的言行适合别人的心意 cater/pander to	7
694.	英俊	yīngjùn	eminent man; handsome man	21
695.	阴阳	yīnyáng	中国古代以阴阳来解释万物的生成和生长，如天地、日月、昼夜、男女等都属阴阳的内容 Yin and Yang opposites	7
696.	因缘	yīnyuán	principal and secondary causes; chance; opportunity; predestined relationship; karma	10
697.	意识形态	yìshixíngtài	一个人对社会、政治、宗教、经济、道德、艺术等的看法和见解 ideology; values; thought	7
698.	伊斯兰	Yīsīlán	公元七世纪穆罕默德创立的宗教，唐代传入中国；在中国也叫清真教、回教 Islamism	7

699.	以死相拼	yǐsǐxiāngpīn	fight to death	24
700.	以死相许	yǐsǐxiāngxǔ	promise to fight to death for sb. /sth.	24
701.	依稀	yīxī	vague; dim	24
702.	意想不到	yìxiǎngbúdào	unimaginable	11
703.	异样	yìyàng	variation; unusual; peculiar	4
704.	一再	yīzài	一次又一次地 time and again; again and again	7
705.	以至于	yǐzhìyú	to such an extent as to...; so... that...	25
706.	慵懒	yōnglǎn	lazy; laziness	23
707.	诱惑	yòuhuò	引诱、迷惑 tempt; seduce; lure	14
708.	游街	yóujiē	parade sb. through streets	17
709.	游乐	yóulè	游玩娱乐 amuse oneself; have fun	1
710.	犹太教	Yóutàijiào	犹太人的宗教 Judaism	7
711.	有条件	yǒutiáojiàn	在一定的条件下 with condition; hold with requirement	7
712.	有限	yǒuxiàn	有一定的限制；数量不多，程度不高 limited; finite	7
713.	优先	yōuxiān	have priority; preferential; preferred	25
714.	犹豫	yóuyù	hesitate; be irresolute	17
715.	游子	yóuzǐ	traveling/residing away from home	24
716.	缘	yuán	karma	12
717.	远播	yuǎnbō	传播的很远 spread to far distance; have a big influence/fame	20
718.	远渡重洋	yuǎndùchóngyáng	cross many oceans	3
719.	怨恨	yuànhèn	hate	16
720.	远涉重洋	yuǎnshèchóngyáng	come from far away/many oceans	21
721.	渊源	yuānyuán	水源，比喻事物的本质 origin; source	7
722.	娱乐	yúlè	游玩、消遣与快乐 amusement; recreation; entertainment;	1

723. 预料	yùliào	expect; predict; anticipate	11
724. 郁闷	yùmèn	heavyhearted; melancholy; unhappy; dejected	2

Z

725. 宰割	zǎigē	cut up; dismember; destroy	24
726. 灾荒	zāihuāng	famine due to crop failures	15
727. 灾难	zāinàn	calamity; misfortune	15
728. 崽子	zǎizi	young animal; young child; son-of-bitch	5
729. 赞助	zànzhù	support; assist	4
730. 糟	zāo	rotten; terrible; spoiled	17
731. 造反	zàofǎn	rebel; revolt	15
732. 造孽	zàoniè	做坏事；值得可怜 endure hardship	14
733. 责备	zébèi	blame; reprove	11
734. 增添	zēngtiān	加上，使它变大变多 add; increase	1
735. 扎根	zhāgēn	植物的根部牢固地深入到土中 take root	14
736. 沾	zhān	moisten; soak; be stained with; touch	22
737. 粘	zhān	把分开的东西连接在一起 glue; stick; paste	1
738. 掌上明珠	zhǎngshàngmíngzhū	beloved daughter	18
739. 掌管	zhǎngguǎn	be in charge of	12
740. 占领	zhànlǐng	用武力取得或占有 capture; occupy; seize	20
741. 招募	zhāomù	recruit; enlist	21
742. 招收	zhāoshōu	recruit; take in	25
743. 朝思暮想	zhāosīmùxiǎng	yearn day and night	19
744. 蜇	zhē	sting; bite	19

745. 折磨	zhémó	让人的精神或肉体上感到痛苦 persecute; torment	14
746. 折磨	zhémo	persecute; torment	5
747. 镇	zhèn	town; little city	2
748. 珍爱	zhēn´ài	珍惜并爱护 treasure; love dearly	1
749. 震动	zhèndòng	shake; shock; vibrate	22
750. 振奋	zhènfèn	inspire; stimulate	22
751. 拯救	zhěngjiù	援救，救助 save; rescue; deliver	20
752. 震撼	zhènhàn	shake; shock; vibrate	15
753. 振振有辞	zhènzhènyǒucí	speak plausibly and volubly	23
754. 执鞭	zhíbiān	拿着鞭子替别人赶车；比喻做服务性的工作或做劳力 driving for sb. ; offer service to	14
755. 咫尺	zhǐchǐ	very close	24
756. 指导	zhǐdǎo	guide; direct	25
757. 指定	zhǐdìng	appoint; assign	16
758. 制度化	zhìdùhuà	用制度的形式规定下来 set up systematic procedure	1
759. 至理名言	zhìlǐmíngyán	最正确的道理；最有价值的话 famous dictum/maxim	14
760. 殖民地	zhímíndì	一个国家在国外侵占并大批移民居住的地区；被一个国家剥夺了政治、经济的独立权，并且受这个国家控制或掠夺的弱国或地区 colony	20
761. 侄女	zhí	niece	12
762. 至善	zhìshàn	acme of perfection	10
763. 至少	zhìshǎo	at (the) least	5
764. 指手画脚	zhǐshǒuhuàjiǎo	gesticulate; make indiscreet; remarks/criticisms	17
765. 秩序	zhìxù	order; sequence	4
766. 执意	zhíyì	insist on; be determined to; be bent on	2
767. 制造	zhìzào	produce; create; make	10

768.	指责	zhǐzé	censure; criticize	22
769.	制止	zhìzhǐ	curb; prevent; stop	19
770.	执著	zhízhuó	inflexible; rigid; punctilious	2
771.	肿	zhǒng	swell; swelling; swollen	19
772.	中华民国	Zhōnghuámín guó	推翻清朝以后建立的中国新政府 Republic of China	20
773.	中农	zhōngnóng	middle parent	17
774.	中世纪	zhōngshìjì	Middle Ages; medieval	4
775.	种植	zhòngzhí	播种种子或栽种小苗 plant; grow	14
776.	庄稼	zhuāngjia	各种粮食作物 crops	1
777.	庄严	zhuāngyán	solemn; dignified; stately	4
778.	专横	zhuānhèng	imperious; peremptory	9
779.	转化	zhuǎnhuà	change; transform	8
780.	转世轮回	zhuǎnshìlúnhuí	佛教名词；指生命在不同的存在领域里变化它的形态；佛教认为人死后根据他们生前作的善恶事来决定他们是上天堂、地狱、还是变成动物等等的一种说法（Budd.）reincarnation; transmigration	7
781.	追溯	zhuīsù	1.顺着水流往上寻找 2.逆着时间顺序去查考或回忆 trace back to; date from	14
782.	逐利	zhúlì	追求利益和利润 pursue profit; fight for interest	14
783.	瞩目	zhǔmù	fix eyes on	22
784.	注目	zhùmù	fix eyes on	22
785.	捉弄	zhuōnòng	戏弄，让人不好意思 tease; make fun of	14
786.	捉弄	zhuō´nòng	tease; make fun of	5
787.	自鸣得意	zìmíngdéyì	自己觉得十分满意 preen oneself	14
788.	自信心	zìxìnxīn	相信自己，对自己的信心 self-confident	20

（为了便于检索，本索引按字母音序制作）

J

积德行善：（佛教认为）一个人多做好事，积累德行，做善的行为，对自己   7
和后代有益。

桀骜不驯：不听话，很难教育。   14

揭竿而起：[揭] 高举。[竿] 竹竿，比喻旗帜。表示武装起义。   14

敬而远之：敬重他（它），但却不爱他（它），尽量躲开他（它）或少和他   7
（它）们发生关系。

M

麻木不仁：对事情没有热情，没有反应。   14

美满幸福：美好圆满幸福愉快。   1

N

宁可信其有，不可信其无：宁愿相信有这样的事情而注意和关心它，以避   7
免因为自己的粗心和不注意而引起麻烦和错误。

P

平时不烧香，急来抱佛脚：指平常的时候从来不在某个方面努力或下功夫   7
但到了需要或紧急的时候却希望得到帮助或得到好运气。

Q

倾家荡产：[倾] 全部倒出。[荡] 尽。花费或消耗掉全部的家产。   14

秋高气爽：秋天的空气清明凉爽，用来描述美丽的秋季。   1

全心全意：用全部的精力。   1

R

任劳任怨：〔任〕甘愿。肯吃苦，难经受艰苦的劳动，而且经得起抱怨。	14
忍无可忍：再也没有办法忍受下去。	14

S

生死存亡：或生或死或存在或灭亡，指一个重大的时期。	20
史无前例：历史上从来没有过的。	20
世世代代：指一个事件对每一代人，每一个朝代或社会的影响。形容一种风俗习惯的长时间的延续或对一种东西长时间的记忆和纪念	1
随遇而安：根据遇到的情况来适应，使自己安定下来。指没有朝气，不愿意创造条件而只是适应、混日子。	14

T

踏踏实实：指工作很努力，很实在。	14
谈何容易：说得何等容易（做起来就非常难了）。	20
天下大乱：各个地方都发生了问题，常常指老百姓造反。	14
铤而走险：不犹豫地走向危险的地方，比喻不顾一切地冒险。	14
痛心疾首：非常难过，使人头痛。	20
投机取巧：寻找机会，总是希望占便宜，得好处。	14

W

五花八门：形容种类、花样很多而且变化多端。	1

X

心口不一：心里想的和嘴上说的不一样。指一个人虚伪，不真诚。	14

Y

扬眉吐气：形容被压抑的心情得到舒展而快活满意的样子。 20

以不变应万变：用保持不变化的态度来应付过多的变化。 20

以民为本：[本] 根本，最重要的。把人民和老百姓当作最重要的人。 14

与生俱来：[俱] 一起。从生下来就有的，天生的。 14

浴血奋战：在血的风雨战斗，比喻情况的危急和悲壮。 20

Z

指手画脚：指点、批评、不满意。自己觉得高明，对别人做的事情提批评意见。 14

之所以……是因为……：造成这种结果的原因是由于…… 20

至理名言：[至] 最高。最高的道理，最有名的话。表示真理。 14

重农抑商：[抑] 控制、克制，使它得不到发展。重视农业，控制商业的发展。 14

自力更生：用自己的力量来帮助自己，使自己获得新的生命和力量。 7